치유, 희망, 행복을 찾아가는 하하의 웃음이야기

일단 웃자

오혜열 지음

점차 웃음치유의 효과가 알려지면서 많은 이들이 소문을 듣고 몰려들기 시작했다. 각종 암, 우울증, 심장질환, 파킨슨병, 방광염, 불면증, 소화기장애, 당뇨합병증, 각종 통증으로 고생하던 분들이 찾아와 함께 웃다가 치유의 기적이 나타나게 되었다. 인간관계 속에서 상처입고 아픔 가운데 있던 이들이 함께 웃다보니 상처가 회복되었다.

하하웃음행복센터는 사람들을 웃기는 곳이 아니다. 웃음의 효과를 자세히 설명하여 인지하게하고 웃음의 방법을 구체적으로 함께 실습하며 스스로 웃도록 유도하여 행복과 건강한 삶을 찾게 하는 웃음의 동기부여를 하는 곳이다. 늘 긍정과 희망의 눈으로 인생을 바라보게 하며 지금 여기에서 행복을 선택할 수 있도록 실습하고 강조한다. 그래서 이를 위해 가장 단순하고 가장 필요한 방법으로 일단 웃자! 를 실천하게 하는 것이다.

멘토

일단 웃자

펴낸날 | 2020년 11월 15일 초판 1쇄 발행
지은이 | 오혜열
펴낸이 | 박동주
펴낸곳 | 도서출판 멘토
등 록 | 1997년 11월 25일 제12-219호
주 소 | 서울시 양천구 월정로48길 11 대림타운 502호
전화 2608-0797 팩스 2608-0798
e-mail : pubmentor@hanmail.net

ISBN 978-89-88152-77-5 (03810) printed in Korea

* 책값은 뒤표지에 있습니다.

우리는 나보다 현명하다

"인생은 해석, 행복은 선택, 일단 웃자!"를 구호로 내걸고 하하웃음행복센터를 시작한 지 11년이 지났고 매주 월요일마다 2시간씩 웃음행복교실에서 강의를 한 지도 500회를 코앞에 두고 코로나19로 인해 멈추었다.

사실 웃음이라는 단일 주제로 이렇게까지 오랫동안 강의해 오리라고는 출발 당시엔 예상하지 못하였다. 점차 웃음치유의 효과가 알려지면서 많은 이들이 소문을 듣고 몰려들기 시작했다. 각종 암, 우울증, 심장질환, 파킨슨병, 방광염, 불면증, 소화기장애, 당뇨합병증, 각종 통증으로 고생하던 분들이 찾아와 함께 웃다가 치유의 기적이 나타나게 되었다. 인간관계 속에서 상처입고 아픔 가운데 있던 이들이 함께 웃다보니 상처가 회복되었다.

인생의 실패자로 가정파탄 위기에 몰려 극단적 선택을 하려 하였던 이들이 건강하게 회복되어 다른 이들을 치유하는 강사가 되는 일도 많이 있었다. 착한 나, 인정받는 나, 남보다 뛰어난 나가 되기 위해 다른 이들의 평가 위주로 살아왔던 이들이 웃다보니 그런 종속적인 삶에서 벗어나 자기자신이 주도하는 인생을 살기 시작했다.

웃다보니 자존감이 자라나기 시작한 것이다. 다른 이들 앞에 나서는 것이 두려워 항상 소극적이고 숨어 지내던 이들이 웃다보니 어느덧 다른 이들 앞에서 율동체조와 함께 웃음을 가르치는 강사가 되기도 하였다. 웃어서 실패한 사업을 다시 일으키기도 하고, 웃어서 깨진 인간관계를 회복하기도 하였다. 하하웃음행복센터에서는 억지로 웃으라고 강요하지 않는다.

웃을 때 우리 몸의 면역계, 신경계, 근육계, 순환기계, 내분비계, 소화기계 등등에 어떤 영향을 미치고 또 어떤 메커니즘으로 치유가 일어나는지에 관하여 알기 쉽게 설명해서 웃을 수 있는 동기를 유발시킨다. 또 웃으면 어떤 작용에 의해 행복한 사람으로 되고 자존감이 높아지는가에 대해 자세히 알려 주어서 스스로 웃을 수 있도록 유도한다.

시간별, 공간별, 상황별로 어떻게 웃어야 하는지 100여 가지의 웃음 방법들을 소개하며 같이 웃는 실습도 한다. 그래서 웃음으로 우리의 정신적, 육체적, 영적 삶이 행복하고 건강한 삶으로 회복, 유지, 성장되어 가도록 인도한다.

이곳을 거쳐 간 수천 명의 회원들이 모두 다 효과를 보았다고는 이야기할 수 없지만 간절한 마음으로 가르치는 대로 따라왔던 이들은 두세 달의 기간이 지나면서 기적 같은 효과를 보았다고 자부한다.

하하웃음행복센터는 사람들을 웃기는 곳이 아니다. 웃음의 효과를 자세히 설명하여 인지하게 하고 웃음의 방법을 구체적으로 함께 실습하며 스스로 웃도록 유도하여 행복과 건강한 삶을 찾게 하는 웃음의 동기부여를 하는 곳이다.

늘 긍정과 희망의 눈으로 인생을 바라보게 하며 지금 여기에서 행복을 선택할 수 있도록 실습하고 강조한다. 그래서 이를 위해 가장 단순하고 가장 필요한 방법으로 '일단 웃자!' 를 실천하게 하는 것이다.

처음 하하웃음행복센터를 시작해서 얼마동안은 재미도 있었지만 몰려오는 이들을 치유해야 한다는 부담감이 많았다. 그러나 회가 거듭될수록 깨달았다. 내가 하는 것이 아니라 함께할 때 더욱 효과가 좋다는 것을 알게 된 것이다. 오시는 분들은 모두 나의 스승처럼 여기고 또 그들 중 두세 사람씩 돌아가며 강단에 세워서 함께 강의를 이끌어가고 있다.

그래서 우리라는 공동체 의식이 살아나고 우리라는 동병상련의 마음을 진하게 느끼게 되니 한층 중압감과 사명감에서 벗어날 수 있었고 치유의 효과도 좋아졌다. 그것이 이렇게 오랫동안 지탱해온 원동력이 아닐까 한다. 우리는 나보다 훨씬 더 현명하고 똑똑하다.

다섯 번째로 이 책을 발간하며 우리 하하웃음행복센터가 이대로 더 오랫동안 우리라는 웃음행복 공동체 속에서 사랑과 행복과 건강을 나누기를 소망한다.

2020 경자년 가을

하하 오혜열

차례

제1부 희망

제2부

행복

제3부

치유

제4부

웃음

부록

체험담

제1부

희망

하하웃음행복센터의 급훈은 '인생은 해석' '행복은 선택' '일단 웃자' 이다. 인생은 순간순간 해석으로 이루어져 간다. 순간순간의 해석을 늘 긍정적으로 희망적으로 하자는 것이 하하웃음행복센터의 삶의 방향이다. 그래서 많은 변화와 기적이 나타난다.

아무리 어려운 처지에서도 희망을 놓아서는 안 된다. 우리가 웃는 한 희망은 내 마음속에 살아있는 것이다. "웃음은 희망의 최후 무기이다"라는 하비콕스의 말을 마음속에 다시 한 번 새겨본다.

1

긍정의 묘약

일본의 아오모리 지방은 사과 생산지로 유명하다. 어느 해 초가을 심한 태풍이 불어 잘 익어 가던 사과 열매 90% 이상이 떨어졌다. 모든 농가가 실의에 빠져 있을 때 한 농부는 다르게 생각했다.

"하늘이 무너져도 솟아날 구멍은 있다. 이렇게 사과 농사를 망쳤어도 살 방법은 있을 거야."

그는 계속 "다 잘 될 거야"를 외치며 긍정적 마음으로 생각을 변환하려 했다. 그리고 마침내 해답을 찾았다. 그는 떨어지지 않은 사과를 모아서 잘 보관했다가 입시철에 판매를 시작했다.

"심한 태풍에도 결코 떨어지지 않은 사과", "합격 사과" 이 사과는 대박이 났다. 보통 사과의 10배 가격으로 파는데도 금방 동이 났다.

우리 생각을 긍정적으로 바꾸면 불행한 가운데도 이겨낼 수 있는 힘과 지혜가 생긴다.

한 마을에 형과 동생이 살았다. 형네 집은 늘 웃음꽃이 피어나는데 동생네 집에는 항상 화내는 소리가 흘러나왔다. 하루는 동생이 '형님 댁에선 어째서 늘 웃는 소리가 나는가?' 궁금해서 형네 집을 찾았다. 마침 형이 허허허허 하고 웃고 있었다.

"형님은 매일 무슨 좋은 일이 있어서 그렇게 웃습니까?"

형이 웃음을 멈추고 대답했다.

"글쎄 저 바지 좀 보게 나. 내가 장에 가서 사 온 바지인데 가족이 모두 있는 데서 한 치만 줄여 달라고 했더니 세 치나 줄여서 못 입게 되었잖나."

"아니, 그게 화를 낼 일인데 어째서 형님은 웃고 계신데요?"

"그게 아니라네. 내 얘기 좀 마저 들어보게."

"안식구가 볼일이 있어서 읍내를 나갔는데, 큰 딸이 어머니 수고를 덜어 주기 위해 한 치를 줄여 놨던 거야."

"그래서요?"

"그런데 둘째 딸이 그걸 모르고 또 어머니 수고를 덜어 준다고 자기도 한 치를 줄여 놨던 거야."

"그래요?"

"이제 안식구가 읍내서 돌아와서는 바지 안 줄인 게 생각나 얼른 한 치를 또 줄여 놓지 않았겠나!"

"결국 바지는 못 입게 되었지만 서로를 위하는 마음이 얼마나 갸륵한가?"

"그 마음을 보니 이렇게 웃음이 절로 나오지 않겠는가? 그래서 잘됐군! 잘 됐어! 하면서 웃고 있다네. 하하하하하……."

에디슨은 젊어서부터 청각장애가 있었다. 보통 사람 같으면 많은 시간을 좌절과 낙망의 부정적인 생각으로 보냈을 것이다. 그러나 에디슨은 긍정적으로 해석함은 물론 오히려 청각장애가 된 것을 감사하게 여겼다.

"청각장애는 오히려 나에게 많은 도움을 주었다. 내가 연구에 몰두할 때 잡음이 들리지 않아 집중할 수 있었다."

우리가 세상을 보는 눈은 긍정적이고 희망을 보아야 한다.

일본 후생병원 원장인 하루야마 시게오는 그의 책 『뇌내혁명』에서 어떤 사건을 긍정적으로 생각하거나 해석하면 우리 몸의 전구 단백질 분해과정에서 베타 엔도르핀이 생성되고, 부정적 생각이나 해석을 할 경우 전구 단백질 분해과정에서 스트레스 호르몬인 아드레날린이 생성된다고 한다. 이 엔도르핀은 천연 진통제로써 통증을 감소시키고, 근심, 걱정, 불안, 염려 등을 현저히 줄여 주며, 심장 활동을 강화시켜 주고, 항암 효과를 높여 주는 좋은 신경 호르몬이다.

또한 긍정과 희망의 생각은 우리 뇌 속에 계속 각인되어 성취력을 매우 높여 준다. 우리가 웃을 때 15초면 엔도르핀 생산 포물선 곡선이 최고 위로 올라 계속 그대로 유지하면서 생산되어진다. 그래서 웃음은 긍정과 희망을 불러온다.

미국유머협회 회장 앨런 클라인은 아내가 질병으로 사망한 후 한 때 절망감에 사로잡혔으나 웃음으로 삶의 태도를 바꾼 후 희망을 찾았다고 한다. 웃음은 긍정과 희망의 삶을 몸에 익히는데 가장 좋은 묘약이다.

2

위기의 황혼

시 정신보건센터의 의뢰로 성당, 교회 등의 경로대학을 순회하며 웃음강의를 하고 있다. 노인자살 예방 프로그램 중의 하나이다.

강의에 앞서 조그만 선물을 노인들에게 나누어 주면서 설문조사를 한다. 이들의 자살 위험도를 미리 파악해 위험도가 높은 노인의 경우 개별관리에 들어가기 위해서이다. 이들에겐 수시로 전화를 걸어 상대를 체크하고 말동무가 되거나 방문상담, 심리치료 등을 병행하고 있다. 누군가가 자신에게 관심을 가져 주고 또 함께한다는 것을 느끼면 자살을 막을 수 있다고 한다.

J할아버지(72세)는 겉으로 보기는 핸섬한 노신사이다. 그는 15년 전 사업에 실패한 후 아내가 먼저 세상을 떠났다. 그 후 좌절의 시간이었고 자식들도 소원해지며 연락이 두절되었다. 쪽방촌을 전전하며 아무런 희망 없이 하루하루를 연명해 가고 있다. 누군가가 그리우면 하루

종일 서울역, 탑골공원 등을 돌아다니고 무료급식으로 끼니를 이어갔다. 그에게 죽고 싶다는 충동은 점점 더 강해졌다.

"눈만 감으면 자꾸 죽고 싶어, 높은 곳에 올라가 뛰어내리는 생각만 해……." 그는 1주일에 한 번씩 노인자살 예방센터에서 상담치료를 받고 있다.

K할머니(72세)도 센터를 찾아 상담을 받는다. 할머니는 남편도 있고 경제적으로도 별 어려움이 없지만 몇 차례 자살을 시도했다. 3년 전 한강에 투신한 적도 있고, 그 후 몇 차례 음독자살을 시도했었다고 한다.

"나이를 먹으면서 자꾸 성격이 내성적으로 변해 가요. 멍하니 앉아 있다가도 갑자기 자식들한테 짐 같은 존재라고 생각되고 희망이 없는 자신을 생각하면 그 순간부터 죽고 싶다는 충동을 자주 느껴요."

노인자살에 대해 연구해 온 상지대 박지영 교수에 의하면 노인들이 자살하기 전에 다음과 같은 의심 행동을 한다고 한다.

"나 같은 사람이 살면 뭐해", "괜히 자식들에게 짐만 되고…" 등의 부정적인 말이 급격히 늘어난다. "내가 죽으면 편하려나 뉴스에 누가 자살했대", "어떻게 죽었대?" 등 죽음에 관해 부쩍 관심을 갖는다. 계속해 오던 질병치료, 약물복용을 중단하거나 거르기 시작한다.

"내 물건에 손대지 마!"라고 하며 가족에게 불같이 화를 내며 자신의 물건에 집착한다. "고마웠어"라고 평소에 잘 안 하던 고마움을 자주 표시하고 아끼던 물건을 나누어 준다. 이런 현상들이 나타나면 평소보다 훨씬 주의해서 관찰해야 한다고 한다.

이런 노인자살 충동 극복을 위해서는 스스로 "나는 가치 있는 사람이야", "최선을 다해 살아왔어" 등 자신의 삶을 긍정적으로 생각하도록 노력해야 한다. 가족, 이웃 등 누구라도 이야기 동무를 만들어 자신의 마음을 이야기하고, 없으면 상담가를 찾아서라도 이야기를 해야 한다. 여기저기 돌아다니며 혼자 있는 시간을 최대한 줄이고, 그래도 자꾸 죽고 싶다는 생각이 들면 부끄러워 말고 용기를 내서 가족이나 친구에게 알리고, 노인자살 예방센터의 각종 프로그램에 참여하는 것이 좋다.

서울, 경기도의 노인자살 예방센터에는 많게는 매주 400명 정도의 노인들이 심리상담사를 찾아 자살충동에 대해 고민하고 치료받고 회복을 하여 희망을 찾기도 한다.

이 노인자살 예방프로그램에서 웃음 강의는 '지금', '여기'에서 감사하도록 하며, 자신을 칭찬하고 용서하며, 자존감을 일으켜 세워 주는 일에 가장 중점을 두고 있다.

여러 가지 웃음의 종류와 방법들을 함께 실습하면서 먼저 마음의 문을 열고, 그래도 지금 살아 있다는 것이 얼마나 감사한지 마음으로 느끼며 새로운 희망을 갖도록 동기를 부여해 주는 것이 그 목적이다.

실컷 웃고 난 후 자신을 껴안아 주며 "감사합니다", "용서해 주세요", "사랑합니다", "축복합니다", "나는 있는 그대로 내가 좋다" 등의 말을 자신에게 할 때는 그분들 내면 속의 자존감이 살아나는 모습을 볼 수 있다.

강의를 시작할 때 어둡던 모습이 많이 환해지는 것을 볼 수 있다.

웃음은 긍정이다. 웃음은 희망이다. 웃음은 자존감의 회복이다.

노인들이 웃는 한 노인자살은 현저히 줄어들 것이다.

3

삶의 가장 큰 힘

맹렬한 속도로 사냥개들이 산을 넘고 계곡을 지나 사냥감을 쫓아 달리고 있었다. 얼마 못 가 다들 지쳐 사냥을 포기하고 헐떡대며 주인에게로 다시 돌아왔다. 그러나 한 마리 개만은 포기하지 않고 열심히 또 산을 넘어 토끼를 쫓아가 사냥에 성공했다. 그 사냥개는 전에도 사냥을 나서서 토끼 고기 맛을 본 사냥개였다.

마틴 설리그만 교수 실험실에서 쥐의 생존에 관한 비교 조사를 하였다. 쥐 60마리를 두 그룹으로 나누어 A그룹 30마리에게는 피할 수 없게 한 후 계속된 전기 충격을 주었고 그래서 A그룹 쥐들은 모두 무기력하게 되었다. B그룹 30마리에게는 전기충격을 주었지만 그때마다 통로를 통해 피할 수 있게 하였다.

그 후 사망률이 약 50%가 될 정도의 암세포 양을 계산해 A, B그룹의 쥐들에게 똑같이 투여하였다. 자극에 피할 수 없었던 A그룹 쥐들은

63%가 암으로 죽었으나 피할 수 있었던 B그룹의 쥐들은 27%만 암으로 죽었다.

희망을 가진 사냥개는 끝까지 포기하지 않고 달려나갔고, 피할 수 있다는 희망을 경험할 수 있었던 쥐들은 절망 가운데 무기력해진 쥐들보다 암 사망률이 60%정도나 줄어들었다.

존스홉킨스 병원의 신경심리학자 커트 리히터도 쥐들을 대상으로 실험하였다. 물속에 쥐들을 넣고 기진맥진할 때까지 헤엄치게 한 결과 한번이라도 구조된 경험이 있는 쥐들이 구조 경험이 없는 초보 쥐들보다 익사하기 전까지 훨씬 더 오랫동안 헤엄치는 것을 확인하였다. 여기 구조될 수 있다는 희망의 경험이 더 오랫동안 버틸 수 있는 힘이 된 것이다.

대중연설 공포증을 가진 의사가 있었다. 그런데 직업상 대중에게 강의할 일이 생겼다. 발표 10분 전에 진정제를 먹고 들어갔다. 두려움이 사라지고 발표를 잘할 수 있게 되었다. 그 후로 그는 강연이 있을 때마다 진정제를 먹고 들어갔고 그때마다 그는 두려움을 없앨 수 있었다.

나중에 그는 알았다. 그 진정제는 약 복용 후 1시간 후에야 약효가 시작된다는 것이었다. 그는 항상 10분 전에 약을 먹었고 30~40분 간 강의를 하였다. 그러니까 실제로는 진정제의 약효를 전혀 보지 못했던 것이다. 그에게 대중 앞에서의 공포증을 없애 준 것은 약효를 믿고 안심한 희망과 믿음의 결과였다.

또 이런 연구 결과도 있다. 불안 환자에게 설탕 위약을 아주 좋은 약이라고 말한 후 투약한 결과 15명 환자 중 14명이 주관적으로나 객관적으로 크게 호전된 사례도 있다.

오늘 날 항우울제로 쓰이는 프로작과 이팩서 등의 약은 병세호전의 50%가 그리고 바륨이나 자낙스 같은 신경안정제는 90%의 병세호전이 위약(플라시보) 효과에서 나오는 것으로 입증되었다. 따라서 현대 정신의학에서 믿음, 희망, 사랑은 치료에 대단히 중요한 작용을 한다. 인류는 과학이나 기술을 통해 많은 질병을 극복해 왔다. 그러나 믿음이나 의지나 희망이나 사랑에 대해서는 연구의 시작 단계이다. 에너지 의학, 파동치료 등의 언어도 이제 시작점에 있다. 뇌 과학의 눈부신 발전은 이들을 뒷받침해 줄 과학적 근거들을 제공할 것이다.

죽음의 수용소에서 수용자가 가장 많이 사망하는 기간은 크리스마스에서 신년 1월 1일 사이였다고 한다. 전쟁 종료와 석방을 기대하였던 성탄절을 맞이하지만 아무런 변화가 없자 희망이 절망으로 바뀌며 사망률이 월등히 높아진 것이다.

유진 오닐은 "희망은 삶의 가장 큰 힘이고 죽음을 물리치는 유일한 무기이다"라고 했다.

웃음 운동도 절망을 이기고 새로운 희망을 갖게 하는 운동이다. 웃는다고 희망이 생기랴 하고 의심할 수도 있다. 그러나 일단 열심히 실천해 보라. 상상밖의 효과에 놀랄 것이다.

절망의 늪에서 희망의 동산으로 구원받은 사람들을 보려면 하하웃음행복센터에 와 보라. 웃음과 함께 희망의 새 삶이 열릴 것이다. 웃음은 자신의 것이다. 자기가 얼마나 스스로 열심히 웃느냐에 따라 새로운 희망은 계속 생겨날 것이다. 하하웃음행복센터는 웃음의 방법과 효과와 희망의 사례들을 자세히 알려 주어 동기여부를 해 주는 곳이다.

4

소박한 소원

다음 기사는 C일보의 어느 사회부 기자가 본 두 할아버지의 아주 대조되는 모습이다.

A할아버지는 매우 가난하고 부양할 가족도 연락이 끊어진 할아버지이다. 그는 공립 요양원에서 요양을 받다가 폐렴이 심해 서민동네 종합병원에 실려왔는데 폐렴이 나은 뒤에도 퇴원할 수가 없었다. 허리뼈가 굽어 혼자서는 일어나 앉아서 밥을 먹지 못하는 게 원인이었다. 그래서 누워서 밥을 먹는데 얼마 먹지 못하고 음식물이 자꾸 기도로 들어가 제대로 식사를 할 수 없기 때문이다.

허리 수술을 해야 하는데 비용을 부담할 가족도 없고 억지로라도 앉으려면 최소한 의료용 복대라도 차야 한다는 게 의료진의 판단이었다. 복대 값은 30만 원인데 건강보험공단도 규정상 지불할 수 없다고 했다. 수소문 끝에 자식의 전화번호를 알게 된 의료진은 수십 번 전화를 돌린 끝에 자식과 통화할 수 있게 되었다. 의료진은 자식을 설득해 겨우 할아버지 계좌로 30만 원을 송금하도록 하였다.

그러나 그 돈은 찾을 수 없었다. 환자가 오랫동안 은행 출입을 안 해 은행카드로 현금인출기에서 돈을 뽑을 수가 없었다. 은행 규정에 의하면 환자 본인이 주민등록증을 지참하고 은행 지점을 찾아와야 한다는 것이다. 환자는 운신을 하지 못했다. 이 병원의 의료진이나 사무직은 수많은 다른 환자들을 보살펴야 하기 때문에 이 환자를 데리고 은행에 갈 수가 없었다.

설상가상으로 요양원에서는 "지금 안 돌아오면 자리가 없어져 다시 요양원에 입원할 수 없다"고 최후 통첩의 연락이 왔다. A할아버지는 할 수 없이 복대를 구입하지 못하고 서둘러 다시 돌아가야만 했다. 복대 하나만 있어도 훨씬 더 삶의 질이 좋아질 수 있을 텐데…….

B할아버지는 재산이 많은 갑부이다. 말기 암으로 서울의 큰 병원 중환자실에 두 달 넘게 누워 있다가 마지막으로 호스피스로 갔다. 애초에 인공호흡기를 달지 않았으면 몰라도 한번 단 인공호흡기를 떼는 일은 보통 어려운 문제가 아니다. 가족들이 더 이상은 못 보겠다고 애원해도 의료진들은 "잘못하면 우리가 살인죄로 몰린다"고 주장하며 가족들의 요구에 응하지 않았다.

B할아버지는 우여곡절 끝에 정말로 복잡한 절차를 밟아 중환자실을 벗어나 호스피스로 옮긴 후 인공호흡기 제거가 시작되었다. 호스피스 의료진이 환자 스스로 숨 쉴 수 있는 능력이 살아 있는지 조심조심 확인해 가며 기도 깊숙이 밀어 넣었던 인공호흡기 호스를 천천히 뽑아냈다. 수 개월간 양치질을 한번 못 한 채 인공호흡기를 물고 있느라 입안

에 두껍게 낀 백태를 1시간에 걸쳐 샅샅이 닦아냈다. 순간 환자의 얼굴이 환하게 빛났다. 그때 환자가 야윈 손가락을 까딱거렸다. 아들이 이 신호가 무엇을 뜻하는지 알아차렸다.

"아버님이 커피 한 잔 달라고 하시네요."

그러나 그 마지막 순간에 커피를 마실 수는 없었다.

가난한 할아버지가 원한 건 복대 한 개였고 갑부 할아버지가 원한 건 커피 한 잔이다. 우리 인생이 원하는 건 거창한 것이 아니라 소박한 것이다. 그러나 이런 단순하고 소박한 소원을 이루는데 우리나라 제도와 법이 그것을 못 하게 한다. 대한민국이 진정한 선진국이 되기 위해서는 이러한 규제와 법 때문에 마지막 소박한 소원을 이루지 못하는 일이 없어야 된다는 것이다.

우리 인생 끝의 아름다운 마무리를 위해 서울대 의대와 월드 리서치가 40세 이상 500명을 대상으로 대국민 조사를 하였다. 인생의 마지막 10년, 아름다운 이별을 위해 응답자들이 바라는 것은 세 가지로 요약되었다.

첫째는 내가 말기 암에 걸리게 되면 의사가 솔직히 말해 달라.

둘째는 호스피스도 건보 혜택을 주고 시설도 늘려 달라.

셋째는 고통만 더하는 연명치료는 이제 그만 그쳐 달라는 것이다.

특히 마지막 가는 이에게 심폐소생술 같은 의미 없는 의료행위는 하지 말라는 이가 대부분이다. 이 세 가지가 변해야 한국인의 마지막 10년의 삶이 더 향상될 것이다. 이를 위한 여러 규제와 법규가 없어져야 한다. 그래서 마지막 소박한 소원을 들어주어야 한다. 태어날 때는 내가 울고 태어나지만 마지막 갈 때는 내가 웃고 갈 수 있기를 바란다.

5

긍정과 희망으로 살자

우리의 정신자세가 육체적 힘에 매우 큰 영향을 미친다는 실험 결과가 있다. 영국의 유명한 정신의학자 해드필드는 그의 저서 『힘의 심리학』에서 정신적 암시가 근력에 미치는 영향을 실험하였는데 그것은 악력계를 쥐는 힘을 측정하는 것이었다.

처음에는 그냥 온 힘을 다해서 악력계를 쥐라고 주문하였는데 평균 악력은 45kg이었다. 두 번째로는 모두에게 "당신들은 아주 약하다"라는 최면을 걸고 악력 실험을 했더니 평균 13kg밖에 되지 않았다. 정상 근력의 3분의 1정도에도 미치지 못하는 마치 아기들 악력 같은 수치를 나타냈다. 세 번째는 이들에게 "당신은 아주 힘이 세다"라는 최면을 걸고 실험을 하였는데 그들의 평균 악력은 64kg으로 나타났다. 무려 5배나 많은 힘의 증가를 나타냈다.

우리의 긍정적 정신자세는 실제로 우리 육체에 놀라운 힘을 부여하는 것이다. 이런 긍정의 힘을 플라시보 효과로 본다면 부정적인 심리는 노세보 효과라고 할 수 있다.

소설가 이범선의 소설 『고장난 문』은 하룻동안 고장난 문에 갇혀 자신의 화실에서 죽음을 맞은 화가의 이야기이다. 화가가 죽은 이유는 질식사였는데 경찰의 조사결과는 창문이 열려져 있어서 공기가 부족할 리가 없었고 문은 고장난 상태 그대로여서 누가 침입하여 화가를 죽였을 가능성도 없었다.

화가는 문이 고장나 밖으로 나갈 수 없다는 부정적 생각에 사로잡히자 자유를 박탈당했다는 고립감, 공포감, 세상과 격리되었다는 불안감으로 두려워하다가 절망에 빠져 결국 죽음에 이르게 된 것이다.

사실 이전에도 화가는 며칠씩 밖에 나가지 않고 화실에만 틀어박혀 그림을 그린 적이 있었다. 그러나 그것은 스스로 안 나간 것이고 이제 문이 고장나자 못 나간다는 정신적 압박이 그를 죽음에 이르게 한 것이다.

러시아에서도 어느 인부가 열차의 냉동 칸에 갇혀 동사를 하였는데 후에 조사 결과 그 칸은 기계가 고장나 밤새 평균 온도가 10℃ 이상이었고 환기구도 열려져 있어 충분한 산소도 공급되었지만 자신이 냉동 칸에 갇혀 죽어간다는 정신적 구속과 억압이 절망에 이르게 하여 결국은 동사에 이르게 된 경우도 있었다.

부정적 절망감이 얼마나 위험한지를 잘 보여 주는 이야기이다. 이런 일은 우리 주변에서 흔히 우리도 겪을 수 있는 일이다.

만일 내가 엘리베이터를 탔는데 갑자기 정전이 되어 몇 층인지도 모르는 곳에 갇혀 있다면 어떤 생각이 들까?

"갑자기 선이 풀려 엘리베이터가 추락하면 어쩌지? "

"혹시 공기가 부족해서 질식사하는 건 아닐까?"

순간에 우리에게는 참으로 많은 부정적인 생각에 불안감으로 휩싸이게 될 것이다. 그러나 사실 정전이 되어 멈추어도 추락하거나 공기가 희박해 질식사할 염려는 거의 없다는 것이다.

이런 경우 우리를 위험에 빠뜨리게 하는 중요한 인자는 이런 상황 속에 빠지게 된 객관적인 주위 환경 때문이 아니라 그런 환경에 둘러싸여 아무것도 할 수 없다고 생각하는 절망과 두려움 때문에 큰 위해가 쫓아오는 것이다.

철학자 키에르케고르는 이런 절망을 '죽음에 이르는 병' 이라고 단정지었으며 우리가 살아가면서 한두 번 이상 이 병에 걸리지 않는 것은 불가능하다고 한다.

"돈이 없고 너무 가난해서", "성적이 나빠서", "집안 형편이 안 좋아서", "나는 원래 약하게 태어나서", "나는 늘 상황 파악을 잘 못 하는 인간이니까" 등등 우리 주위에는 이런 이유로 절망에 빠지는 이들이 너무 많이 있다. 하지만 우리는 인간이기 때문에 이를 극복할 수 있다.

그 비결은 플라시보 효과를 일으키는 긍정의 힘이다. 어떤 어려움과 절망도 이겨낼 수 있다는 희망의 힘을 우리가 사용하는 데 달려 있다.

하하웃음행복센터의 급훈은 '인생은 해석' '행복은 선택' '일단 웃자' 이다. 인생은 순간순간 해석으로 이루어져 간다. 순간순간의 해석을 늘 긍정적으로 희망적으로 하자는 것이 하하웃음행복센터의 삶의 방향이다. 그래서 많은 변화와 기적이 나타난다.

육체적으로 힘도 얻고, 질병과 싸워 이기고, 마음의 평정을 얻어 상처를 보듬고 회복시키는 것이다. 그래서 감사와 사랑의 마음을 가지고 살아가게 하는 것이 하하웃음행복센터의 목표이다.

일단 웃으면 긍정의 힘이 살아난다.

일단 웃으면 희망이 솟아난다.

일단 웃자!

6

행동으로 감정을 바꾸라

"왜 암이 나에게 와서 내 인생의 촛불이 꺼져야 하는지 온통 머리가 혼란스러웠다. 그리고 나 자신에 대한 성찰을 해 보기 시작했다. 그간 나에게 큰 해를 입혔던 사람들에 대한 증오, 원망의 세월을 보낸 내 자신의 모습이 떠올랐다. 이제 1년도 안 남은 내 인생에 그것들이 뭐가 그렇게 중요했을까? 한동안 우울한 생각에서 빠져나오기 쉽지 않았다.

나는 신에게 나의 잘못과 실수에 대해 용서를 빌었고 지금까지 그래도 나를 지지해 준 가족, 친척, 친구들에게 감사하기로 했다. 일주일 정도 지나면서 마음은 차분히 가라앉았고 나 자신에게 이렇게 반문해 보았다.

'너는 참 바보구나. 아직 죽으려면 일 년이나 남았잖아. 그동안이라도 최고로 행복하게 사는 게 낫지 않겠어?'

나는 일부러 행동을 바꾸기 시작했다. 어깨를 쫙 펴고 심호흡을 크게 하고 얼굴에는 웃음을 띠고 아무 일도 없는 듯 행동하기 시작했다. 처음에는 모두 어리둥절했지만 나는 억지로라도 유쾌하고 명랑하려 했고 특히 내면으로부터 화통하게 웃게 되었을 때 이런 행동들이 나의 가족과 나에게 도움이 크게 되었다. 그렇게 지냈더니 기분이 한결 나아지기 시작했다.

억지로 꾸민 감정만큼 억지로 웃은 만큼 실제로 그렇게 느꼈다. 웃을수록 점점 더 좋아졌다. 통증과 불면도 점점 회복되고 몸이 급격히 회복되어지는 느낌을 받았다. 나의 삶에 끼었던 안개가 어느새 깨끗이 사라지는 것을 느꼈다. 나의 삶은 점점 더 유쾌하고 행복해졌고 종래에는 암도 깨끗이 사라지는 기적이 일어났다.

1년 후면 무덤 속에 들어갔어야 할 나는 12년째 행복하고 건강하게 살고 있다. 내가 죽어간다는 생각 속에 계속 젖어 살았다면 분명히 의사의 진단대로 맞아 떨어졌을 것이다. 그렇지만 나는 다른 무엇도 아닌 정신자세를 바꿈으로써 몸이 스스로 치료될 수 있는 기회를 마련해 준 것이다. 단순히 유쾌하게 행동하고 건강과 용기에 환한 긍정적인 생각이 나의 목숨을 살린 것이다.”

현대 실용심리학의 아버지라고 불리우는 윌리엄 제임스가 이렇게 얘기했다.

“감정에 따라 행동이 달라지는 것처럼 보이지만 사실 행동과 감정은 동시에 일어난다. 그러므로 의지에 의해 직접적인 통제를 받는 행동을 조절하면 의지의 통제를 받지 않는 감정을 간접적으로 조절할 수 있다.”

즉 행동을 통해 감정을 조절할 수 있기 때문에 우울한 마음이 들 때에는 일부러 유쾌한 것처럼 행동을 하게 되면 우울한 감정이 사라질 수 있다. 그래서 우리는 우울한 감정이 들어오게 될 때, 어깨를 뒤로 젖히고 심호흡을 하고 휘파람이나 콧노래로 즐거운 노래를 부르고 밝고 환한 웃음을 웃어 보면 우울하거나 의기소침한 마음은 사라지고 유쾌한 마음으로 돌아서게 된다.

사실 이 이론은 우리 모두의 삶에서 아주 간단하게 기적을 일으킬 수 있는 작은 진리 중 하나이다. 위에서 언급한 암환우처럼 하하웃음행복센터에서도 이런 치유의 기적은 종종 일어난다. 행동을 바꿈으로 감정을 바꾸고 이런 선순환이 치유와 회복의 기적으로 나타나는 것이다.

우울한 마음을 유쾌한 마음으로 돌아서게 하는 가장 빠른 방법은 일단 한번 크게 웃어 보는 것이다. 일단 웃게 되면 우리 뇌는 부정적 감정으로부터 멀어지고 행복한 감정으로 바뀌게 된다.

웃음은 희망의 최후 무기이며 부작용 없는 만병통치약이다. 일단 웃는 것은 암울한 자신의 마음을 회복시키고 다스리는 일이다. 자기 마음을 다스릴 줄 아는 사람은 나라를 지배하는 사람보다 강하다. 일단 웃는, 아주 간단한 행동으로 우리의 삶을 바꾸는 기적을 일으키자.

하하웃음행복센터에는 이런 기적들이 매일매일 일어난다.

7

이루어지는 꿈

“최상의 부드러운 면도로 최고의 하루를 시작하세요.”

면도기로 유명한 질레트의 구호이다. 질레트의 창업자 킹 C. 질레트 King Camp Gillette”는 100여 년 전 가정에서 사용하는 흔한 도구들을 획기적으로 바꾸겠다고 사업을 시작했다가 결국 파산하고 말았다.

그러나 그는 꿈을 포기하지 않고 하나의 품목부터 다시 시작하기로 결심했고 그 첫 번째로 면도기를 선택했다. 파산된 그에게 투자하겠다는 사람은 나타나지 않았고 그가 계획한 면도기의 모형을 만들어 주겠다는 공장도 찾을 수 없었다.

경험 많은 정비공과 기술자들, 메사추세츠 공과대학 교수들까지도 그의 계획은 불가능한 것이라고 말했다.

부드럽게 면도가 될 정도로 날카로운 면도날을 만들되 날이 무디어지면 지체 없이 버리고 날카로운 면도날로 갈아 낄 수 있도록 저렴하게 만들 수 있는 두 마리 토끼를 다 잡을 수 있는 방법은 없다고 조언들을 했다. 그가 만일 기술자였다면 이쯤에서 포기했을 것이다.

그러나 그는 이상주의자였고 포기하지 않았다. 그는 4년간 각고의 노력 끝에 최초의 일회용 면도날을 개발했고 이를 상품화시키는 데는 또 6년이 흘렀다.

개발 첫해에 그는 5달러짜리 면도날 51개를 파는 데 그쳤다. 10년을 노력한 끝에 겨우 30만 원 정도의 판매고를 올린 것이다. 그러나 다음 해에 10만 개 가까이 팔았다. 그리고 그 후 미국 시장을 완전히 석권하게 되었고 그가 죽은 후 세계를 석권하게 되었다.

세계를 석권하였지만 인도 시장만큼은 좀처럼 진출하기 힘들었다. 인도 시장은 면도할 대상이 4억 명이나 되는 큰 시장이었지만 2008년까지 별로 매출이 늘지 않았다.

문제를 조사해 본 결과 인도 남성들은 대부분 2중날 면도기를 선호하고 있었고 저가에 품질이 좋지 않은 면도기를 써서 얼굴을 베기 일쑤였다. 그래서 대부분의 인도 남성들은 수염을 덥수룩하게 기르는 게 유행이 되고 있었다. 그러니 '깔끔하고 매끄러운 면도기' 라고 아무리 선전해 봐야 질레트의 구호가 인도에는 먹혀들 리 없었다.

질레트는 우선 국민들 의식부터 바꾸는 운동을 했다. 여론조사의 결과 77% 여성이 깔끔하게 면도한 남성을 선호한다고 대대적인 캠페인을 하였고, 여배우들을 앞세워 면도하지 않는 인도 남성들은 게으른 사람이라고 몰아세웠다.

그리고 2009년부터 세이브 인디아 무브먼트Shave India Movement 즉 인도 면도운동이라는 거대한 행사를 시작했다. 즉 매일 인도 남성 2000

명을 한날 한 장소에 모이게 하여 질레트의 면도기 마하 3으로 면도를 해주기 시작했다.

그리고 제품 가격을 낮추어 저가 면도기에 비해 50배나 비쌌던 면도기를 3배 정도의 가격에 살 수 있도록 하였다. 날을 만드는 가격을 많이 낮출 수가 없었지만 날을 제외한 부품 가격은 최소화해서 그 가격을 맞출 수 있었다. 이런 노력으로 질레트 면도기는 8주 만에 500%나 수요가 급증했고 현재 인도에서 팔리는 면도기의 70% 가까이 시장 점유율을 보게 된 것이다. 한 사람의 꿈이 100년 동안 세계의 면도 문화를 바꾸어 온 것이다.

사람들로부터 비웃음을 받았지만 결코 포기하지 않고 끝까지 목표를 향해 달려가는 리더십이 세상을 바꾸는 것이다.

하하웃음행복센터에 계속 나오는 분들을 보면 공통적인 현상이 한 가지 있다. 그것은 모두 힘들고, 고통스럽고, 절망의 삶을 살다가 새로운 꿈과 희망을 가지게 된다. 웃다 보니 자연히 그런 목표가 생기는 것이다. 내가 웃어서 변화된 삶을 다른 이들에게도 전하며 봉사의 삶을 살고자 하는 희망을 가지게 되는 것이다.

이기적 삶에서 이타적 삶으로 변화되는 것이다. 웃기 전에는 전혀 생각지도 못했던 꿈을 웃고 나서 가지게 된다. 그래서 웃음치유사, 마술사, 레크리에이션 지도사, 동화 구연가, 독서지도사, 이야기 할머니 등으로 새로운 꿈을 실현하며 이 사회에 봉사를 하게 되는 것이다.

포기하지 않는 한 꿈은 이루어진다.

끝까지 웃음을 잃지 말고 자신의 꿈을 이루어 보자.

8

사소한 것에 목숨 걸지 말라

인간관계 연구에 있어 세계 최고의 권위자이며 선구자인 데일 카네기의 저서 『힐링의 힘』에 보면 '로버트 무어' 라는 사람의 경험담을 소개하고 있다.

"1945년 3월 나는 내 생애에서 가장 큰 교훈을 얻었다. 그 당시 나는 인도차이나 해안이 가까운 바닷속에 잠수함을 타고 있었다. 베이어 호라고 이름 붙여진 이 잠수함 속에 88명의 군인이 타고 있었다.

우리는 레이더를 통해 소규모 일본 전투선단이 이쪽으로 오는 것을 발견했다. 먼동이 틀 무렵 우리는 공격을 개시하기 위해 바닷속으로 잠항했다. 잠망경을 통해 보니 일본의 구축함, 유조선, 기뢰함 등이 보였다. 우리는 구축함을 겨냥해서 세 개의 어뢰를 발사하였다. 그런데 어찌된 일인지 어뢰는 모두 빗나갔다. 어뢰 발사장치 어느 부분이 잘못된 것이 분명했다.

구축함은 공격 받은 줄 아는지 모르는지 항해를 계속했고 우리들은 최후로 기뢰함을 공격할 준비를 하고 있었다. 그런데 갑자기 기뢰함이 방향을 바꾸어 일직선 상으로 우리 잠수함 쪽으로 다가왔다.

갑작스런 상황에 우리는 어뢰발사를 하지 못하고 적에게 발견되지 않도록 50미터 아래로 급히 잠수했다. 그리고 방어 조치를 끝내고 선풍기, 냉방장치, 그 밖의 모든 전기 장치를 정지시켰다.

그러자 3분 후 6개의 폭뢰가 우리 주위에서 폭발하여 우리는 90미터 바다 밑으로 가라앉고 말았다. 모든 탑승원들은 공포에 떨기 시작했다. 사실 거리로 따지면 치명적인 손상을 입을 가까운 거리였고, 기뢰함은 무려 주위를 15시간 동안 계속해서 폭뢰를 투하했다.

지옥과 같은 시간이 흘러갔다. 폭뢰가 잠수함에서 5미터 이내에서 폭발하면 잠수함에 구멍이 뚫려 모두 전사할 수밖에 없었는데 다행히 모두 15미터 내외에서 폭발했다.

우리는 침대에 누워 움직이지 말라는 명령을 받고 있었고, 나는 공포 때문에 숨이 막히는 지경이었다. '나는 죽는구나. 이것이 최후라는 것이고 삶의 마지막이로구나.' 선풍기 냉방장치가 꺼졌기 때문에 배 안의 온도는 섭씨 40도 이상 되었으나 나는 공포에 몸이 부들부들 떨렸으며 스웨터에 털 자켓을 입었어도 소름이 끼쳤다. 기뢰함의 폭뢰공격을 받았던 15시간이 마치 1천 5백만 년처럼 느껴졌다.

나의 과거가 눈앞에 펼쳐지며 내가 범했던 나쁜 짓을 포함해 마음에 걸리는 안 좋은 일들이 주마등처럼 스쳐 지나갔다. 입대 전 나는 은행원이었는데 근무시간은 길었고 급료는 박하고 승진할 가망이 없어서 고민만 하고 있었다. 내 집 하나 장만할 수도 없고 새 차도 살 수도 없고 아내에게 변변한 옷 한 벌 사 주지 못했다. 언제나 잔소리만 하고 꾸짖는 나이 많은 계장을 대하는 일에 진절머리가 났었다. 밤에 언짢은 기분으로 돌아와 대수롭지 않은 일로 아내와 곧잘 다투기도 했고, 자동차 고장에 대해서도 늘 짜증만 냈다. 이전에는 이러한 일들이 큰 고민거리였는지 작은 고민거리였는지 생각해 보지 않았다. 그러나 지금 폭뢰에 죽임을 당하는 큰 공포를 느끼고 떨고 있자니 이러한 일들이 얼마나 어리석었는가를 깊이 깨닫게 되었다.

나는 그때 이렇게 맹세했다. 만일 다시 한 번 더 햇빛을 보게 된다면 결코 고민하지 않겠다고……. 공포로 두려운 15시간 동안 나는 인생을 새롭게 살아가야 할 가장 중요한 방법을 배우게 되었던 것이다."

죽음의 공포 앞에서는 일상의 불평, 짜증, 걱정, 불안… 모든 것이 사소한 일이다. 우리 삶에서 불행은 대개 사소한 일에서 시작된다. 우리 사회에서 일어나는 참으로 많은 사건들이 사소한 것들 때문에 일어난다. 술집에서의 주정, 가정에서의 말다툼, 과격하거나 모욕적인 언사, 욕설, 무례한 행동 등 이런 사소한 일이 폭행과 살인을 부르기도 한다. 참으로 참을 수 없는 만큼 억울한 꼴을 당해서 일어나는 사례는 매우 적다. 그래서 데일 카네기는 말한다.

"인생을 작게 살기에는 너무 짧습니다. 그리고 우리는 사소한 일을 너무 오랫동안 이야기합니다. 사소한 일에 목숨 걸지 마시기 바랍니다."

하하웃음행복센터에 나와서 함께 웃는 이들의 가장 큰 삶의 변화는 마음이 너그러워지고 넓어지는 것이다. 그래서 전에는 작은 일에도 마음 상하고, 짜증을 내던 이들도 웃다 보면 웬만한 일도 "그럴 수도 있지!" 하고 넘어가게 된다.

사소한 일에 목숨 걸지 말자. 사소한 일에 목숨 걸지 않으려면 웃어버리는 지혜가 필요하다.

9

칼리아 공식

참으로 낭패스러운 일이 아닐 수 없다. 필자는 간호학원을 운영하고 있는데 국비교육생의 출결 사항 체크를 소홀히 하여 국비생 교육훈련을 정지 당한 것이다. 그것도 실습 나가 있는 병원에서 눈에 보이지 않는 학생의 임시공휴일 출결 사항을 잘못 체크해서 차후 정정하려 했으나 다음 날 즉시 정정하지 않았다는 이유로 6개월 훈련정지 처분을 받았다.

처음에는 황당했다. 교육훈련생을 받지 못하면 학원 운영에 큰 타격이 될 것은 뻔했다. 그리고 "그 작은 실수에 이렇게 가혹한 처벌을 하다니" 하고 분한 마음을 참기 힘들었다.

담당 공무원은 시범적 케이스로 엄벌을 요구하는 기안을 올리고는 장기휴가를 가 버렸다. 정정을 요구하려 해도 당사자가 없어 재심청구가 받아들여지지 않았다. 6개월 훈련정지 처분이지만 학생들 모집 철이 중간에 끼어 있기 때문에 1년 동안은 국비훈련생을 받지 못하는 불행한 사태가 된 것이다.

마음이 복잡하고 너무나 억울해서 제정신이 아니었다. 무언가 마음부터 정리할 시간이 필요했다. 일단 쉬면서 마음을 다스리기로 하고 쉼을 위한 장소에 들어갔다. 그리고 이 문제를 해결하기 위해 데일 카네기 책에서 읽은 "윌즈 H. 칼리아"의 공식을 적용해 보기로 했다.

첫째, 이로 인한 최악의 경우를 예측해 보았다. 최악의 경우 1년간 교육생을 받지 못한다 하더라도 건물세가 나가지 않기 때문에 버틸 수는 있다. 또 국비생이 없어도 일반 자비 교육생 30명만 모으면 그런대로 최소한의 경비로 학원을 유지할 수 있을 것으로 판단되었다.

둘째, 그렇다면 가장 최악의 경우 교육생 없이 1년을 버티는 경우가 생기더라도 그것을 감수하기로 결심하였다. 비록 이 실패가 나의 이력에 또 우리 학원에 오점을 남기겠지만 새로운 비상을 위해 기꺼이 감수하며 재충전하는 기간으로 고맙게 받아들이기로 결심했다.

최악의 경우를 감수하기로 마음의 결정을 하자 참으로 중대한 변화가 일어났다. 마음이 매우 홀가분해졌다. 원망의 마음도 많이 사라졌다. 평안의 마음이 다시 찾아온 것이다.

셋째, 그러면 정신적으로 받아들인 이 최악의 상태를 조금이라도 완화하기 위해 무엇을 할 것인가?에 나의 시간과 정신을 집중시키기로 했다.

"교육생이 하나도 없는 상태의 손실을 조금이라도 덜 수 있는 방법은 없을까?"

이 점에 몰입하자 새로운 아이디어가 떠올랐다. 즉 국비생들은 철저한 통제 속에 자유로운 교육을 할 수가 없어서 일반 자비학생들은 국비생 교육기관에서 국비생들과 함께 수업받기를 싫어한다는 점이었다.

그래서 국비생과 함께 수업하지 않는 일반 학생만을 위한 학급을 모집한다고 집중 홍보하기로 했다. 그런데 그것이 의외로 큰 반향을 일으켰다. 국비생과 함께 공부하기를 주저했던 학생들이 자비로 대거 몰려들었다. 처음에 예상했던 인원보다 3배 이상이나 더 많은 학생들을 모집하게 된 것이다. 칼리아의 공식을 적용해서 멋지게 성공한 것이다.

응용심리학의 아버지 윌리암 제임스는 "고민을 일으키는 일을 우선 그대로 받아들이세요. 일단 발생한 일을 받아들인다는 것은 모든 불행한 결과를 이겨 내는 시작이 됩니다"라고 했다.

중국의 철학자 임어당도 "참된 마음의 평화는 최악의 사태를 감수하는데서 얻을 수 있다. 이는 심리학적으로 에너지의 해방을 뜻한다"라고 했다. 일단 최악을 받아들이면 그 이상의 사태는 일어나지 않는다고 보아야 한다.

많은 사람들이 노여움 속에 자신의 문제를 확대시킨다. 최악을 받아들이기를 거부하고 차선의 노력도 거부함으로 절망과 우울증의 포로가 되고 있다.

이 국비생 훈련정지 사건은 내 인생에 참으로 고귀한 교훈을 주었다. 칼리아의 공식을 나의 인생에 적용해서 성공하는 값진 성과를 안겨 준 것이다.

첫째, 일어날 수 있는 최악의 일이 무엇인가? 자문하고, 둘째, 그것을 감수할 마음의 결정을 하고, 셋째, 침착하고 평안한 마음으로 최악의 사태를 헤쳐 나가는 것이다.

지금은 시설을 늘여 더 많은 국비생을 더 좋은 질로 교육시키고 있다. 칼리아의 공식을 적용하도록 생각을 바꾼 것은 웃음이었다. 어렵고 힘든 일이 있을 때마다 "잘 됐구나!" 하고 웃어 온 덕분이다. 웃으면 내 머릿속은 긍정과 희망으로 바뀌는 것이다. 그래서 절망과 고통과 걱정과 근심이 밀려올수록 생각의 전환을 위해 일단 웃는 것이 매우 중요하다.

절망과 고통, 근심과 걱정 속에서 헤매는 이여!

일단 웃자! 우하하하~~~

10

아름다운 패배

다음은 미국 미네소타 주 마이클 앨버트 빌 고교의 레슬링 선수 미첼 매키의 일기이다.

“오늘 주 고교 선수권대회 결승전이 있었다. 상대는 워낙 뛰어난 체력과 기교와 경기력이 대단히 훌륭한 선수이다. 솔직히 내가 버거운 상대임에 틀림없다. 그러나 나는 꼭 이겨야 한다. 말기 암으로 시한부 인생을 살고 있는 아버지에게 멋진 챔피언의 모습을 보여 드리고 용기와 희망을 드리고 싶다. 병원에서는 2개월 정도밖에 남지 않았다고 했다. 그런데도 아버지는 이 아들의 결승전 경기를 보기 위해 경기장에 나오셨다. 아버지께 아들의 경기 모습을 보여 드리는 마지막 기회라 꼭 우승을 하여야 한다. 그래야 아버지도 평안하고 기쁜 마음으로 투병생활을 할 수 있을 것이다.

역시 상대방 선수는 강했지만 나는 젖 먹던 힘을 다 내어 필사적으로 싸웠다. 경기 중에 힘이 부칠 때마다 아버지를 생각해서 이를 악물고 참았다. 드디어 경기가 끝나고 나는 이겼다. 아버지를 생각하며 감격의 눈물을 흘렸다. 그런데 승리를 놓쳐 실망하고 있을 선수가 보이지 않았다. 뒤를 돌아보니 그는 아버지에게 뛰어가 포옹을 하고 있었다. 으레 상대편 코치진에 뛰어가 인사를 하는 것이려니 생각했다.

어쨌든 고마웠다. 오늘 챔피언이 된 나를 아버지는 자랑스럽게 생각하실 것이다. 그리고 남은 투병생활에도 더욱 희망과 용기를 가질 수 있으실 것이다."

다음은 미국 미네소타 주 블레인 고교 레슬링 선수 멜릭 스튜어트의 일기이다.

"챔피언 자리를 놓쳤다. 그렇게 원해 왔던 1위 자리를 내줬다. 그런데 다른 때 같으면 화가 나서 자리를 박차고 나갔겠지만 오늘은 그럴 수 없었다. 나는 상대편 선수 아버지에게 뛰어갔다. 먼저 인사를 하고 아버지를 끌어안았다. 왜냐하면 경기 전 이야기를 들었다. 말기 암으로 남은 시간이 별로 없다는 것을…….

경기 내내 그 상황이 마음에 걸렸다. 경기가 끝나자마자 그에게 달려갔다. 손을 꼭 붙잡고 껴안았다. 그리고 이렇게 이야기했다. 꼭 건강을 되찾으세요. 모두는 당신을 사랑하고 있습니다. 나는 내 마음에서 우러나는 대로 내 스스로 결정해서 이렇게 행동했는데 모든 관중들이 박수갈채를 보내줬다. 나의 그런 모습을 보고 눈물을 글썽이며 기립박수를 보내주었다고 생각한다. 너무도 멋진 날이었다."

그 후 멜릭 스튜어트 학생은 기자들 질문을 받았다.

"혹시 일부러 져 준 것은 아닌가요?"

그는 이렇게 대답했다.

"저도 아버지가 돌아가셨어요. 7세 때 심장마비로 아버지를 여의었습니다. 그래서 상대방 선수가 겪을 슬픔과 혹독한 시련을 누구보다 잘 알고 있어요."

기자들 질문에 정확한 답은 아니지만 우리 마음을 감동케 하는 대답이었다. 그는 패배를 해서 챔피언이 되지 못했지만 그 패배는 멋지고 감동적인 패배였고 사람들 가슴속엔 진정한 챔피언으로 기억될 것이다. 고교 2학년의 어린나이지만 그의 사려깊은 사랑과 배려의 마음은 우리에게 훈훈한 웃음과 아름다운 감동을 선사한다. 그래서 그는 우리에게 삶의 의미와 가치와 용기와 희망을 전해 준다.

이런 사랑과 배려의 마음을 표현할 때 우리는 웃을 수 있다. 사랑과 배려의 마음으로 이룬 아름다운 패배, 우리 삶속에서도 종종 이런 아름다운 패배, 아름다운 양보, 아름다운 배려가 있어야 할 것이다.

많이 웃다 보면 이런 넉넉한 마음이 생긴다.

11

지금 이 순간

한 여류작가가 길을 가다가 거리에서 꽃을 파는 할머니를 우연히 만났다. 할머니는 남루한 옷차림에 금방이라도 쓰러질 듯 나약한 모습이지만 얼굴은 온통 즐거움과 행복에 겨운 표정을 하고 있었다.

이 여류작가는 할머니의 즐거운 표정에 기분이 좋아져서 꽃을 고르며 할머니의 얼굴을 유심히 바라보며 물었다.

"할머니, 뭐가 그렇게 즐거우신가요?"

그러자 할머니는 환한 미소를 띤 얼굴로 말했다.

"왜 즐겁지 않겠어요. 세상이 이렇게 아름다운데……."

"낙천적이시군요. 세상을 즐겁게 사시는 특별한 비결이 있으세요?"

"이 꽃을 보세요. 얼마나 아름다워요? 며칠만 있으면 시들어 땅에 떨어지겠지만 지금은 이렇게 아름다움을 뽐내고 있잖아요?"

"그래서요?"

"맞아요. 나도 얼마 안 있어 세상을 떠날 거예요. 하지만 이 꽃이 지금 이 순간 활짝 핀 것같이 나도 지금 이 순간이 가장 소중하다고 생각해요. 그래서 지금 제일 행복하게 살기로 결심했다우."

그러면서 덧붙였다.

"이미 지나간 과거나 아직도 오지 않은 미래 때문에 내가 화를 내고 두려워해서 나의 현재를 망칠 수는 없잖아요?"

여류작가는 머리를 한 대 얻어맞은 듯 얼른 꽃을 사 가지고 떠났다. 할머니는 여전히 유쾌한 노래를 부르며 환한 미소를 행인들에게 보내고 있었다.

꽃은 시들고 떨어진다. 인간도 언젠가는 시들고 떨어지는 꽃처럼 세상을 떠난다. 그래서 지금 살고 있는 이 순간은 참으로 소중한 시간이다. 지금 이 순간이야말로 가장 즐겁고 행복한 꽃을 피우며 살아가야 할 소중한 시간이라야 한다. 우리는 현재라는 이 순간을 살면서도 과거에 붙들려 살 때가 많다. 과거의 일이 오늘의 내 발목을 꽉 잡고 있어 한 발자국도 나아갈 수 없을 때가 있다.

오프라 윈프리는 어린 시절 버림받음, 비만, 성폭행, 유산, 가출, 알코올 중독 등 너무도 암울한 시기를 보냈다. 그 당시의 수치감, 죄책감, 두려움 등이 그녀를 붙잡아 한 발자국도 앞으로 나아가지 못하는 어둠의 시절이 있었다. 그러나 그녀는 깊은 고통 끝에 so what!(그래서!)을 외치며 과거의 모든 사슬을 끊어 버리고 현재를 살기 시작했다.

매일매일 감사 일기를 쓰며 과거의 감옥에 갇혔던 자신을 해방시켰고 지금 이 순간에 충실하게 살아갔다.

많은 이들이 과거의 감옥에 스스로 갇혀 현재를 낭비하고 고통과 슬픔 가운데 지내고 있다. 과거를 젖은 쓰레기처럼 생각한다면 과거는 젖은 쓰레기에 불과하다. 그럴 때 현재를 지배할 수 있는 힘을 잃어버리게 될 것이다.

과거의 불행했던 일을 떠올리고 후회하거나 못마땅했던 과거를 자꾸 떠올리며 원망하는 일은 이미 끝난 일을 현재로 다시 가져와서 자신을 들볶는 일이다. 그래서 단순히 과거만 원망할 뿐 아니라 현재도 원망하며 지내게 된다. 미래도 마찬가지이다. 아직도 오지 않은 미래의 두려움으로 인해 불안과 걱정, 근심 속에 현재를 지내는 일은 삶에서 가장 소중한 지금 이 순간을 송두리째 낭비해 버리는 것이다. 과거는 오늘이 아니다. 내일도 오늘이 아니다.

"어제는 부도난 수표이고, 내일은 불확실한 약속어음이며, 오늘만이 준비된 현금이다"라고 어떤 이는 비유했다.

오늘, 현재, 지금 이 순간, 여기에 사는 것이 진정 행복의 비결인 것이다. 오늘은 어제 죽은 이들이 그렇게 살기를 원했던 내일이다. 지금 이 순간을 사는 탁월한 지혜는 웃는 것이다. 아무 생각 없이 일단 웃어 보는 것이다. 일단 웃어 보면 과거로부터 벗어나고 미래의 두려움을 떼어놓을 수 있다.

그래서 하하웃음행복센터의 실천사항이 "일단 웃자"이다. 사람들은 이렇게 쉬운 일을 진짜 잘 못 한다. 너무나 오랫동안 생각과 습관의 틀을 벗어나지 못하기 때문이다. 일단 웃기로 결심하고 이를 생활 속에 받아들이고 실천하면 우리는 과거와 미래의 환영에서 벗어나 진정으로 자신의 삶을 살 수 있게 될 것이다.

일단 웃자! 일단 웃자! 우하하하

12

꿈을 이루기에 늦은 나이는 없다

미국의 노인센터Golden Age Club에서 77세 된 할아버지 한 분이 잡담을 하며 자기와 체스를 둘 상대를 기다리고 있었다. 그때 한 젊은 자원 봉사자가 와서 말했다.

"할아버지, 우두커니 체스 상대를 기다리지 마시고 옆에 미술실에 가셔서 그림을 그리시면 어떨까요?"

할아버지가 대답했다.

"그림이라구? 내 나이가 77세인데… 너무 늦었어. 벌써 손도 이렇게 떨리는 걸……."

젊은이가 말했다.

"무슨 말씀이세요. 할아버지는 할 수 있으세요. 제가 보기에는 할아버지 연세가 문제가 아니라 할 수 없다고 미리 단정해 버리는 할아버지 마음이 더 문제인 것 같은데요?"

젊은이 핀잔에 은근히 화가 난 할아버지는 미술실을 찾아 그림을 배우기 시작했다. 그림을 그리는 것이 생각보다 어렵지도 않았고 자꾸 그리다 보니 점점 그림에 빠져들게 되었다. 그리고 그가 지금까지 경험했던 풍부한 삶의 감정들을 그림 속에 녹여내기 시작했다. 비록 붓을 잡은 손은 떨렸지만 매일 거르지 않고 열심히 그림을 그렸다.

그 클럽의 지도 선생인 래리 리버Larry Rivers는 할아버지께 별도 코칭을 해 주지 않았다. 그리고 할아버지께 이야기했다.

"할아버님은 자신만의 독특한 그림을 그리고 있어요. 그 길로 계속 나아가세요. 제가 이렇다 저렇다 얘기할 처지가 아닙니다. 서운하게 생각하지 마세요."

그의 이름은 미술평론가들이 '미국의 샤갈' 이라고 극찬했던 '해리 리버맨' 이다. 그는 폴란드에서 태어난 유대인으로 29세에 단돈 6달러와 옷가방 하나 달랑 들고 미국으로 건너갔다. 그는 랍비가 되려 했으나 포기하고 할렘가에서 재단사로 일하며 돈을 모은 후 과자 공장을 하며 재산을 모았다. 77세에 은퇴하여 세컨 라이프를 미술의 세계로 들어서게 된 것이다. 97세에 리버맨은 이렇게 이야기했다.

"그림 그리는 일은 내게 가장 소중한 일이다. 천국의 삶이 있다면 바로 이 그림 그리는 일이야 말로 천국의 삶이다. 내가 죽으면 많은 후세 사람들이 내 그림을 보고 즐기지 않겠는가? 그것이 바로 영생의 삶이라고 나는 생각한다."

그는 이후 많은 이들의 격려 속에 101세로 운명을 다할 때까지 수많은 그림을 남겼다. 죽는 해에도 스물두 번째 전시회를 열었다.

그의 그림은 그가 랍비가 되려고 공부했던 탈무드, 하시디즘, 구약

성경, 히브리 철학 등이 주제가 되었고 강한 영성을 느끼게 해 주는 걸작들을 많이 남겼다.

50대나 60대 70대의 많은 이들이 새로운 꿈을 이루기에 너무 늦은 나이라며 포기하고 꿈을 접고 사는 모습들을 보게 된다. 그러나 꿈을 이루기에 늦은 나이란 없다. "이 나이에 어떻게 이걸 해", "남들이 무어라 손가락질하지 않을까?", "손발이 다 불편한데… 나는 너무 늦었어"라고 하며 꿈을 포기하려 한다. 자신의 꿈을 접어 버린 이들에겐 나이가 문제가 아니라 포기하는 마음이 더 문제인 것이다.

하하웃음행복센터에는 주류가 50대에서 70대 초반의 세월을 사는 분들이다. 이곳에서 웃음과 행복 강의로 마음의 상처들을 회복하고 나면 봉사를 하게 된다. 자신과 비슷한 나이의 사람들에게 자신의 변화된 삶을 이야기하며 함께 웃음과 행복을 나누게 된다.

그리고 깨닫는다. 늦었다고 생각했지만 웃음행복을 배우기 잘했다고, 우울증으로 나는 세상에 필요 없는 사람이라고 생각했지만 웃어서 새로운 변화된 멋진 삶을 살게 되었다고, 암으로 삶의 촛불이 꺼지는 줄 알고 두려움에 삶을 포기하고 싶었지만 이렇게 아름다운 새로운 인생이 시작될 줄은 꿈에도 몰랐다고,…… .

늦었다고 생각되는 나이에 새로운 꿈에 도전하는 것은 진정한 용기이다. 이들을 위해 멋진 웃음 응원을 보낸다.

13

희망의 촛불

촛불 4개가 천천히 타고 있었다. 촛불들은 주위를 환히 밝히며 서로 이야기를 하였다. 첫 번째 초가 말했다.

“나는 믿음이야. 하지만 요새 나는 더 이상 필요한 존재가 아니야. 나를 신뢰하는 사람은 없어.”

결국 믿음의 촛불은 천천히 소멸되어 가다가 완전히 꺼지고 말았다. 두 번째 초가 말했다.

“나는 평화야. 하지만 요새 내가 꺼지지 않도록 신경쓰는 사람은 아무도 없어. 모든 사람이 나를 버렸어.”

결국 평화의 촛불도 천천히 빛을 잃어 가더니 결국 꺼지고 말았다. 세 번째 초가 말했다.

“나는 사랑이야. 나도 꺼지지 않도록 유지할 힘이 남아 있지 않네. 사람들은 나에게 관심도 없고 나의 중요성을 이해하지 못하고 있어.

사람들은 가장 가까이 있는 사람들조차 사랑하는 걸 까먹어."

그리고 슬픈 눈물을 흘리며 서서히 약해지는 불빛을 견디지 못하고 완전히 꺼져 버리고 말았다. 그때 촛불 주인인 한 아이가 방 안에 들어왔다. 4개의 촛불 중 3개가 꺼진 것을 보고 울기 시작했다.

"왜 타고 있지 않는 거야. 나 하고 영원히 타기로 약속했잖아!"

그때 네 번째 초가 다정스런 목소리로 아이에게 속삭였다.

"울지 마. 그리고 실망하지 마. 나는 희망이란다. 내가 꺼지지 않는 한 나를 이용해 다른 초에 불을 붙일 수 있어. 한 번 해봐."

그 말을 들은 아이는 웃으며 희망의 촛불로 다른 세 개의 초에 불을 붙였다. 희망의 촛불로 믿음, 평화, 사랑을 다시 불러일으켜 4개의 촛불은 다시 환하게 방안을 밝히기 시작했다.

1974년 마흔세 살의 일본인 한 사람이 청계천 하류에 있는 개미마을에 들어갔다. 지금의 군자 차량기지 부근에 땅을 파고 나무로 얼기설기 지붕을 엮어 지은 움막집 1,600 가구 정도가 살고 있는 곳이었다.

당시 청계천 변에는 6만여 명 정도가 빈민촌을 구성하며 살고 있었는데 그곳은 그중에서도 가장 비참한 곳이었다. 그는 그곳의 한 집 거적문을 들치고 들어갔다. 어두컴컴한 쪽방에 열댓 살 소녀가 누워 있었다. 옆구리와 무릎에 드러난 하얀 뼈에는 파리 떼가 새까맣게 달라붙어 있었다.

소녀의 어머니는 병원에 찾아갈 엄두도 못 내고 용하다는 무당을 찾아다녔다. 그는 소녀에게 인사를 건넸지만 소녀는 움직이지 못하고 눈만 굴리고 쳐다볼 뿐 아무 말도 하지 못했다.

그는 소녀를 찾아가 간호했지만 두 달 후 숨졌고 그의 사진첩에만 남아 있게 되었다. 그는 도쿄의 집을 팔아 청계천에 탁아소를 지었고 청계천 빈민들이 이주해 간 남양만에는 뉴질랜드산 젖소 600마리를 사다가 기증하기도 하였다.

그는 꾸준히 이름을 나타내지 않고 이들을 도와서 15년 동안 한국에 8억 원을 넘는 돈을 부치기도 했다. 그는 결코 부자가 아니었다. 일본 야마나시현 산골에서 가정교회를 이끌고 있는 목사였고 기증 받은 헌 옷 몇 벌이 전부인 무척 검소한 삶을 사는 평범한 사람이었다.

그의 이름은 노무라 모토유키野村基之이다. 그는 그 동안 청계천 주변의 삶을 담은 500장 정도의 사진첩 《노무라 리포트》를 냈다.

처음 만난 그 소녀의 모습도 그 속에 살아 있었다. 노무라 목사는 서울 일본대사관 앞에 있는 《평화의 소녀상》을 찾았다. 그리고 가지고 간 플루트를 꺼내 "봉선화"를 연주했다. 그는 이 노래가 일제 강점기 때 끌려간 위안부 할머니들께 위로가 되었으면 좋겠다고 했다.

그리고 일본 정부에게 사죄하라고 외치며 "일본이 역사 의식이 없으면 일본은 희망이 없는 나라이다"라고 했다. 그는 일본 우익들로부터 협박 전화와 협박 이메일로 시달리지만 당당히 그들에게 맞서고 있다.

"일본에도 목소리를 내지 않을 뿐, 지난 역사에서 가해자라는 사실을 받아들이고 미안한 마음으로 사는 양심적인 일본인이 더 많습니다"라고 그는 말한다.

노무라 목사는 서울시로부터 명예 시민증을 받았으며 죽어서 한국에 뼈를 묻히기를 희망한다. 아는 이들은 그를 "청계천의 빈민 천사"로 부른다.

일본의 위정자들은 자신들의 정치적 기반을 위해 계속 우경화로 치닫고 있다. 그래서 계속 주변국들을 불편하게 하고 대결 구도로 나가고 있다. 이제 일본과는 평화의 촛불도 꺼지고 믿음의 촛불도 꺼지고 사랑의 촛불도 꺼졌다.

그러나 희망은 있다. 노무라 목사 같은 이가 있는 한 희망의 촛불은 다시 믿음과 평화와 사랑의 촛불을 타오르게 할 수 있을 것이다. 답답하지만 계속 인내하고 일본 위정자들의 치졸성을 웃어 넘기자.

답답할 때는 웃음이 최고로 좋은 약이다. 헛웃음이라도 좋고 억지웃음이라도 좋다. 그것도 효과가 있다.

14

헨델의 메시아

안개 덮인 부두에 정박 중인 배의 돛대가 세차게 흔들렸다. 오늘도 여객선은 항구를 출발하지 못하고 있었다. 해안에 있는 커피하우스에서 습기 찬 창문을 통해 이를 초조히 바라보는 사람이 있었다. 그는 영국 서부 항구 체스터에서 아일랜드로 가는 여객선이 하루빨리 출발하기를 기다렸다. 아일랜드 더블린에서 그의 작품을 초연하기로 계약이 되어 있었기 때문이다.

"지금까지 정말 열심히 준비했는데 바람과 파도에 막혀 중단해야 하다니! 하늘도 무심하시지……."

하루 종일 기다린 그는 일어나 찻값을 지불하고 체스터 항구 커피하우스를 나와 그가 묵고 있는 여인숙으로 돌아갔다. 내일 저녁이면 공연을 해야 하는데 갑자기 몰아친 폭풍으로 그는 절망감에 사로잡혔다.

"제발 내일 공연을 할 수 있도록 자비를 베푸소서. 저에게 내려진 가혹한 실패에서 다시 일어설 수 있는 유일한 희망이오니 기적을 베풀어 주세요!"

그는 간절히 기도하고 잠자리에 들었다.

다음날 아침 기적은 일어났다.

아침에 바람이 잠잠해지고 배는 떠날 수 있었다. 그날 저녁 더블린 피시앰플 거리에 있는 극장에서는 난리가 났다. 초만원 관중이 몰려들었다. 극장 측은 100여 명을 더 입장시키기 위해 숙녀들이 입은 스커트에 후프를 제거한 후 입장을 허락했고 신사들은 칼을 차지 않아야 입장을 허락했다.

1742년 4월 13일. 환호하는 청중을 보며 공연에 임한 그는 마음이 떨려 진정시키기 어려웠다. 하프시코드 앞에 앉아 심호흡을 하고 마음을 진정시키고 난 후 그는 악단을 향해 고개를 끄덕이며 신호를 보냈다.

서곡이 잔잔히 흐르기 시작했다. 그가 밤잠을 자지 않고 떠오르는 영감 속에 작곡한 곡이 드디어 초연을 시작한 것이다. 이 곡이 끝나기도 전에 더블린 사람들은 감동의 눈물을 흘렸고 평론가들은 극찬을 앞다투어 보냈다.

다음 공연에서는 극장 안이 과열되는 것을 막기 위해 창문을 모두 떼어낼 정도로 관중은 열광했다. 그의 마지막 희망은 이렇게 이루어졌고 그 공연으로 엄청난 수익을 얻게 되었다. 그래서 그의 실패로 인해 채무 관계에 있던 142명의 빚을 모두 갚고 병원과 진료소에 거금의 자선기금도 보낼 수 있었다.

그의 이름은 유명한 작곡가 헨델이고 더블린에서 초연된 음악은 그 유명한 메시아였다. 헨델은 외과의사이며 이발사인 아버지 고향 독일 할레에서 1685년에 태어났다. 그 당시에는 이발사가 외과의사를 겸하던 시대였다.

헨델은 어려서부터 음악을 하고 싶어 했으나 아버지는 허락하지 않고 법관으로 키우고 싶어 했다. 음악을 배우겠다는 헨델에게 아버지는 "굶어죽기 딱 좋은 직업이 음악"이라고 허락하지 않았던 것이다.

그러나 헨델의 열정을 말릴 수 없었다. 어린 헨델은 아버지의 눈을 피해 한밤중 다락방에 숨어 달빛을 불빛 삼아 악보를 읽고 연주법을 익혔다. 9세 때 궁정교회에서 오르간을 발견한 헨델은 즉흥 연주를 시작했는데 마침 그곳을 지나가던 요한 아돌프 공작이 그의 연주를 듣게 되었다.

"이렇게도 훌륭한 연주를 할 수 있는 아이가 누구냐?"

헨델의 아버지는 곧 소환되었고 이러한 음악 천재를 법률가로 만드는 것은 범죄나 다름없다는 공작의 말을 듣고 음악 공부를 허락했다.

헨델은 공부에 뛰어났다. 10대에 할레를 떠나 함부르크로 갔고 다음에는 이탈리아로 가서 오페라 작곡법을 배웠다. 20대 중반에 그가 음악 활동을 활발히 할 수 있고 큰 연주회를 할 만한 여건이 충분히 조성되어 있는 런던으로 가게 되었다.

1711년 영국 관중을 위한 헨델 최초의 오페라 "리날도Rinaldo"가 새로 지은 헤이마켓 극장에서 15일 동안 성황리에 공연되었고 헨델의 이름은 영국에 널리 알려졌다.

1713년 평화조약을 축하하는 "테 데움Te Deum"이 세인트 폴 대성당에서 공연된 후 감명 받은 앤 여왕은 헨델에게 매년 200파운드의 하사금을 내렸다.

헨델은 오페라 공연 수익까지 더해져 세계에서 가장 돈 많이 버는 작곡가가 되었고 앤 여왕 뒤를 이은 조지 1세는 하사금을 400파운드로 늘렸다. 더 나아가 헨델이 설립한 오페라 회사 왕립음악원에 조지 1세는 수천 파운드를 투자했고 이를 따라 런던의 유지들이 앞다투어 투자하는 바람에 헨델은 예술가인 동시에 음악인으로서 세계 최초 최대의 사업가가 되었다. 그러나 그의 성공은 10년이 채 가지 못했다.

1720년 중반부터 헨델은 내리막길을 걷기 시작했고 1728년에는 왕립음악원도 문을 닫게 되었다. 그의 자만심과 유행의 변화로 인해 헨델의 이탈리아어 오페라는 몰락하게 되었고 1937년 그는 심한 스트레스로 인해 중풍이 오면서 오른쪽 손가락 네 개를 사용할 수 없게 되었다. "헨델의 시대는 끝났다 그의 영감은 고갈되었고 그의 감각은 유행에서 한참 뒤처져 있다" 고 신문은 혹평을 하였고 그는 빚더미에 올라앉았다.

1741년 그의 나이 56세, 오페라를 포기하고 실의의 날을 보내고 있던 그에게 그의 후원자였고 시인인 찰스 제넨스가 양피지로 싼 대본 하나를 보내왔다. 그 대본은 성경의 구약과 신약의 내용을 인용해 예수의 탄생 · 수난 · 죽음 · 부활을 감동적으로 표현한 대본이었다.

헨델은 이 대본을 읽고 말할 수 없는 영감이 떠올랐다. 그는 거의 식음을 전폐하다시피 하고 잠도 거의 자지 않고 숨을 쉬듯 곡을 쓰기 시작해서 23일 만에 곡을 완성하고 그 곡의 이름을 "메시아Messiah" 라고 붙였다. 이 곡은 그에게 돈보다 훨씬 더 귀중한 가치와 의미를 가져다 주었고 희망이 되었다. 그리고 다시 재기하는데 성공했다.

헨델은 그의 말년 10년간 온갖 어려움 속에서도 메시아에 집중해서 매년 자선공연을 열었고 영국 왕 조지 2세는 할렐루야 대합창이 시작되자 감동을 억누르지 못하고 자리에서 일어났다.

그 순간 청중이 술렁이면서 비단 옷을 입고 검을 찬 신사숙녀들이 모두 따라 일어섰다.

이후로부터 오늘날까지 할렐루야가 울려 퍼지면 영어권 세계의 청중은 모두 일어서는 것이 전통이 되었다.

말년에 헨델은 시력을 잃어 시각장애인이 되었고 더블린 공연 이후 꼭 17년이 되는 1759년 4월 13일 새벽에 눈을 감았다.

그의 자만심은 그를 절망의 나락을 추락시켰으나 그는 희망의 끈을 끝까지 놓지 않고 끈기 있게 전진해 다시 음악의 어머니라는 불멸의 명예를 회복했다.

아무리 어려운 처지에서도 희망을 놓아서는 안 된다. 우리가 웃는 한 희망은 내 마음속에 살아있는 것이다. "웃음은 희망의 최후 무기이다"라는 하비콕스의 말을 마음속에 다시 한 번 새겨본다.

15

콜럼버스의 실망

현대 인기 스포츠는 공이 들어가지 않은 것이 거의 없다. 축구, 농구, 야구, 배구, 골프, 핸드볼, 테니스, 라켓볼, 탁구, 수구, 럭비, 소프트 볼, 피구 등등 모두 그렇다. 격투기, 양궁, 사격 등을 뺀 인기 스포츠는 모두 공을 사용한다.

인류가 오래전 발명한 기술 중의 하나가 공이다. 옛날엔 돼지 내장을 공으로 만들어 놀기도 하였고 오스트레일리아 원주민들은 주머니쥐의 털가죽이나 캥거루 음낭에 풀로 속을 채워 공으로 사용하였다고 한다.

캐나다 북극지방에 거주했던 코퍼 이뉴잇Copper Inuits 부족들은 바다표범 가죽으로 만든 공으로 축구 비슷한 놀이를 했다고 한다.

공은 게임의 진화 역사에서 가장 핵심적인 존재로 발전했고 중남미 아스테카, 마야 문명사회에서 문화의 중심적 존재였다.

아메리카 대륙을 두 번째로 탐험하는 동안 콜럼버스는 실망에 빠졌다. 그것은 그들이 바라던 황금을 찾지 못했기 때문이다.

어느 날 콜럼버스와 선원들은 히스파니올라Hispaniola(지금은 아이티) 부족들이 공놀이하는 광경을 목격하게 되었다.

15세기 말 유럽에서는 볼 수 없었던 신비스러운 매력이 있는 놀이였다. 그들은 도저히 이해가 가지 않는 신비한 공을 가지고 놀았던 것이다. 이 공을 본 유럽인들은 "아래위로, 앞뒤로 엄청나게 통통 튀는 이 공을 사람들은 따라잡기도 전에 이미 지친다"라고 이 공에 대한 소감을 피력했다.

이 히스파니올라 공에는 다시 튀어 오르는 대단한 탄성이 있었다. 당시 콜럼버스와 선원들은 깨닫지 못했지만 오늘날 고무라고 불리는 물질의 핵심 성분인 유기화합물 이소프렌organic compound isoprene이 지닌 독특한 성질을 최초로 목격한 유럽인이 바로 이들이 된 것이다. 이 부족이 가지고 놀던 공은 고무나무에서 추출한 흰 점액으로 만들어졌고 천연 라텍스라고 할 수 있다.

메조 아메리카 원주민들은 기원전 1500년경에 이미 이 점액을 공 모양으로 만들어 가지고 놀았다. 워낙 탄력성이 뛰어나 경기용으로도 쓰였으며 이 재료를 가지고 샌들, 비옷, 갑옷도 만들었다고 한다. 수천 년 동안 메조 아메리카 원주민들은 이 공놀이를 해왔는데 이제야 유럽인 콜럼버스 일행의 눈에 들어오게 된 것이다. 콜럼버스는 이 신기한 공 한 개를 스페인 세비야Seville까지 가져갔고, 그 후 신세계를 탐험한 코르테스라는 사람이 이 공으로 운동경기를 능숙하게 하는 메조 아메리카 원주민을 납치하여 스페인 궁정에서 카를로스 왕 앞에 경기를 해

보임으로써 고무공에 관한 관심이 급증하게 되었다.

이때 이를 관람한 스페인 궁정의 역사학자 페드로 마리티르 당글레리아는 이렇게 기록했다.

"도대체 이해가 안 간다. 어떻게 공이 땅을 치고 나서 저리 높이 공중에 튀어 오를 수 있는지."

또 다른 역사학자 토르 데시 야스Tordesillas는 이렇게 장황하게 묘사했다.

"기후가 뜨거운 나라에서 자라는 나무의 수액으로 만들었는데 그 나무에 구멍을 뚫으면 흰 액체가 뚝뚝 떨어지고 그 액체를 틀에 넣으면 금세 굳으면서 송진처럼 새까맣게 변하는 신비한 물질"이라고 표현했다.

이 물질은 조금씩 유럽에 퍼져나갔고 영국에서 연필 자국을 지우는데 안성맞춤이라는 사실을 발견하여 고무(rubber)라고 이름이 붙여졌다.

콜럼버스는 실망한 채 다시 돌아갔지만 그들이 우연히 발견한 재료가 훗날 금 못지않은 가치를 지니고 금보다 훨씬 더 다양하게 쓰이리라고는 꿈에도 상상하지 못했을 것이다

이 고무는 파이어스톤, 피렐리, 미슐랭 등 세계적 부호들을 탄생시켰으며 신발, 자동차, 장갑차, 탱크, 비행기 등의 부속재료로 혁명적 산업을 일으키는 원동력이 되고 엄청난 스포츠 시장을 탄생시킬 것을 콜럼버스는 모르고 실망을 하였던 것이다.

통통 튀는 공을 잡으려고 애쓰던 평범한 사람들의 놀이 속에서 새로운 재료 과학을 발견하여 엄청난 산업을 일으키고 새로운 문화를 탄생

시켰으며 세상의 부를 움켜쥐는 비밀이 숨겨져 있었던 것이다. 그리고 세계적인 스포츠 스타들을 탄생시키는 엄청난 힘이 공 속에 숨어 있었다.

그리고 아직도 우리들은 평범하게 공을 가지고 논다.

수천 년 동안 공을 가지고 놀았던 사람들과 마찬가지로…….

인류 역사와 함께 우리는 웃으며 살아왔다. 이 웃음은 평범하게 사는 모든 사람들이 누구나 다 기쁨을 표시하는 신호이다. 그러나 이 평범한 웃음 속에 엄청난 비밀이 숨겨져 있는 것이 조금씩 밝혀지고 있다. 이 웃음에 대한 과학적 탐구는 채 50년이 되지 않았다. 특히 웃음에 관해서 면역학, 행복의 심리학, 에너지 의학, 파동치료 등에서 많은 연구가 진행될 것이다.

콜럼버스가 고무공의 엄청난 가치를 상상도 못 했듯이 우리들도 웃음의 엄청난 가치를 상상도 못 할 것이다.

수천 년, 수만 년 이상 인간은 웃어왔지만 최근에서야 하나하나 그 가치탐구의 여행은 시작되었다. 앞으로 그 가치가 점점 드러나 삶의 환희와 기쁨, 질병과 상처의 치유와 회복 면에서 아주 중요한 삶의 도구가 될 것이다.

16

징크스

2002년 월드컵에서 한국과 스페인이 8강 경기를 벌일 때 스페인 선수가 한국 골대를 맞추고 공이 튕겨 나오자 우리나라 관중들은 안심함과 동시에 이 경기는 이길 수 있다는 확신을 하게 되었다.

2002년 한일 월드컵에서 유명한 징크스 중 하나가 골대를 맞추는 팀이 패한다는 것이었다. 결과적으로 우리는 스페인을 이기고 4강에 진출했다. 전회 우승팀 프랑스도 무려 5번이나 골대를 맞춰 16강에 오르지 못하였다.

바이킹 징크스라는 것도 있다. 잉글랜드는 월등한 축구 실력에도 불구하고 스웨덴 팀만 만나면 이기지 못한다는 것이다. 이 징크스는 약 40년 동안 깨지지 않고 이어져 오다 최근에 깨졌다.

징크스 때문에 스포츠맨이나 연주자들은 미신적 습관을 하나씩 가지고 있다. 유명한 농구선수 마이클 조던은 시카고 불스 유니폼 밑에

늘 노스캐롤라이나 대학교University of North Carolina의 셔츠를 껴입어야 승률이 높아진다고 믿었고 그렇게 했다.

유명한 골프선수 잭 니클라우스Jack Nicklaus는 골프 라운딩을 할 때마다 꼭 페니화 동전 세 개를 주머니에 넣고 시합에 나갔다.

야구 선수들은 유난히 징크스가 심하다. 경기 전 장례차를 보면 이긴다는 우리나라 야구 선수들만의 미신적 습관은 유명하며, 보스턴 레드 삭스의 3루수였던 안타 제조기 웨이드 보그스Wade Boggs는 경기 전는 닭고기 요리만 먹었다고 한다.

뉴욕 메츠의 투수 터크 웬델Turk Wendell은 행운의 상징이라며 시합 땐 동물 송곳니 목걸이를 걸고 양말을 절대 신지 않았으며 파울 라인은 절대 밟지 않고 이닝이 바뀔 때마다 이를 닦았다고 한다.

우리나라 선수들도 이 징크스는 매우 많다.

김연아 선수는 검지에 묵주반지를 꼭 끼고 경기에 나가야 실력을 발휘할 수 있었다고 한다. 한 번은 해외 경기가 예정되어 있었는데 반지를 한국에 두고 와서 급하게 공수한 일화도 있다. 선동열 선수는 경기 전 날 파칭코에 가서 돈을 잃어야 다음날 승리한다는 징크스가 있었고 돈을 따면 경기에 지는 징크스가 있었다. 이승엽 선수도 이긴 날 유니폼을 밤새 세탁해서 다시 착용하는 징크스가 있었고, 홍성흔 선수는 장갑에 王(왕) 자를 써넣으면 타격이 잘 된다는 징크스가 있었다고 한다.

일본의 야구 선수 이치로는 망언을 하면 진다는 징크스 때문에 시합 전 말을 극도로 삼가는 징크스가 있다고 한다. 한국 야구팀 중 KIA는 한국시리즈를 직행하면 무조건 우승한다는 징크스가 있고 삼성 야구

팀은 이재용 회장이 야구장을 방문하면 이긴다는 징크스가 있다.

월드컵에서도 축구황제 펠레Pele가 우승후보로 점찍은 팀은 우승을 하지도 못하고 오히려 저조한 성적으로 탈락한다는 징크스는 펠레의 저주라는 이름으로 아주 유명하다.

농구선수들도 많은 징크스들이 있다.

현 SK 감독 문경은 선수는 숙소에서 칼로 손바닥의 굳은살을 잘라내는 징크스가 있었고, 조성원 선수는 경기 전 손톱을 깎지 않고 손톱에 매니큐어를 바르는 징크스가 있다고 한다. 우지원 선수는 시합 직전 화장실을 꼭 다녀와야만 시합이 잘 풀린다는 징크스가 있었고, 전 삼성생명 여자 농구 감독은 선수 시절 빨지 않은 냄새나는 운동화를 신고 경기에 나가야 슛이 잘 들어가는 징크스가 있었다. 서장훈 선수는 반대로 깔끔하게 다려놓은 유니폼을 입어야 경기가 잘 된다는 징크스를 갖기도 했다.

연주자들도 마찬가지 징크스가 있다.

이탈리아 테너 파바로티Luciano Pavarotti는 공연 전 굽은 못을 주어야 공연이 잘 된다고 믿었기 때문에 공연 주최 측은 일부러 굽은 못을 여러 개 대기실 바닥에 떨어트려 놓아야 했고 스페인의 테너 플라시도 도밍고Placido Domingo는 연주회 때에 무대 뒤에 차가운 수건을 쌓아놓고 찬 생수를 여러 병 준비해 놓아야 한다는 것을 계약서에 명시하기도 했다고 한다.

스포츠 선수나 유명 연주자들만 징크스가 있는 것이 아니다.

일반인들도 13일 금요일 밤에 대한 징크스가 있다.

1993년 브리티시 메티컬 저널British Medical Journal의 발표 논문에 의하면 런던 교외 지역의 병원들을 조사하였는데 6일에 비해 13일은 고속도로 통행량이나 시내 교통량이 적었는데도 불구하고 교통사고 환자가 52%나 증가하였다고 한다.

13일 금요일은 일반인에게도 불길한 날이지만 응급실 의사들도 당직을 서로 피하려 한다는 보고도 함께 내놓았다.

미국인들 중 달로 인해 인간의 행동이 달라진다는 사람들이 43%나 달했다. 흥미롭게도 정신건강 전문가들은 다른 분야 종사자들보다 이를 더 많이 믿는다고 한다. 그래서 달의 영향을 받아 미쳤다는 뜻에서 미치광이 혹은 정신 이상자를 가리키는 단어가 "Lunatic"이 된 것이다.

우리는 세상을 살아가며 각자 각자가 겪는 징크스가 존재한다.

문지방을 밟으면 안 된다는 둥, 머리를 북쪽으로 두고 자면 안 된다는 둥, 큰일이 있기 전에 손톱이나 발톱을 깎으면 안 된다는 둥의 일반적 징크스도 수 없이 많을 것이다.

그러나 대부분의 징크스는 미신적인 것이며 깨고자 마음먹으면 얼마든지 깰 수 있다.

우리가 가지고 있는 부정적인 징크스는 마음을 바꾸면 일어나지 않는다. 이런 것에 현혹되지 말고 과감히 털어버리는 용기가 필요하다.

사실 필자도 이 칼럼을 500회까지 쓰고 더 이상 쓰지 말아야 된다는 생각에 약 1년 동안 글을 쓰지 않다가 이런 생각을 깨뜨리기 위해 지금 이 징크스란 제목으로 글을 쓰고 있는 것이다.

부정적 생각을 심어주는 징크스가 생각날 때마다 "웃어버려!"를 크게 외치고 크게 웃어서 날려 버리자. 대신에 웃음으로 긍정적인 좋은 징크스를 만들어 내자!

웃으면 복이 온다는 징크스는 이미 오래전부터 모든 이들의 마음속에 들어가 있는 것이다.

웃음소리 나는 집엔 행복이 와서 들여다보고 고함소리 나는 집은 불행이 와서 들여다본다.

17

꼬리표

코이라는 물고기 이야기는 많이 들어 보았을 것이다. 이 물고기를 작은 어항에 넣어두면 5~8cm 밖에 자라지 않지만 커다란 수족관에 넣어두면 15~25cm까지 자라고 강물에 방류하면 90~120cm까지 성장한다는 것이다. 같은 물고기인데도 어항에서 기르면 작은 물고기가 되고 강물에서 기르면 대어가 되는 것이다.

과학자가 벼룩을 가지고 실험을 했다. 벼룩을 책상 위에 올려놓고 책상을 내려칠 때마다 벼룩이 뛰어 오르는 높이를 쟀다. 그 높이는 무려 벼룩 자신의 몸길이보다 100배 이상을 뛰어 올랐다. 그런 다음 그 벼룩은 뚜껑이 있는 작은 병 안에 넣었다. 벼룩은 뛰고 뛰어 그 병을 벗어나려고 하였지만 소용이 없었다. 그러나 벼룩은 포기하지 않고 계속 뛰며 뚜껑에 부딪쳤다. 30분 후 병에서 벼룩을 꺼내 다시 책상에 올려놓고 책상을 두드렸다. 그럴 때마다 벼룩은 여전히 뛰기를 반복했지만 그 최고 높이는 병뚜껑으로 닫혀 있던 높이 이상을 뛰어넘지 못했다.

어항 속의 코이가 크지 못하고 병 속에 있던 벼룩이 뛰지 못하는 이유가 무엇인가?

크거나 뛰려는 욕망과 잠재력이 자기 자신에 의해 말살되어서 그렇다. 부정적이고 절망적인 학습에 의해 자기 자신이 나는 할 수 없다고 스스로 꼬리표를 붙인 결과이다.

"나는 이끌어주는 사람이 없어." "나는 게을러." "나는 학력이 짧아." "나는 실수투성이야." "나는 사람들이 싫어해." 등등의 꼬리표를 스스로 붙이고 자신의 잠재력을 묻어버리는 것이다.

탈무드에 이런 말이 있다.

"승자가 즐겨 쓰는 말은 그래 한번 해보자이고 패자가 즐겨 쓰는 말은 해봤자 별 수 없다 이다."

스스로 설정해 놓은 한계의 꼬리표를 떼어버리고 다른 사람들이 만들어 놓은 틀에서 벗어나야 우리는 성장할 수 있다. 모든 사람은 잠재력이라는 보물을 가지고 있다. 자신이 알지 못했던 이 보물을 발굴한다면 세상이 놀랄 발전과 성장이 이루어질 수 있을 것이다.

발명왕 에디슨은 이렇게 말했다.

"사람이 감추고 있는 잠재력은 무궁무진하답니다. 한사람이 잠재력만 제대로 끌어낼 수 있다면 어떤 일을 감당할 수 있을지 아무도 모르지요. 무엇이든지 직접 시도해 보지도 않고 안주하며 살아간다면 자신이 어떤 능력을 가졌는지 영원히 모르고 살아갈 수밖에 없습니다. 무엇이든 지금 시도해 보세요. 자기 자신을 믿으세요. 나를 부정할 수 있는 사람은 아무도 없습니다. '난 못 해. 방법이 없어. 안 통해. 절망적이야. 아무리 해도 안 되는데' 라고 말하여 뒤로 물러나지 마세요. 사람들은 어떤 일이든 극복하지 못할 일은 없습니다."

자신이 정해 놓은 꼬리표를 떼는 일은 매우 중요한 일이다. 사람들은 이 꼬리표 때문에 어떤 일을 시작도 하기 전에 미리 부정적인 선을 긋고 넘어가지 않으려 한다.

일단 꼬리표를 떼고 부딪치고 도전해 보면 자신의 한계를 초월하는 능력이 자신에게 있음을 발견하고 자신이 그어 놓았던 선을 넘어 믿지 못할 성취를 이루어감을 알게 될 것이다.

"내가 성공할 수 있을까?" "한 번도 해본 적이 없는데"라고 주저할 것이 아니라 꼬리표를 당장 잘라내고 용감하게 자신이 그어 놓은 선을 뛰어넘어보라. 자신 속에 잠자고 있던 무한한 잠재력이 깨어나서 자신도 깜짝 놀랄 성취를 이루어 나갈 것이다.

평범한 주부로 또는 인생의 의미를 발견하지 못하고 우울한 삶을 보내던 이들이 웃음을 접하면서 변화되는 모습을 늘 보게 된다.

열심히 웃다보니 "나는 못 해." "어떻게 내가 남 앞에서 말을 해" "내가 강사가 되다니 말이 안 돼"라는 꼬리표를 스스로 던져 버리고 열심히 배워서 자신 속에 감추어졌던 잠재력을 발견하게 되는 것이다. 그리고 자신을 성장시켜 꿈에도 생각하지 못했던 웃음치유 강사로 다른 이들 앞에서 당당히 삶을 나누고 많은 이들을 행복하게 하는 자신을 발견하고는 자신도 스스로 놀라는 경험을 자주하게 되는 것이다.

그들은 자신 속에 있던 잠재력을 웃다보니 발견하게 되었다. 또 웃다보니 도전할 수 있는 용기를 가지게 되었고, 웃다 보니 뛰어난 자신으로 발전하고 꿈도 꾸지 못했던 일을 성취해가고 있는 것이다.

사람은 나이가 들어서 늙는 것이 아니다. 부정적 꼬리표를 떼어내지 못하고 꿈을 꾸지 못하고 용기 있게 도전하지 못할 때 늙는 것이다.

그래서 열정을 가지고 희망의 꿈을 꾸며 하하웃음행복센터에서 열심히 같이 웃는 이들은 영원한 청춘이다.

자신을 부정적으로 규정지어 놓은 꼬리표를 당장 웃어서 버리자!

웃어서 꼬리표를 떼어내자!

18

과거는 흘러갔다

스스로 무술을 연마하던 무사가 자신의 무술을 시험해 보고 싶어 소림사를 찾았다. 그는 소림사의 스승 스님을 만나자마자 뺨을 후려쳤다. 무술로 대항할 줄 알았던 스님은 응대하지 않고 다만 미소를 지을 뿐이었다. 이 무사는 소림사 스승 스님이 자신의 무술을 알아보고 감히 대항하지 않은 것이라고 생각했다.

"그러면 그렇지. 내 무술을 당할 자가 이젠 없는 거야."

그 무사는 의기양양해서 다시 돌아갔다. 그 무사는 더욱더 무술의 경지에 빠졌고 10년 후에는 정말로 무술의 높은 경지에 올랐다. 그제야 그는 소림사 스승 스님이 자기에게 대항하지 않은 이유를 깨달았다. 무적무아 즉 적도 없고 나도 없는 무술 최고 경지의 깨달음을 얻게 된 것이다.

그는 10년 전 자신의 행동이 너무 부끄러워졌다. 그는 다시 소림사로 찾아가 스승 스님 앞에 무릎을 꿇었다. 그리고 10년 전 잘못한 것에 대한 속죄의 뜻으로 자신의 뺨을 한 대 때려달라고 부탁했다. 그러자 스승 스님은 웃으면서 대답했다.

"지금 당신 앞에 있는 사람은 10년 전에 그 중이 아닙니다. 그리고 당신 또한 10년 전의 그 무사가 아니지요. 그러니 우리 사이에는 풀어야 할 어떤 원한도 없는 것이지요."

"체조요? 이제는 불가능합니다. 앞으로는 혼자 걸을 수도 일어설 수도 없을 것입니다. 당신은 남은 생애를 휠체어에서 보내야 합니다."

의사의 단호한 말에 청년은 병원 회의실 탁자 위에 있던 유리컵을 집어던졌다. 유리컵은 벽에 부딪쳐 산산조각이 났고 그 젊은이의 인생도 유리컵처럼 산산조각이 난 것처럼 보였다. 그 청년은 전도유망한 체조선수였다. 8세에 미국으로 이민을 가서 11세에 체조를 배워 시작했다.

체조에 입문한 지 5년 만에 미국체조 챔피언 대회에 출전해서 종합 3위에 올랐고 다음해엔 국제 친선 주니어 체조대회에서 역시 종합 3위를 차지했다.

전미 체조대회에선 마루와 도마 부문에서 금메달도 땄다. 그의 꿈은 88 서울 올림픽에서 한국대표로 출전해 금메달을 따는 것이었다.

1983년 7월 4일 미국 독립기념일이었다. 그가 연습하러 나갈 때 그에게 아버지는 야단을 쳤다.

"자식아! 하라는 공부는 안하고 또 체조하러 가냐?"

속상한 마음으로 체육관을 갔는데 이번에 코치가 야단을 쳤다.

"선수가 연습시간에 지각을 해? 어디서 그런 못된 버릇을 배웠냐?"

아버지와 코치의 질타에 그는 매우 의기소침했다.

그는 분한 마음이 들었다. 그리고 오기가 작동해 자신이 피나게 연습해온 고난도 기술을 보여 주리라고 결심했다. 마루 한복판으로 힘차게 달려 나가다 그의 몸은 하늘로 솟구쳤다.

"나의 고난도 멋진 기술을 봐주세요."

그는 마음속으론 그렇게 외쳤다. 그러나 턱이 마룻바닥에 꽂히며 거꾸로 처박혔다.

일곱 번째와 여덟 번째 척수 사이의 신경조직이 끊어져버렸다. 일어서려고 버둥거렸지만 꼼짝할 수가 없었다. 뉴욕대 병원에서 응급진료를 받고 3개월간 꼼짝 못 하고 누워 있었다.

그 후 9개월간 움직이지 못하고 손가락 구부리는 훈련만 받았다. 절망이었다. 체조선수로서 그의 희망은 모두 사라졌다. 가슴아래의 모든 신체는 마비되었고 손가락 신경조차 자유롭게 움직일 수가 없었다. 이미 그는 체조선수가 아니라 중증 장애인으로 변해 있었다.

그는 과거에 연연하지 않고 새로운 현실을 받아들였다. 신체적 중증 장애인으로 변했지만 새롭게 출발하기로 한 것이다.

먼저 뉴욕대 병원에 환자로 있으면서 미국 대학진학 시험 준비를 시작했다. 체조만 했던 그였기에 공부는 만만치 않았다. 솔직히 포기하고 싶었다. 공부하기 위해 같은 자세로 오래 앉아 있으면 허리는 끊어질 듯 아팠다.

그러다 우연히 뉴욕대에 재활병원을 세운 하워드 러스크 박사의 자서전 "돌보아야 할 세상"이란 책을 읽고 삶의 의미와 목적을 발견했다.

자신처럼 불행한 사람들에게 희망을 주고 도울 수 있다면 올림픽에서 금메달 따는 것보다 더 가치 있다는 생각을 갖게 된 것이다. 그는 공부할 의미와 목적을 깨닫고 온종일 공부에 매달렸다. 허리가 끊어질 듯 아파서 고통스러울 때면 공부하다 죽자고 더 독하게 다짐했다.

다음해 그는 뉴욕대에 입학해 문학을 전공했고, 콜롬비아 대학 보건대학원에서 공중보건학 석사가 되었고, 2001년 다트머스대학 의과대학을 수석으로 졸업해 의사가 되었고, 하버드 인턴과정을, 2005년부터 존스홉킨스대 병원에서 레지던트 과정을 걸쳐 현재는 존스홉킨스대 병원 재활의학과 수석 전문의로 근무 중이다.

그의 이름은 이승복(로버트 리)이다. 그는 존스홉킨스 병원에서 아주 특별한 슈퍼맨 의사로 통한다.

"수많은 고통이 있었지만 내 희망을 꺾을 수는 없었습니다. 나에게 이제 육신의 장애는 아무것도 아닙니다. 할 수 없다는 마음속 장애에 갇히는 것이 무서운 일이지요… 절망한 채 병원에 실려 온 환자들은 나를 보면서 희망을 갖습니다. 환자들 앞에서 씩씩하게 휠체어를 밀며 이렇게 살 수 있다는 것을 보여주는 것이 내 존재의 이유요 사명입니다."

그리스의 철학자 헤라클레이토스는 다음과 같이 말했다.

"같은 강물에 발을 두 번 담글 수는 없다."

우리에게 한번 지나간 것은 다시 되돌아오지 않는다. 그리고 과거의 나와 현재의 나는 다른 사람이다. 생리학적 계산에 의해도 우리 몸 60조 개의 세포가 소멸되고 생성되는데 3개월이 채 걸리지 않는다. 우리의 삶은 계속해서 끊임없이 흐르고 매순간마다 나는 끊임없이 변화한다.

돌이킬 수 없는 과거를 후회하느라 귀중한 현재를 낭비하지 말아야 한다. 과거는 흘러갔다. 과거에 집착하지 말고 앞으로 삶의 의미를 찾아가는 삶을 사는 것이 우리가 진정으로 추구해야 될 인생일 것이다. 과거의 집착을 훌훌 털어버리고 새로운 삶의 의미를 찾기 위해서는 웃는 습관이 매우 유용하다.

과거의 부정적 생각은 웃어서 버리고 현재는 웃음으로 행복을 찾고 미래의 삶의 의미와 목적은 웃어서 발견할 수 있다.

하하웃음행복센터에는 이런 이들이 많이 있다. 갇혔던 마음속 장애를 웃음으로 벗어나 희망으로 나아가는 그들을 볼 때 역시 하하웃음행복센터를 세운 일이 잘한 일이라고 센터 창립 7년을 맞으며 또 한 번 깨닫는다.

19

초미금焦尾琴

중국 후한 말기 채옹이란 선비가 있었다. 그는 천문, 지리, 문필가로도 유명했고, 영자팔법永字八法이란 서예기법을 개발한 인물이기도 하다.

"그는 박학다식하고, 글에 뛰어나며, 수학에 뛰어났고, 천문에도 뛰어났으며, 음률도 잘했다"고 채옹열전에도 기록되어 있다.

그는 동탁에게 발탁되어 시중이 되었고 동탁이 죽은 후 그에게 아부한 죄로 피살되었다.

채옹이 어느 날 여행을 하고 있었다. 한 여관에 투숙하고 있었는데 돌연 부엌에서 "파 타 탁"하는 나무를 불태우는 소리가 들려왔다.

그는 귀를 쫑긋 세웠다.

"아하. 이 나무는 불태울 나무가 아닌데……."

그는 몸을 일으켜 부엌으로 달려갔다. 좋은 재목의 오동나무가 불에 타고 있었다. 그는 타는 오동나무를 꺼내 급히 불을 껐다. 그리고 의아해하는 여관 주인에게 후한 값을 치르고 그 오동나무를 샀다.

채옹은 다음날 그 오동나무를 잘 자른 다음에 잘 다듬어서 둥글고 매끄러운 거문고(琴)로 만들었다. 그 소리는 영롱하고 참으로 아름다웠다. 채옹이 아니었으면 그 오동나무는 땔감으로 재만 남기고 사라졌을 것이다. 그러나 이 오동나무는 그 진가를 알아주는 사람을 만나 사람들의 심금을 울리는 명기 거문고琴가 된 것이다.

이 거문고는 꼬리부분에 약간 불탄 흔적이 남아 있어 초미금焦尾琴이라 불리게 되었다. 하마터면 땔감으로 끝날 뻔한 탄 흔적이 있었기에 더욱 특별한 사연을 품은 악기가 되었다. 만일 채옹이 신나게 타고 있는 오동나무를 보고 "아이고 따뜻해라. 아주 잘 타는 나무구먼"하고 지켜보았다면 그 오동나무는 영원히 멋진 악기가 될 축복을 누리지 못했을 것이다.

사람은 누구나 나름대로의 명기가 될 재주를 가지고 태어난다. 그런데 안타까운 것은 그 재주가 시대나 사람이나 환경을 제대로 만나지 못해 그냥 땔감으로 사라져 버리는 것이다.

꽤 오래전 고교졸업 40주년 기념식 때 소리꾼 장사익 씨가 초대되었다. 노래 시작 전 그는 인사말에서 우리 동문 중 Y가 자기의 어릴 적 친한 친구라고 했다.

그는 어린 시절 늘 전교 1등 했던 Y 친구가 몹시 부러웠고 그 친구가 진학한 K고교가 부러워서 한번 가보고 싶었다고 했다. 오늘 그 소원을 이루고 어릴 적 친구 Y와 Y의 동문들 앞에서 노래를 하게 되어 무척 영광이라고 하는 말을 하였다.

충청도 사투리 속에 진실하고 겸손함이 묻어 나왔고 모든 이들 마음에 잔잔한 감동을 일으키는 묘한 매력을 느꼈다.

길지 않은 인사말이었지만 삶의 내공이 전해졌다. 그리고 노래를 불렀다.

“하얀 꽃 찔레꽃

순박한 찔레꽃

별처럼 슬픈 찔레꽃

달처럼 서러운 찔레꽃

찔레꽃 향기는 너무 슬퍼요

그래서 울었지 목 놓아 울었지

찔레꽃 향기는 너무 슬퍼요

그래서 울었지 밤새워 울었지……”

그의 노래는 우리들의 심금을 울렸다. 그의 노래는 그 자신의 삶에 대한 진지함과 깊이를 전율을 느끼도록 감동 있게 표현했다.

정통 국악도 아니고, 민요도 아니고, 대중가요도 더더욱 아닌 어느 장르에도 속하지 않는 노래가 가슴을 후벼 판다. 온몸을 쥐어짜는 자신만의 창법으로 장사익표 장르를 개척해 홀로 자신만의 하늘을 날고 있었다. 그는 1949년 충남 홍성군 광천읍에서 농부의 7남매 중 맏아들로 태어났다. 가난한 시골생활을 벗어나고 싶어 무작정 상경하여 고생하며 S상고에 다녔다.

3학년 2학기 때 처음으로 보험회사에 취직한 후 25년 동안 무역회사 사무직, 가구점 직원, 독서실 주인, 카센터 직원 등 열다섯 개의 직장을 전전했다.

어느 날, 카센터에서 차 세차하고 주차하는 일을 하던 그에게 새로운 생각이 스쳐갔다.

"아… 이게 아닌데… 어차피 바닥까지 내려온 내 인생인데 진짜로 내가 해보고 싶은 거 딱 3년만 해보면 원이 없겠다."

이때 그의 나이 43세였다. 그는 자신이 하고 싶은 일, 할 수 있는 일 열 가지를 백지에 써놓고 한참 고민을 하다가 마지막에 써놓은 '태평소'에 방점을 찍었다.

객지생활을 하며 외롭고 힘들 때 시골 동네아저씨가 불던 태평소 소리가 그리웠다. 그래서 십여 년 전부터 독학으로 배워둔 태평소를 3년간만 죽기살기로 불어보고자 결심한 것이다.

그는 무작정 이광수 사물놀이패에 찾아갔다.

"단 한 푼도 돈 달라 소리 안 할테니 태평소를 불게만 해주세유"라고 졸라서 사물놀이패에 합류하게 되었다. 사물놀이에 태평소는 있어도 되고 없어도 되는 악기였지만 장사익의 태평소는 빛을 발했다. 전주대사습 놀이, 전국민속경연대회 등에서 대상을 휩쓰는 사물놀이 패가 되도록 하였던 것이다. 그러나 장사익의 진가는 사물놀이 후 뒤풀이에서 마음껏 발휘되었다.

"아주 끝내줬슈. 무대에선 내가 주인공이 아닌 데유… 끝나고 뒤풀이에선 내가 완전 스타였슈. 내 십팔번 '봄비'는 물론이구유 '님은 먼 곳에' '동백아가씨'를 아주 신명나게 부르면유 모두 뿅 가더라구유."

하고 싶은 일하기 3년째 되었을 때 그는 괴짜 피아니스트 임동창을 만났다. 감정에 따라 박자가 제멋대로 가는 그의 노래였지만 임동창은 그를 한눈에 알아보았다. 1994년에 임동창은 장사익 등을 떠밀어 홍대앞 소극장에서 소리꾼 장사익을 대중에게 알리는 공연무대를 마련하였다.

“몇십년을 돌아돌아 이제사 길을 찾았네유. 인생이 이런 건가 봐유. 봄에 일찍 피는 꽃도 있지만유 늦가을에 서리 맞으며 피는 국화도 있잖어유?”

그는 노래를 늦게 시작한 것에 대한 아쉬움이 없다고 한다. 자신이 일찍 노래를 시작했으면 진짜 소리꾼이 못 됐을 거라고 말한다. 늦은 나이이니까 인생의 굽이굽이를 지내온 탓에 진짜 노래를 할 수 있게 되었다는 것이다.

“집을 지을려면 설계하고, 터닦고, 벽돌 한 장 한 장씩 놓아 가잖아유. 노래도 하루아침에 되는 게 아니쥬. 매일 산에 올라 웅변 연습을 했던 것, 농악대를 하시던 아버지로부터 음악적 영향을 받았던 것. 열다섯 번이나 직장을 옮기며 인생의 질곡을 겪은 것들, 모두가 하나하나 벽돌이 된 거예유. 내가 가수가 되겠다구 집착을 해서 된 것이 아니구유. 들꽃이 피고 열매 맺듯 자연스럽게 오게 된 거예유.”

장사익의 어머니가 생전에 점을 보러 갔더니 자기가 전생에 기생妓生이었다고 한다. 그는 이말이 맞는다고 믿는다. 분위기를 즐겁게 만들어 삶의 생기를 북돋워주는 기생의 삶을 사는 것이 자신의 업이라고 믿기 때문이다. 그래서 그의 노래를 들으면 흐느끼듯 사람의 마음을 파고드는 애절함이 있으면서도, 고달픈 삶이 감내가 되고, 막힌 가슴이 뻥 뚫리는 후련함을 느끼게 된다. 마치 실컷 울고 난 후의 카타르시스를 경험하게 되는 것이다.

내 안의 거문고소리. 나의 강점을 내가 열심히 갈고 닦으면서 나만의 오솔길을 걸어 가보라.

언젠가는 채옹이나 임동창 같은 이가 알아보고 손을 내밀게 되어있다.

언젠가는 많은 이들이 내 옆에서 같은 길을 걸어 갈 것이다.

하하웃음행복센터에 나왔다가 열정적으로 웃음에 빠진이들은 정식 강사가 되었건 봉사를 하건 참으로 의미있는 일을 하며 행복한 제2의 인생을 살아가고 있다. 그들의 재능은 하하웃음행복센터를 만나 새로운 인생으로 재탄생되는 것이다. 그들 옆에는 함께하는 이들이 같은 길을 걸어 갈 것이다.

언제 땔감으로 없어질지 모르는 초조한 인생에서 멋진 거문고의 인생으로 삶이 변화되는 것이다.

웃음은 자신의 재능을 재발견하고 삶의 열정에 불을 붙이는 도화선이다.

하하웃음행복센터는 불타 없어질 오동나무를 초미금焦尾琴으로 만드는 곳이다.

제2부

행복

웃음은 돈 한 푼 들이지 않고도 사람을 행복하게 만든다. 웃음은 다른 이에게 맡겼던 행복의 열쇠를 찾아오는 것이다. 웃음은 감정의 노예에서 감정의 주인으로 만들어 준다. 행복의 열쇠는 어디에 있는가? 아직도 다른 사람 손에 있는가?

최고의 인생이란 기쁘고 즐거운 웃음으로 가득 차고 선하고 의미 있는 일을 나누며 사는 것이다. 진정으로 행복한 사람은 다른 사람을 섬기며 살아가는 사람들이다.

1

무엇이 중요한가

젊은 신혼부부가 여름날 저녁식사 후 산책을 나갔다. 논두렁길을 따라 저녁 노을을 보고 시원한 들바람을 쐬며 한가롭게 걷고 있었다. 그런데 논에서 소리들이 들려왔다.

아내가 말했다.

"웬 개구리들이 이렇게 많이 울어요?"

"아니야, 저건 맹꽁이라는 거야!"

"저건 틀림없이 개구리 우는 소리라구요."

남편은 더 단호하게 말했다.

"맹꽁이 울음소리와 개구리 울음소리도 구분 못 하나?"

아내가 발로 땅을 구르며 주장했다.

"내가 맹꽁이 소리를 왜 몰라요. 저건 틀림없이 개구리 소리야. 장담할 수 있어."

남편이 화를 내며 이야기했다.

"아이고 답답해. 저건 분명히 맹꽁이라니까. 당신은 모르면서 왜 고집을 부려!"

아내가 섭섭해 눈물 고이며 말했다.

"어릴 땐 저렇게 우는 개구리를 잡아봤단 말이야."

그 순간, 남편은 아내의 격한 감정과 눈에 고인 눈물을 보았다. 그리고 결혼할 때의 마음을 떠올렸다. 그리고 이렇게 말했다.

"미안해 여보, 당신 말이 맞는 것 같아. 지금 잘 들어보니까 개구리가 맞네."

아내는 남편 손을 잡으며 말했다.

"고마워요, 여보."

그것이 개구리든 맹꽁이든 맹꽁이가 개구리의 한 종류이든 무슨 상관이 있겠는가? 중요한 건 기분 좋은 여름날 저녁 함께 산책을 즐기며 걷고 있다는 사실이다. 그런데 하나도 중요하지 않는 일 때문에 서로 자기 주장을 하고, 옳고 그름을 따지고, 결국은 마음에 상처를 입고 결혼생활에 금이 가는 일이 많다. 결혼생활은 개구리냐 맹꽁이냐를 놓고 옳고 그름을 따지는 것과는 비교할 수 없이 중요한 것이다.

누가 아는가? 맹꽁이가 개구리 속에 섞여 있을 수도 있고 개구리가 맹꽁이 속에 섞여 울음소리를 낼 수도 있지 않겠는가?

누가 옳고 누가 그르다는 사소한 일로 소중한 결혼생활에 금이 가서는 안 되는 것을 알고 있지만 그러나 서로에게 상처가 되는 일들은 이런 사소한 일들이 대부분이다.

결혼은 서로 부딪치고 닦이며 좋은 작품으로 완성되어 가는 과정이다. 모난 곳을 깎아 내고 평탄한 곳에 곡선을 파고 다듬고 쪼아서 만들어 가는 조각 작품이다. 상대방이 잘못해서 잘못 새긴 곳이 있으면 서로 협력해서 보완하고 더 좋은 작품으로 만들어 가야 한다. 잘못된 곳만 바라보며 왜 그렇게 만들었냐고 타박하며 계속 지적을 한다면 결코 아름다운 결혼생활이 될 수 없다. 오히려 결점 때문에 더욱 훌륭한 작품이 될 수도 있을 것이다.

결혼 초기에 아내는 치약 중간부터 짜서 쓰는 남편을 도저히 이해할 수 없었다. 그래서 볼 때마다 잔소리를 했지만 고쳐지지 않았다. …30년이 지난 지금은 아내가 중간부터 짜서 쓰고 남편은 아래부터 차근차근 밀어 올려 주는 역할을 하고 있다. 필자의 이야기다.

처음에는 아내의 결점들이 발견될 때마다 지적하고 고쳐 주려고 했다. 그런데 그것이 고쳐지지 않는 것을 나중에 깨달았다. 그래서 생각을 바꿨다. 아내가 저런 결점 없이 완벽했다면 결코 나 같은 사람과 결혼하지 않았을 것이다. 오히려 아내의 결점에 대해 감사하기도 했다.

30년이 훨씬 지난 지금 아내도 나와 비슷하게 생각을 하고 있는 듯해서 부부는 닮는다는 말이 사실인 것 같다. 사람들이 얼굴도 비슷하게 닮았다고 할 때는 더욱 그런 것 같다. 이렇게 관점이 바뀌기까지 웃음이 많은 역할을 했다. 늘 심각한 표정에 불쑥불쑥 화를 잘 내는 남편을 보면서 아내는 웃음이 사라져 갔다.

어느 날 나는 중요한 것을 깨달았다. 그리고 웃음을 다시 찾아야겠다는 결심을 하게 된 것이다. 그런데 웃음이 결심만 한다고 되는 것이 아니다. 남이 보기에 미쳤다고 할 만큼 열심히 노력을 해야 그것이 습관이 되고 성격도 바뀌게 된다.

처음에는 차 안에서 출퇴근하며 400번 이상 웃기 연습을 했다. 이렇게 한 달 이상 심하게 웃음 연습을 하면서 생각과 마음이 달라지는 것을 알게 되었다. 늘 조급하던 성격이 느긋해지고 부정적으로 흐르던 생각이 긍정적으로 바뀌는 것을 알았다. 사람들로부터 인상이 너무나 달라졌다고 하며 전에는 옆에 가기가 부담을 느꼈는데 편해져서 고맙다고 하였다.

웃음라인, 웃음버튼, 식사 전후, 일어날 때, 잠자리들 때 여러 가지 방법들을 동원해서 계속 웃다 보니 가정이 확 달라지고 직장이 달라지고 세상이 달라짐을 알게 되었다.

문제는 나였다. 결혼생활에서 상대가 달라지기를 바라기 때문에 변하지 않는다. 자신이 변하면 세상이 달라지는 데도 말이다.

웃으면 사소한 일에 목숨 걸지 않게 된다. 사소한 감정은 웃어서 버려라. 그리고 배우자의 결점에 감사하라. 웃으면 상대를 탓하지 않게 된다.

2

용서는 위대하다

“할머니, 저희들은 성경공부가 하고 싶어서 이렇게 찾아왔는데요.”

여고생 네 명이 미국 인디애나 주 개리 시에 살고 있는 루스 펠케(78세) 할머니를 찾아와 건넨 말이었다. 펠케 할머니는 뭔가 이상한 느낌을 받았지만 자신이 가르치는 성경공부를 하러 왔다는 소녀 4명을 집 안으로 안내했다.

거실 소파에 앉으라고 권할 때 소녀들 중 한 명이 꽃병으로 할머니의 머리를 내리쳤다. 쓰러진 할머니가 주기도문을 외우자 15세 폴라 쿠퍼는 준비해 간 부엌칼로 할머니의 팔다리를 그으며 고문했고 현금이 없자 미친 듯 할머니의 복부를 33차례나 찔러 무참히 살해했다. 그들이 그 집에서 훔친 돈은 단돈 10달러에 불과했다.

이 사건은 1985년 5월 14일 점심 무렵에 일어났다. 앳된 소녀들의 잔혹한 살인에 미국 사회는 경악했고 주민들은 치를 떨었다.

86년 7월 11일 공판에서 공범 3명은 25~60년 형이 내려졌지만 주범 폴라 쿠퍼에게는 사형이 선고되었다.

당시 인디애나 주 법에서는 10세 이상이면 사형 선고가 가능했기 때문에 미국 역사상 최연소 사형수가 된 것이다. 죄악은 용서할 수 없지만 그래도 15세밖에 안 된 소녀를 전기의자에 앉혀 처형한다는 것은 아무래도 비인간적이라는 여론도 만만치 않아 소녀를 사형만은 면하게 해달라는 구명운동이 벌어졌고 이에 200만 명 정도가 서명하였다.

87년에는 교황 바오로 2세도 인디애나 주지사에게 쿠퍼의 감형을 호소하기도 하였다. 그러나 천사 같았던 펠케 할머니를 기억하는 인디애나 주는 감형을 논의하지 않았다. 그렇게 해서 쿠퍼는 사형 집행일만 기다리게 되었다.

펠케 할머니에게는 손자 빌 펠케가 있었다. 빌은 여느 유족들과 마찬가지로 강력하게 사형에 처할 것을 요구했다. 그러나 막상 사형선고가 내려진 후부터 빌은 계속해서 악몽에 시달리게 되었다. 밤마다 할머니가 나타나는데 참혹한 시신의 모습으로 계속 나타나는 것이었다. 견디다 못한 빌은 이렇게 생각해 보았다.

"만일 할머니가 살아계셨다면 쿠퍼를 용서해 주고 되레 풀어 주지 않았을까?… 그래. 내가 할머니의 마음을 갖고 할머니가 원하시는 대로 해야 옳지 않을까?"

그런데 그 후로 거짓말처럼 할머니의 참혹한 모습은 떠오르지 않고 밤마다 천사 같은 할머니가 나타났다. 빌은 그 일이 쿠퍼를 용서해 주라는 할머니의 뜻으로 받아들였다. 빌은 그 길로 교도소에 있는 쿠퍼를 찾아갔다.

그러나 쿠퍼는 차마 빌의 얼굴을 볼 수 없었다.

"할머니의 삶과 선행들을 생각해 보니 쿠퍼가 죽어서는 안 되고 그녀를 살리기 위해 돕고 싶은 마음이 들었습니다. 할머니는 나에게 용서의 깨달음을 주셨고 그것은 분노에 차 있던 나의 마음에 커다란 치유의 능력으로 나타났습니다."

그 후 8년간 빌은 교도소 내 e메일을 통해 쿠퍼에게 연락을 했고 드디어 쿠퍼도 마음의 문을 열고 용서를 빌었다. 쿠퍼는 삶이 달라지기 시작했고 펠케 할머니가 믿었던 기독교를 믿게 되었고 고입 검정고시를 거쳐 계속 공부를 해 2001년에는 대학 졸업장까지 취득했다. 쿠퍼는 다행히 사형수에서 60년 형으로 감형되었고 모범수로서 계속 감형을 받게 되어 결국 27년 형을 살고 2013년 6월 17일 석방되었다.

빌은 그녀를 맞으며 제일 먼저 컴퓨터를 선물했다.

"신이 한 번 더 인생의 기회를 주셨네요. 아름다운 세상을 위해 최선을 다해 노력해야죠."

열다섯 살에 감옥에 들어가 마흔 셋에 새로운 삶을 시작하게 된 것이다. 용서는 사람을 살리는 위대한 일이다. 잘못된 생각에서 출발한 끔찍한 범죄로 지구별에서 사라질 뻔한 한 생명이 아름다운 세상을 위해 새롭게 태어나는 일이 일어난 것이다.

용서하지 못하면 평생을 그 사람에게 얽매여 살게 될 것이다. 용서 없이는 웃음이 나오지 않는다. 미움과 분노라는 마음에 박힌 가시를 뽑아내지 않으면 웃을 수 없다. 그래서 용서는 진실된 마음 웃기 방법 중 중요하게 실천해야 할 사항이다.

3

무탄트 메시지

미국의 백인 여의사 말로 모건은 자연치료법을 전공하고 호주에서 의료 활동을 하던 중 호주 원주민의 초대를 받았다. 단순한 초대가 아니라 넉 달 동안 예순두 명의 원주민들과 같이 걸어서 호주 대사막을 횡단하는 힘든 여행에 초대된 것이다.

그녀는 참사람이라고 불리는 이들 원주민과 함께 황량한 사막을 건너면서 개인주의와 소비 중심의 사회, 서로 이기기 위해 경쟁하는 문명사회, 그래서 자신들이 사는 터전을 파괴하는 일에 몰두하는 문명인들에게 자연과 인간, 인간과 인간이 공생하는 삶의 본질이 무엇인지 지혜를 깨닫게 되었다. 그녀는 그 기록을 적은 책 『무탄트 메시지』에서 원주민들의 삶에 대해 이렇게 적고 있다. (무탄트는 돌연변이라는 뜻의 원주민 언어로 문명인을 지칭하는 말이다.)

내가 생일 파티에 대해 이야기하자 그들은 열심히 귀를 기울였다.

나는 케이크와 축하 노래, 생일 선물 등을 설명하고 나이를 한 살 더 먹으면 케이크에 꽂는 양초 수도 하나 더 늘어난다고 이야기하였다. 그러자 그들은 이해할 수 없다는 듯 질문을 하였다.

"왜 그렇게 하죠? 축하란 무언가 특별한 일이 있을 때 하는 건데 나이를 먹는 것이 무슨 특별한 일이라도 되는 건가요? 나이를 먹는 데는 아무 노력도 들지 않아요. 나이는 그냥 저절로 먹는 겁니다."

내가 물었다.

"나이 먹는 걸 축하하지 않는다면 당신들은 무엇을 축하하죠?"

그러자 그들이 대답했다.

"나아지는 걸 축하합니다. 작년보다 올해 더 훌륭하고 지혜로운 사람이 되었으면 그걸 축하하는 겁니다. 하지만 그것은 자신만이 알 수 있습니다. 따라서 파티를 열어야 할 때가 언제인가를 말할 수 있는 사람은 자기 자신뿐이지요."

이 원주민들은 인간은 자연에서 왔으며 자연 속에 함께 살아가는 생명체들인 동물, 나무, 풀은 물론 강, 바위, 공기까지 자신들의 한 형제자매로 생각하며 그렇게 믿고 있었다.

과학자들은 그들이 약 5만 년 이상 호주 대륙에 살았으리라고 말한다. 그 오랜 세월 동안 그들은 산과 숲, 강물들을 오염시키거나 파괴시키지 않았고 어떤 동식물도 멸종 위기에 빠뜨리지 않고 더불어 살며 풍요하고 평안의 안식처를 얻어 왔다. 그들은 창조적이면서도 건강한 삶을 오랫동안 산 뒤 영적으로 충만한 상태에서 세상을 떠났다.

그들이 문명사회를 보는 눈은 이러하였다.

"무탄트들은 음식에 소스라는 것을 끼얹어 먹는데 그들의 삶도 소스에 덮여 있는 듯합니다. 그들은 진리를 알지만 그 진리는 생활의 편리함과 물질주의, 경쟁이라는 불안과 두려움의 두꺼운 소스 밑에 묻혀 있습니다. 무탄트들의 생활 속에는 달콤한 맛을 내 주는 설탕도 있습니다. 그들은 이렇게 달콤한 것만 먹으면서 이 세상에 존재하는 거의 모든 시간을 피상적이고 인위적이고 순간적인 쾌락만 추구하면서 보내는 것 같습니다. 그들이 자신들의 영원한 존재를 느끼고 성찰하고 개발하며 보내는 시간은 거의 없는 것처럼 보입니다. 우리는 우리 자신을 위해 기도하고 스스로 자유를 얻듯, 그들을 위해 기도하고 있습니다. 그래서 그들 스스로도 자유를 얻기 바랍니다.

그들이 자신들의 행동과 가치관을 좀 더 자세히 관찰하고 더 늦기 전에 모든 생명이 하나라는 사실을 깨닫기 바랍니다. 그들이 지구를 파괴하고 서로 해치는 짓을 어서 빨리 중단하기 바랍니다. 이 여인(여의사 말로모건) 같은 참다운 무탄트들이 더 많이 나와 사태를 바로잡을 수 있게 되기를 바랍니다."

이런 순수하고 차원 높은 영적 지혜를 가지고 살던 원주민들은 아메리카 대륙과 마찬가지로 총, 대포, 병원균을 가지고 호주 대륙에 상륙한 서구인들에게 학살당했다. 그리고 수만 년 동안 누리고 살아온 기름진 땅을 백인들의 밀밭과 목장으로 빼앗기고 사막과 오지로 쫓겨나 살 수밖에 없었다.

그 원주민 종족 중 오스틀로이드라는 부족은 백인들과 타협하지 않은 마지막 원주민 집단이다. 그들은 걸어서 호주 대륙을 횡단하는 것으로 유명하다. 신발도 물도 음식도 없이 기온 섭씨 40도가 넘는 대지를 오로지 자연에 의지하며 사막여행을 하는 것이다.

그들은 부족회의를 개최하고 아주 중요한 결단을 하였다. 즉 자신의 탐욕을 위해 생명의 어머니 대지를 학대하고 파괴하는 무탄트들에게 맞서는 방법으로 더 이상 결혼하지도 않고 자식도 낳지 않기로 결정한 것이다. 그리하여 그들 중 가장 어린 사람이 죽으면 그것이 순수한 부족 종말이 되는 것이다. 그들은 이렇게 이야기한다.

"만물의 어머니인 대지를 당신들에게 맡기고 우리는 떠난다. 늦었지만 이제라도 이 세계를 파괴하지 않으면서 당신들 문제에 대한 해결책을 찾아내길 바란다. 당신들이 노력과 관심을 기울인다면 지구의 파괴를 돌이킬 시간은 남아 있다. 하지만 우리는 이제 더 이상 당신들을 도울 수가 없다. 우리 시대는 끝났다. 비 내리는 것이 달라졌고, 더위는 날로 심해지고 있으며 동식물이 급속히 줄어드는 것을 우리는 오랫동안 지켜봐 왔다. 앞으로는 이 사막에 물도 식량도 남아 있지 못할 것이다. 신의 부족인 우리 참사람 부족은 지구를 떠날 것이다. 이제 우리에게 남아 있는 기간 동안 우리는 가장 높은 영적인 생활을 실천하기로 결정했다."

그들은 우주 속 새로운 별에서 새로운 생명을 이어갈 것이라고 했다. 그래서 그들은 문명인들에게 자신들의 메시지를 전해 줄 메신저를 찾다가 백인 여의사 말로 모건에게 그 임무를 맡기고 사라진 것이다.

말로 모건은 40일간의 여행을 통해 그들이야 말로 차원 높은 영적 깨달음을 갖고 자연과 동화되어 살아가는 진정한 자유인이었다고 한다.

"그들은 아주 많이 웃었습니다. 그리고 아주 조금 울었습니다. 그들은 생산적이고 건강한 삶을 오래 살았습니다. 그리고 영적으로 아주 충만한 상태에서 이 세상을 떠납니다."

4

분노에서 평화로

옛날 한 마을에 화를 잘 내는 남자가 살았다. 그는 작은 일에도 참지 못하고 툭하면 불같이 화를 냈다. 그렇기 때문에 하루가 멀다 하고 이웃과 말싸움을 했고 자주 다른 이들과 주먹다짐을 하기도 하였다. 이런 일이 계속해서 반복이 되자 마을 사람들은 점점 그를 피하기 시작했고 어느 순간 아무도 그와 대화를 하지 않는 외톨이가 되었다. 그는 왜 그리 되었는지 곰곰이 생각해 보았고 결국 모든 일들이 다른 사람들 때문에 일어났다고 생각하게 되었다. 다른 이들이 자신을 화나게 했고 기분을 상하게 만들었다고 결론을 내린 것이다. 그는 다른 사람들과 상종하기 싫어졌다.

다음 날 남자는 짐을 싸서 아무도 없는 깊은 산속으로 들어갔다. 사람들과 만나지 않고 자기 혼자 살면 화도 안 나고 이웃들과 싸울 일도 없겠다고 생각하여 결단을 내린 것이다.

며칠 후 남자는 산 아래 작은 계곡으로 물을 길러 물통을 메고 내려갔다. 물통 한 가득 물을 담아 돌아오다가 그만 미끄러져 넘어졌다. 물통에 물이 다 쏟아지고 말았다. 남자는 어쩔 수 없이 다시 계곡으로 내려가 물을 길었다. 돌아오는 길에 이번에는 돌부리에 걸려 넘어져 또 다시 물통의 물을 다 쏟아 버렸다. 다시 세 번째 물을 길어 오면서는 매우 조심했지만 거의 다 와서 발을 헛디뎌 물통의 물을 다 쏟고 말았다. 마침내 남자는 화를 참지 못하고 소리소리 지르며 물통을 바윗돌에 던져 깨트려 버렸다.

결국 화는 다른 사람들 때문에 일어나는 것이 아니라 자신의 마음속에서 일어난다. 다른 이들이 화나게 했다고 생각되는 모든 사건들은 하나의 객관적인 현상에 지나지 않는다. 그 사건으로 일어나는 분노는 자신의 마음속에서 일어나서 자기가 키우는 것이다.

분노를 통제하지 못하는 사람들은 감정의 노예가 되어 자신의 감정을 조절할 수 없다. 이것은 마치 불꽃에 휘발유를 끼얹는 꼴이 되어 커다란 분노의 화염에 쌓이게 된다. 이 분노의 감정을 통제하지 못하면 미쳐 날뛰는 미친 개처럼 주변 사람들을 다치게 할 뿐이다. 그래서 우리는 내 속에서 일어나는 화를 통제하여야 한다. 그리고 어느 정도는 통제할 수가 있다.

옛날 중국에 선승 둘이 서로 이야기를 하고 있었다. 한 선승이 다른 선승에게 물었다.

“세상 사람들이 나를 비난하고, 모욕을 주고, 속이고 업신여겨 비웃고, 깔보고 천대를 한다네. 대체 나는 어찌해야 하겠는가?”

다른 선승이 대답했다.

"마음은 아프겠지만 그냥 참고 양보하고, 내버려두고, 피하고, 견뎌내며, 공경하고, 더불어 다투지 않으면 몇 년이 지난 후에는 모든 것이 순리대로 돌아가고 있는 것을 보게 될 것이네."

당나라 시대 유명한 선승 한산과 습득의 이야기이다.

우리가 인생을 살다 보면 원치 않는 일도 일어나고 예견치 못한 일도 일어나고 혼란스럽고 화도 나며 고통의 순간도 올 것이다. 반면에 내가 바라던 일, 행복한 일, 즐겁고 기쁜 순간도 올 것이다. 어느 순간이든 진실한 마음으로 웃을 수만 있다면 평안함을 찾을 수 있을 것이다.

톨스토이는 "가장 중요한 때는 바로 지금 이 순간이고 가장 중요한 사람은 바로 지금 함께 있는 사람이며 가장 중요한 일은 지금 내 곁에 있는 사람을 위해 선한 일을 하는 것이다"라고 했다.

화가 나는 순간, 고통이 오는 순간 우리가 웃을 수 있다면 부정적 감정의 찌꺼기를 마음의 하수구에 버릴 수 있다. 지금 함께 있는 사람에게 따뜻한 미소를 보낼 수 있다면 분노가 일어날 수 없고 평안의 마음을 유지할 수 있을 것이다. 지금 내 곁에 있는 사람에게 선하고 행복한 웃음을 줄 때 세상은 평화로 가득 찰 것이고 분노는 사라질 것이다.

최고의 인생이란 기쁘고 즐거운 웃음으로 가득 차고 선하고 의미 있는 일을 나누며 사는 것이다. 진정으로 행복한 사람은 다른 사람을 섬기며 살아가는 사람들이다. 우리가 진정한 마음으로 상대방을 향해 웃음을 줄 때 세상은 변화되고 더 맑고 밝은 아름다운 세상이 될 것이다.

웃음을 연습하자! 웃음을 실천하자! 그래서 나의 마음을 치유하고 최대한 갈등 없는 인간관계를 이루어 가자!

5

감정의 주인

1965년 9월 7일 뉴욕에서는 세계당구선수권대회 결승전이 열리고 있었다. 당구의 귀재 루이스 폭스는 예상대로 결승전에 올라 상대 선수를 큰 점수 차로 이기고 있었다. 앞으로 몇 점만 더 따면 확실히 금메달을 거머쥘 수 있는 아주 유리한 고지에 있었다.

폭스는 마음이 들떴다. 미리 승리의 예감에 도취되어 흥분되었다. 바로 그 순간 예상치 못했던 일이 벌어졌다. 폭스가 당구를 치려는 순간 파리 한 마리가 당구대 위로 날아와 앉은 것이다. 처음에는 폭스도 큰 신경을 쓰지 않고 손으로 쫓아 보냈다. 다시 공을 치려는 순간 파리는 또 날아와 자기가 치려는 공 위에 앉았다. 폭스는 또다시 큐를 멈추고 파리를 쫓아냈다. 이 모습을 보고 있던 관중들에게서 웃음이 터져 나왔다.

그러나 진짜 사건은 그때부터 일어났다. 폭스는 마음속에서 감정이 흔들리기 시작한 것이다. 관중들이 마치 자신을 비웃는 것과 같은 기분을 느꼈고 마음이 상했다. 애써 마음을 진정시키고 다시 당구대 위로 몸을 숙였다. 그런데 또 파리는 일부러 그를 괴롭히기로 작정한 것처럼 계속 당구대 위를 빙빙 돌며 그를 방해했다. 관중석의 웃음소리는 점점 커져갔다.

마침내 화가 몹시 난 폭스는 이성을 잃고 큐를 힘껏 휘둘러 파리를 쫓았다. 그러다가 그만 부주의해서 공을 건드렸다. 심판은 이를 정확하게 보고 규칙위반을 선언한 후 공격권을 상대편에게 넘겨 주었다.

상대선수는 이 행운의 기회를 놓치지 않고 잘 살려서 점수 차를 바짝 좁힌 후 기분이 몹시 상한 폭스를 제치고 세계 챔피언이 되었다. 폭스는 파리 한 마리 때문에 결국 금메달을 놓치고 만 것이다.

다음 날 아침 강가를 산책하던 시민이 강에 빠져 죽은 시체를 발견했다. 폭스였다. 자신의 감정을 다스리지 못하고 챔피언을 놓친 충격에 자살하고 만 것이다.

우리는 결코 감정의 노예가 돼서는 안 된다. 자신의 감정을 적절하게 다스리고 감정의 주도권을 스스로 잡아야 한다. 화가 날 때 화를 다스리고, 기쁠 때 침착하고, 슬플 때 슬픔은 마음의 배수구로 버리고, 우울할 때 우울한 기분을 바꾸어야 하며, 초조할 때는 한결 여유를 찾을 수 있게 생각을 바꾸고, 놀랐을 때 안정된 마음을 갖도록 자신을 위로할 수 있어야 한다. 자신이 감정에 노예가 되어 행동하지 말고 스스로 감정을 통제할 수 있어야 한다.

세상 사람 모두 부정적인 감정에서 자유로울 수 있는 사람은 아무도 없다. 걱정, 근심, 불안, 분노, 시기, 질투, 미움, 슬픔, 원망, 절망, 두려움 등 부정적인 감정은 누구에게나 일어난다.

그러나 이런 감정이 일어날 때 남의 탓을 하게 되면 감정의 노예가 된다. 남 탓을 하지 않고 이런 사건의 실체와 자신을 객관적으로 볼 수 있어야 감정의 주인으로 살아갈 수 있으며 감정을 지배할 힘을 얻을 수 있다. 감정의 주인이 되어야 진정한 마음의 평안을 얻을 수 있다. 우리는 주위에서 감정의 주인이 못 되고 노예로 사는 사람들의 소리를 흔히 들을 수 있다.

"난 정말 불행해요. 남편 복도 지지리도 없지. 남편은 허구한 날 출장가고 출장 안 가는 날엔 술이 떡이 돼서 들어온다니까요."

"아이들이 말썽을 많이 피워요. 얌전히 있으라고 해도 전혀 말을 듣지 않아요. 아이들을 데리고 다니면 화가 나요."

"우리 회사 상사는 고집불통이에요. 내 의견을 툭하면 무시하고 자기 맘대로 해요. 그 상사 얼굴만 쳐다봐도 울화가 치밀고 생각만 해도 우울해져요."

"선생님은 나만 미워해요. 오늘도 문제를 못 풀어 야단맞았다니까요."

"내 며느리는 버르장머리가 없어요. 효도요? 그런 건 바라지도 않아요. 며느리가 들어온 후로 사는 게 훨씬 더 힘들어졌어요."

"이 가게 점원들은 하나같이 불친절하단 말이야. 도대체 손님 대접을 조금도 안 한단 말이야. 짜증나서 그 가게 가기 싫어."

이런 불만과 불평의 소리를 할 때마다 자신들은 감정의 주인이 아니라 감정의 노예임을 스스로 인정하는 것이다. 자신의 기분을 다스릴 수 있는 열쇠를 다른 사람의 손에 쥐어 준 것이다. 이런 불평의 소리를 할 때마다 자신도 모르는 사이에 행복의 열쇠를 다른 사람의 손에 맡기고 살아가는 것이다. 고작 파리 한 마리 때문에 감정의 노예가 되고 인생을 포기해서야 되겠는가? 남이 자신을 행복하게 또는 불행하게 하는 것이 아니라 행복과 불행은 바로 자신의 내면에서 시작된다. 남이 자신을 행복하게 해 주기를 기대해선 안 된다. 자신 스스로 행복해짐으로써 주변까지도 행복하게 만들어야 한다.

'행복의 열쇠' 를 다른 사람에게 맡기고 살지 말자. 이렇게 남 탓을 하는 것은 자신의 행복을 위해 아무 의지도 없고 인생을 꼭두각시로 사는 것이다.

웃음은 돈 한 푼 들이지 않고도 사람을 행복하게 만든다. 웃음은 다른 이에게 맡겼던 행복의 열쇠를 찾아오는 것이다. 웃음은 감정의 노예에서 감정의 주인으로 만들어 준다. 행복의 열쇠는 어디에 있는가? 아직도 다른 사람 손에 있는가?

웃어라! 웃어서 감정의 주인이 되고 행복의 열쇠를 내 것으로 만들라!

6

주인공 인생

한 소년이 공중전화 부스에 들어가 수화기를 들고 번호를 눌렀다.

"사모님, 잔디 깎는 사람 필요 없으세요?"

소년이 묻자 상대방은 이렇게 대답했다.

"이미 잔디 깎아 주는 사람이 있어서 필요 없는데요."

그러자 소년이 이렇게 대답했다.

"사모님, 저를 써 주시면 그 사람이 받는 절반 가격으로 깎아 드리겠습니다."

그러자 상대방은 이렇게 이야기했다.

"지금 잔디 깎아 주는 사람에게 만족하고 있으니 바꿀 필요가 없네요."

하지만 소년은 끈질기게 물고 늘어졌다.

"사모님, 저를 채용하시면 현관과 앞 도로까지 쓸어드릴게요."

상대방은 그럼에도 불구하고 계속해서 거절했다. 그제야 소년은 얼굴에 미소를 머금고 수화기를 내려놓았다. 이 대화를 듣고 있던 중년 신사가 소년에게 이렇게 말했다.

"얘야, 나는 너의 그 긍정적이고 열심히 일하려는 태도가 맘에 드는구나. 내가 너에게 일자리를 주면 어떻겠니?"

그러자 소년은 유쾌하게 대답했다.

"감사합니다만 사양합니다. 저는 제가 하는 일을 점검하고 있는 중이거든요."

우리 마음은 정원과도 같다. 내가 열심히 가꿀 수도 있고 방치할 수도 있다. 열심히 가꾸면 아름다운 정원이 될 것이고 방치해 두면 잡초만 무성한 황폐한 정원이 될 것이다. 아름다운 정원을 꾸미는 일은 나의 책임인 것이다. 우리는 살면서 행복하라고 또 뭔가 멋진 일을 해 보라고 이 세상에 던져진 것은 아닐까? 행복하고 멋진 일이 무엇인지 찾아내 그 일에 올인해야 한다.

에이미 멀린스Aimee Mullins는 1976년 미국 펜실베이니아에서 선천적으로 종아리뼈가 없이 태어났다. 종아리 아래 무릎을 절단하지 않으면 평생 휠체어 신세를 지게 된다는 선고를 받고 1년이 지난 돌날 무릎 아래를 절단하는 수술을 받아 의족에 의지해서 일생을 살게 되었다.

그녀는 장애를 의식하지 않고 열정적인 삶을 살고 있다. 미국 국방성의 장학생이었고 의족을 끼고 육상선수가 되었다. 그녀가 어느 육상대회에 출전했을 때 100m 달리기 경주 중 15m 앞에서 그녀의 의족이 빠지는 사고가 발생했다. 오천 명의 관중 앞에서 자신의 드러난 다리가 당황스러웠겠지만 그녀는 당당히 일어나 의족을 태연히 끼운 후 다시 달려 결승선을 통과했다. 많은 관중들은 일어나 아낌없는 격려의 박수를 보내 주었다.

그녀는 조지타운대학에 입학해 일반 선수들과 마찬가지로 육상팀 정규 멤버로 뛰었고 대학스포츠연맹이 주최하는 비장애인 육상대회에 출전하여 메달도 획득했다. 또한 자전거, 하이킹, 수영, 멀리뛰기 등 의족을 사용하기에 어려운 운동에도 끊임없이 도전하였다.

1999년 지방시의 알렉산더 맥퀸의 패션쇼에서 모델로 데뷔를 하고 각종 잡지의 표지 모델로도 활동하였다. 그리고 영화배우로 또 사람의 마음을 변화시키는 강연가로서도 맹활약을 하고 있다. 그녀는 자신의 키를 마음대로 늘였다 줄였다 할 수 있다. 의족을 사용해서 말이다. 그래서 다른 모델들의 부러움을 사고 있다.

사람들은 이야기한다. 세상에서 가장 멋있는 여자, 세계에서 가장 아름다운 여성, 세상에서 가장 행복한 미녀, 세상에서 가장 당당하고 멋진 원더우먼, 그래서 2011년에 세계에서 가장 아름다운 여성 50인에 뽑히기도 하였다.

그녀는 장애에도 불구하고 자신만의 방식으로 자신을 발견하고 표현해 오고 있다. 그리고 삶을 사랑한다. 삶을 사랑으로 가득 채우고 있기 때문에 그녀의 삶은 걸작품이 되고 있는 것이다.

인생은 사랑하고 웃고, 배우기 위한 것이지 불평하고 염려하고 걱정하기 위한 것이 아니다. 엑스트라가 아닌 내가 주인공인 인생, 나만의 방식으로 발견하고 표현하자.

우리는 살다가 가끔씩 멈추어 서서 자신을 돌아보아야 한다. 나는 나의 삶에 주어진 일들을 제대로 다하고 있는 것일까? 특히 건강하고 행복하게 사는 데 최선을 다하고 있는 것일까? 하루하루는 다시 나에게 돌아오지 않는 귀한 시간인데 헛되이 보내고 있는 시간은 없는가? 나의 인생을 진정한 주인공이 되어 살고 있는가?

웃는 시간만큼은 헛되이 보내는 시간이 아니고 나의 건강과 행복을 위해 제대로 보내는 시간이다. 웃는 순간은 누가 뭐라 해도 내가 주인공인 것이다.

7

포기도 필요하다

하하웃음행복센터에서 웃음교실을 진행하다 보면 가끔씩 이런 표어들을 사용하곤 한다.

"나에겐 포기는 없다. 포기는 김장할 때 배추를 셀 때나 필요한 것이지 그 외에는 절대로 포기는 없다."

희망과 긍정의 강한 열망으로 이렇게 표시하는 것이다. 그러나 인생을 살다 보면 포기할 줄 아는 지혜도 필요하다.

세 명의 장사꾼이 바다를 건너 먼 나라로 황금을 캐러갔다. 십여 년이 지난 후 세 사람은 저마다 가방 한 가득씩 황금을 싣고 의기양양하게 고향으로 가는 배를 탔다. 그런데 불행하게도 도중에 큰 태풍을 만나 배가 암초에 부딪쳐 가라앉고 말았다.

배가 가라앉기 전 첫 번째 장사꾼은 황금이 든 가방을 꼭 붙든 채 끝까지 놓지 않았고 결국 가방과 함께 깊은 바닷속에 가라앉고 말았다.

두 번째 장사꾼은 황금 일부만이라도 가져가기 위해 아래 위 주머니에 황금 덩어리들을 쑤셔 넣었으나 그 탓에 몸이 무거워져서 큰 파도가 몰려왔을 때 잡고 있던 판자를 놓치고 바다에 빠지고 말았다.

세 번째 장사꾼은 나머지 두 사람과는 달리 배가 부서지자마자 미련 없이 금이든 가방을 포기했다. 그리고 판자를 붙들고 열심히 헤엄쳐 무인도에 몸을 피했다가 나중에 구조되었다.

살아난 세 번째 장사꾼은 그 후 배가 좌초된 자리를 찾아내 가라앉은 금을 모두 건져 냈다. 포기했던 덕분에 세 사람 분의 황금을 모두 독차지하게 된 것이다.

눈앞의 작은 이익 때문에 생명을 손상시키지 말아야 한다. 상황에 따라서는 포기하고 놓아 버리는 편이 오히려 더 많은 것을 얻는 유일한 방법이 될 수 있는 것이다. 그 포기란 욕심과 집착으로부터 포기하는 것을 말한다. 이러한 욕심과 집착의 마음을 포기하지 않는 것은 세상에서 가장 어리석은 짓이다. 충실한 인생, 후회 없는 인생을 위해서는 포기해야 할 것들을 알고, 적절한 때에 포기할 줄 아는 지혜가 필요한 것이다.

어느 부자가 임종 직전에 두 아들을 불러 모으고 마지막 유언을 하였다.

"내가 일평생 모은 모든 재산은 저기 큰 상자 속에 다 들어 있다. 그러나 저 상자를 열 수 있는 열쇠는 이것 한 개밖에 없다. 너희 둘 중에서 한 사람만이 저 상자를 열어 내 재산을 이어받을 수 있다. 단 이 열쇠를 받는 사람은 우리 집안과 회사의 모든 책임을 져야 하며 나의 뜻에 따라 내 방식대로 살아야 한다. 그러나 열쇠를 택하지 않는 사람은 남은 인생을 자신이 원하는 대로 자유롭게 살 수 있다. 자, 누가 이 열쇠를 받겠는지 너희들이 결정하거라."

큰 아들은 깊은 생각에 잠겼다.

'저 재산을 내가 맡는 순간 나는 자유를 잃는다. 나의 생각과 주장대로 살지 못하는 인생이 과연 무슨 의미가 있을까?'

평소에 욕심이 많은 작은 아들도 생각에 잠겼다.

'그래, 저 열쇠를 받는다면 비록 자유를 잃어버려도 평생 고생하지 않고 살 수 있겠지? 모든 사람들이 부자가 되려고 발버둥치고 있잖아. 이참에 많은 재산을 상속 받고 편하게 살아 보는 거야. 내가 회사를 더 크게 일으킬 수도 있고…….'

큰 아들이 먼저 입을 열었다.

"이 열쇠는 아우님이 받는 게 좋겠네. 평소에도 나는 그리 생각하고 있었네."

안 그래도 열쇠를 갖는 쪽으로 생각을 굳혔던 동생은 형의 제안을 흔쾌히 받아들였다.

그리고 십수 년이 흘렀다. 작은 아들은 안락하고 부유한 생활에 지나치게 안주한 나머지 술과 향락에 빠졌고 물려받은 회사도 방만하게 운영하다가 그만 파산하고 말았다.

큰 아들은 아버지가 돌아가신 후 곧장 시골로 이사를 갔다. 그곳에서 그는 비록 재산은 별로 없었지만 농사를 짓고 자연과 더불어 살며 온전히 자신의 뜻에 따라 자신이 좋아하는 일에 몰두했다. 그는 마침내 훌륭한 화가가 되었다.

유한된 인생에서 최고로 멋진 삶을 살려면 쓸데없는 욕망과 집착들은 모두 포기하고 버려야 한다. 그래야 단순하게 살면서 한결 가벼운 마음으로 목표를 향해 걸어갈 수 있다. 그래서 포기는 인생을 살아가는 태도 중의 중요한 요소이기도 하다.

언젠가는 안개같이 사라질 헛된 영화와 허영에 미련을 두지 말고 세상의 권세와 물질에 얽매여 살지 말자.

나에게 상처를 주고 모욕을 한 사람에 대한 원망, 물질에 대한 욕망과 집착, 나도 모르게 자신을 옥죄이는 허영, 권력과 인기를 갈망하는 욕심, 이런 것들을 과감하게 포기하는 용기를 가지자.

한 번뿐인 인생을 온갖 것 모두 움켜쥐느라고 피곤하게 살 필요가 없다. 불필요한 욕망과 집착을 포기하는 지혜와 용기를 가지자. 진정한 마음의 평화와 행복을 얻고 싶다면 위에 말한 원망, 탐욕, 집착, 허영, 욕심을 과감히 포기할 줄 알아야 한다.

사람이 웃는 습관을 들이면 이런 지혜들이 생겨난다. 그래서 웃어버릴 줄 안다. 희망과 긍정과 행복을 추구하는데 포기하면 안 되지만 반드시 버려야 할 것들은 과감히 포기하자. 그런 것들은 웃어서 버리자!

8

뿌리

초라한 판잣집이 다닥다닥 붙어 있는 중국 장시성의 한 작은 마을에 갑자기 중장비들이 들이닥쳤다. 72채의 오두막집들을 불도저가 밀어내고 그 자리에 18동 72가구의 고급 빌라들이 들어섰다.

비포장 흙길엔 아스팔트가 깔리고 마을 중앙엔 농구 코트, 당구대, 탁구대 등 운동 시설도 설치했으며 멋진 도서실까지 지어졌다. 동네 사람들이 힘을 모아 재개발한 것도 아니고 재개발 회사에서 토지를 사들여 재개발한 것도 아니다.

50대 중반의 슝수이화라는 사람이 마을 전체를 사들인 후 가구당 면적 약 70평 정도씩의 빌라를 지었는데 이 사업에 들어간 돈은 한국 돈으로 약 70억 원 정도 들었다고 한다. 그리고 다시 동네 사람들에게 공짜로 나누어 주어서 입주하여 살게 했다. 평생 한 푼도 내지 않고 그냥 살도록 무상으로 나누어 준 것이다.

고향을 떠나기 전 어릴 때 헐벗고 굶주리면서도 따뜻한 정을 느끼며 살았던 고향 사람들을 위해 그가 과거의 은혜에 보답한 것이다. 돈을 벌기 위해 슝은 어릴 때 고향을 떠났지만 그의 부모는 그곳에 계속 살았고, 모두들 매우 가난했지만 지금은 돌아가신 그의 부모들을 마을 사람들 모두 함께 보살펴 준 은혜를 잊지 않고 있었던 것이다. 수십 년이 흘렀고 그때 자신의 부모를 보살펴 준 분들도 거의 돌아가셨지만 그들의 자손들에게라도 은혜를 갚고 싶어 이 같은 일을 하게 된 것이다.

슝이 이 마을 떠날 때는 무일푼이었지만 객지를 떠돌며 온갖 고생을 하다가 건축업으로 돈을 벌기 시작했다. 그 후 철강무역 사업에 뛰어들며 큰 재산을 모아 자수성가하여 억만장자가 되었다.

"돈 버느라 정신없이 살아왔던 내가 여유가 생겨 겨우 정신을 추스르고 보니 가장 먼저 생각나는 것은 내 뿌리였습니다. 그래서 어렸을 때 나와 내 가족을 도와줬던 그 뿌리에 아직 살고 계신 분들과 그 후손들에게 어떻게 은혜를 갚을까 생각하다가 제가 건축을 시작해서 돈을 번 경험을 살려 편안히 사실 수 있는 집을 지어 드리게 되었습니다."

그뿐 아니라 나이 든 주민과 소득이 낮은 사람들에겐 빌라촌의 공동식당에서 삼시 세끼 무료로 식사도 제공해 준다. 과거에 배를 곯았던 자신처럼 끔찍한 굶주림의 고통을 겪지 않고 살아가게 하려는 배려이다. 그의 부모를 기억하고 있는 마을 노인은 그의 부모들을 이렇게 회상했다.

"마음씨 곱고 인정이 많은 분들이었어요. 없는 살림에도 다른 사람들을 참 많이도 챙겨 주신 고마운 분들이었는데 이제는 그 아들이 부모의 선량함과 사려 깊음을 상속받아 이렇게 우리들에게 평생 잊지 못할 고마운 일을 해 주고 있네요."

과거 소떼를 몰고 방북한 정주영 회장이 생각나게 하는 사건이다. 정 회장이 자신의 고향인 강원도 통천군 아산리 고향집을 떠나올 때 부친의 소판 돈 70원을 몰래 가지고 가출하여 그의 나이 83세에 2차에 걸쳐 1001마리의 소를 몰고 가면서 "한 마리의 소가 1001마리가 되어 그 빚을 갚으러 꿈에 그리던 고향산천을 찾아간다"고 감회에 젖었던 그 사건 말이다. 그의 뿌리에 대한 보은으로 말미암아 막혀 있던 남북간 교류의 물고를 튼 기념비적인 사건이었다.

누구나 살아가며 뿌리에 대한 동경과 추억과 감회를 가지고 있다. 어떤 이들은 과거의 뿌리가 너무 고통스러워서 생각하기도 싫어하는 이들도 있지만 대부분의 사람들은 고향을 그리워하며 산다.

고향은 자신이 태어나 자란 곳이기도 하고, 조상 대대로 뿌리를 내리며 살아온 곳이기 때문이다. 마음속 깊이 간직하고 있는 그립고 정든 곳이다. 그래서 성공하고 나서 마음의 여유가 생길 때 더욱 고향이 그리워지고 슝이나 정주영 회장 같은 마음이 발동하는 것이다. 이와 같은 훈훈하고 기분 좋은 사건들이 자주 일어나고 많아졌으면 좋겠다.

행복의 뿌리는 무엇일까? 웃음 전도사인 나는 감사, 사랑, 자존감 등이 행복의 뿌리라고 생각한다. 그런데 많이 웃다 보면 감사하는 마음, 사랑하는 마음, 자존감이 생기는 것을 발견할 수 있다.

자신의 뿌리에 은혜로 보답하듯 우리의 행복한 삶을 위해서는 늘 웃는 사람이 되어야 한다. 웃으면 행복의 뿌리가 튼튼해지고 올곧게 뻗어 나간다.

9

기적 같은 삶

"살고 싶어서 해 보라는 치료는 온갖 것 다 받아봤지요. 기본적인 의학요법은 물론 기름에 절인 치즈도 먹어 보고 쓰디쓴 유기농 야채즙도 마셔봤습니다. 침도 맞았지요. 그런데 아니더라구요. 귀한 시간을 낭비했다라는 생각만 들어요. 나의 장례식 문제까지 다 결정해 놓고 나니 매일 아침 일어나 내 새끼들 껴안아 주고 뽀뽀해 줄 수 있다는 게 새삼 너무 감사하게 느껴졌어요."

두 아이의 엄마이고 영국인인 샤롯 키틀리 씨의 블로그 글의 일부 내용이다. 샤롯 키틀리 씨는 36세로 대장암 4기 진단을 받았다. 그리고 간과 폐로까지 전이됐다. 대장과 간의 종양을 제거하기 위해 두 번 수술을 받았다. 25차례의 방사선치료, 39번의 끔찍한 화학요법치료도 견뎌 냈다. 그녀는 다음과 같이 마지막으로 블로그에 글을 남겼다.

"얼마 후 나는 그이의 곁에서 잠을 깨는 기쁨을 잃게 될 것이고 그이는 무심코 커피 잔 둘을 꺼냈다가 커피는 한 잔만 타도 된다는 사실에 슬퍼하겠지요? 딸아이의 머리도 땋아 주어야 하는데…, 녀석이 잃어버린 레고의 어느 조각이 어디에 굴러들어가 있는지는 저만 아는데 그건 누가 찾아 줄까요? 살고 싶은 날은 저리 많은데 저한테는 허락하지 않는군요. 내 아이들이 커가는 모습도 보고 싶고 남편에게 간혹은 못된 마누라도 되면서 늙어 보고 싶은데 그럴 시간을 안 주네요. 지금까지 얼마 안 되는 삶이지만 살아 보니 그렇더라구요.

매일 아침 아이들 일어나라고 깨우고, 서두르라고, 이 닦으라고 빨리 빨리 밥 먹으라고 소리소리 지르는 나날이 행복이었더군요. 다시 생각해 보니 숨 쉬고 살아 있는 자체가 감사한 삶이고 행복이었어요. 6개월 시한부 인생 판정을 받았지만 지금까지 22개월을 살고 있군요.

그렇게 1년 가까이 보너스를 얻은 덕분에 아들 초등학교 입학 첫날 학교에 데려다주는 기쁨을 맛보고 갈 수 있게 되었습니다. 아들 녀석 첫 번째 흔들리던 치아를 빼 주고 그 기념으로 자전거를 사 주러 갔을 때는 정말 행복했어요.

보너스 1년 덕분에 30대 중반이 아니라 30대 후반까지 살고 갑니다. 중년의 복부비만이요? 늘어나는 허리둘레, 그거 한번 가져 봤으면 좋겠습니다. 희어지는 머리카락이요? 그거 한번 뽑아 봤으면 좋겠습니다. 가까운 글을 읽을 수 없는 노안이요? 그 노안 때문에 신문을 돋보기 쓰고 보았으면 좋겠습니다.

그런 것이 다 그만큼이나 살아남을 수 있다는 얘기잖아요. 저는 한번 늙어 보고 싶어요. 늙는다는 것이 이런 것이구나 하고 느껴 보고 싶어요. 이 글을 읽는 여러분 부디 삶을 즐기면서 사세요. 두 손으로 삶을 꽉 붙드세요. 여러분이 저는 너무너무 부럽습니다."

그녀는 2014년 9월 16일 사랑하는 사람들을 마음에 품고 세상을 떠났다.

스티브 잡스는 "죽음은 삶이 만든 최고의 발명품"라고 얘기했다. 죽음 앞에서 우리는 인생의 본질과 의미를 알게 되는 것이다.

기적이란 물 위를 걷는 것이 아니라 땅 위를 걷는 것이다. 살아 숨쉬고 살아서 움직이는 매 순간이 우리에겐 기적이다.

지금 이 순간 살아 있고 발걸음을 옮기고 있는 것을 느끼고 새들이 날아가는 모습을 볼 수 있고 뺨을 스치고 지나가는 바람결을 느끼는 것이 모두 기적이다. 그리고 우리는 이 삶을 살아가면서 한 가지 숙제만 하면 된다. "행복하다"는 숙제만 하면 되는 것이다.

샤롯 키틀리 씨의 마지막 블로그 글은 우리에게 많은 깨달음을 주고 있다.

하루하루 일상에서 서로서로 부대끼며 살아가고 있는 이 모습이 바로 축복이고 행복이고 기적인 것이다. 오늘 마시는 차 한 잔, 얼굴에 닿는 햇살 한 줌, 지나가며 떠드는 아이들의 웃음소리, 지는 석양에 물든 하늘, 코끝을 통해 들어오는 시원한 바람, 우산 위로 투두둑 떨어지는 빗방울 소리, 길가마다 나를 반기는 가로수와 가로등…….

이 세상 모든 것이 삶의 선물인 것이다. 이 삶의 축복을 누리며 그냥 웃으며 살자. 그냥 웃으며 살면 그런 삶의 축복, 삶의 기적을 더욱 가깝게 느낄 것이다. 그냥 웃으면 순간순간의 삶을 사랑하고 감사하게 될 것이다.

10

노인 행복의 비결

C일보 기자가 취재한 두 할머니는 참으로 대조되는 환경이다.

“난 움직이기 싫어, 만사가 다 귀찮아… 남편? 그 인간 어디 있는지도 몰라. 애들 때문에 살았는데… 애들? 바빠. … 손녀 곧 결혼한대… 어디서 하냐고? 나도 몰라.”

김 할머니는 뇌졸중을 앓은 지 6년째이다. 김 할머니는 밥 먹기가 싫다고 한다. 몸이 불편하거나 입맛이 없어서가 아니다. 혼자서 밥 먹어야 하기 때문이다.

김 할머니는 계속 혼자 지내고 꼭 필요한 일 말고는 바깥 출입을 안 하게 되어 남들과 접촉하지 않다 보니 정신도 혼미해지고 단어도 자꾸 잊어버려 대화도 잘 안 된다. 그나마 근처 노인복지시설에 가서 점심과 저녁을 얻어 먹게 되어 조금은 다행이다. 자녀들이 있기 때문에 시설에 모시기도 힘들다. 어렵게 자녀들에게 전화 연락을 해 보지만 “돌보러 오겠다"는 말 대신 "대신 잘 돌봐 달라"는 참으로 허무한 답변만 듣게 되었다.

한편 최 할머니는 뇌졸중을 앓은 지 18년이나 되었다. 뇌졸중이 오기 전까지 남편은 남대문 시장에서 일당 받고 등짐을 졌고 최 할머니는 가락동 농수산물 시장에서 야채가게를 했다.

둘이 몸 고생해서 3남매 자녀들을 대학까지 가르쳤다. 최 할머니가 뇌졸중으로 쓰러진 후 할아버지는 하던 일을 그만두고 할머니 간병에만 24시간 매달렸다. 병원에서 퇴원한 후 할아버지는 할머니를 들볶기 시작했다. 아침 6시부터 밤 10시까지 계속해서 들볶는 것이다.

"밥 짓고 반찬도 해라." 할아버지가 이야기하면 할머니가 "아유, 나 죽으면 어떻게 하려고… 당신도 스스로 해 먹을 줄 알아야 돼요."

그렇지만 할아버지는 완강히 버틴다.

"사실 내가 밥 짓는 게 더 빨라요. 아내는 오른쪽 반이 불편하니까 밥 지을 때마다 자꾸 잡곡알을 바닥에 떨어뜨려서 내가 마루에 엎드려 주워 담아야 하거든요. 하지만 의사가 생활 속에서 자꾸 움직여야 운동이 된다고 했어요. 그래서 억지로 밥을 하도록 시키는 거죠. 반찬도 사 먹으면 편하지요. 그렇지만 이 사람을 움직이게 하려고 반찬도 만들게 하죠. 물론 내가 옆에서 파도 썰고 마늘도 빻습니다."

그리고 산책을 함께 나간다. 할머니는 행동이 부자연스럽기 때문에 노인용 전동차 타고 할아버지는 걸어서 뒤따라간다. 할머니는 "솔직히 귀찮아서 가기 싫은데 막상 가 보면 햇볕도 쬐고 동네 할머니들이랑 얘기하니까 좋다"고 한다.

할아버지는 "젊어서부터 우리는 많이 싸웠고 지금도 싸우지만 나이

먹을수록 세상에 부부밖에 없더라"고 한다.

"이 사람이 쓰러진 첫해 석 달 넘게 입원해 있으면서 정말 별별 사람 다 봤어요. '아, 저 집 사람들은 환자가 차라리 죽길 바라고 있구나' 이런 게 다 보이더라구요. 내가 이 사람한테 잘해야지 자식들도 부모 귀한 줄 알아요. 내가 이 사람을 천대하면서 자식들이 효도하기를 바라는 건 말이 안 되죠."

남편이 평생해 준 일 중 무엇이 가장 좋았느냐고 할머니에게 물었더니 7년 전에 노인용 전동차 사 준 것이라고 했다.

"자식들이 준 용돈에서 한 달에 10만 원씩 꼬박꼬박 떼어서 3년 모으더니 어느 날 이 전동차를 사왔어요. 그 후에도 계속해서 모아서 올 초에 신형으로 바꿔줬고요."

김 할머니와 최 할머니는 뇌졸중으로 똑같이 힘든 가운데 있다. 그러나 그들이 느끼는 행복도는 천지 차이이다.

최 할머니는 가족을 중심으로 인간관계가 서로 맺어져 있고 김 할머니는 외톨이다. 또한 최 할머니는 할 일이 있고, 김 할머니는 할 일이 없다는 것이다.

서울대의대 정신건강의학과 교수가 수십 년간 노인 환자들을 보면서 내린 결론은 이러하다.

"신체 조건이 똑같은 환자라도 인간관계와 할 일에 따라 경과가 전혀 다릅니다. 가령 같은 치매라도 2년 만에 인지기능이 10만큼 뚝 떨어지는 사람이 있는가 하면 3밖에 안 떨어지는 사람도 있어요. 그 이유를 보면 결국 가족, 친구들과 친하게 지내고 봉사활동 취미활동을 하느라 바쁜 사람들이 훨씬 좋은 경과를 보이게 되는 것이죠. 인간관계가 좋고 할 일이 있는 사람들은 심지어 같은 병에 걸려도 통증을 덜 느낍니다."

하하웃음행복센터에는 힘들고 외롭고 고립된 이들이 나오기도 한다. 그런데 웃음교실에서 서로 웃음 친구가 되고 자신보다 더 어려운 치매환자들을 위해 웃음치료 봉사를 다녀오면서 자신에게 감사한 마음을 갖게 되고 행복감을 느끼며 살게 된다. 웃으면 인간관계와 할 일이 생기게 된다. 웃음이 인생을 의미 있고 행복하게 만드는 것이다.

11

행복 자동 온도 조절장치

방황하는 한 청년이 있었다. 그는 고등학교도 졸업하지 못하고 중퇴한 흔히 말하는 문제아였다. 일찍 여자를 사귀어 19세에 이미 결혼했으며 아이도 낳게 되었다. 그는 공상소설을 좋아했고 그래서 꿈을 가지게 되었는데 공상과학소설 작가가 되는 것이었다. 밤을 새워가며 열심히 소설을 썼지만 작품 구성도 엉망이고 철자법도 틀리는 게 다반사였다.

그는 어느 날 동네에 있는 우리나라 문화교실과 같은 교양강좌를 찾아갔다. 작문수업을 듣기 위해서였다. 그러나 글짓기 반은 이미 정원이 마감되어 들을 수가 없었다. 어떤 과목을 들을 수 있냐고 물었더니 심리학은 들을 수 있다는 대답을 들었다. 그는 심리학이 무엇을 하는 학문인지 몰랐다. 심리적으로 정신이 나간 사람들을 다루는 학문이라고 생각한 그는 "그래, 내 소설에도 언젠가는 정신 나간 미친 사람들을 다룰지도 모르니 이 수업을 들어 두는 것도 나쁘지는 않겠군" 하고 수강신청을 하였다. 이렇게 해서 시작한 심리학이 미친 사람들에 관한 것이 아니라 일반 사람 모두에 관한 아주 중요한 학문임을 곧 깨닫게 되었다.

그는 심리학에 빠져들기 시작했다. 그는 평소에 궁금했던 문제들 즉 인간의 마음, 인간의 경험, 인간의 정체성 등을 다루는 심리학에 더욱 깊이 빠져들었고 철학적인 문제의 답을 과학적인 실험을 통해 알아내는 방법에 매력을 느꼈고 심리학에 관한 여러 개 형태의 강좌를 거치며 열심히 공부했다. 그는 대학에 진학해서 공부하고 대학원을 졸업한 후 학위도 따고 마침내는 미국에서 가장 유명한 심리학자 중 한 사람이 되었다. 그의 이름은 대니얼 길버트이고 미국 하버드대학교의 심리학 교수이다.

그와 또 몇몇의 심리학자들 이론 중에 "행복의 자동온도 조절장치" 이론이 있다. 즉 인생에서 일어나는 모든 일들은 일시적으로 우리를 행복하거나 불행하게 만들 뿐이라는 것이다. 일정한 시간이 지나면 우리는 곧 다시 자신의 본래 행복수준으로 되돌아오는 강한 탄력성을 가지고 있다는 이론이다.

미국의 대부분 유명대학 교수들은 교수 임명 후 6년 뒤 정년보장 심사를 받아야 하는데 많은 논문도 써내야 하고 까다로운 심사에 강의평가도 우수해야 살아남을 수 있기 때문에 보통 스트레스를 받는 게 아니다. 그 과정이 힘들기는 하지만 일단 정년보장만 획득하면 그 뒤론 안정적인 연구 활동이 보장된다. 그러나 통과하지 못하면 바로 보따리를 싸야 한다.

살아남아 평생 여유 있게 하고 싶은 공부하면서 살아갈 것인가 아니면 정처 없이 다른 직장을 찾아 떠돌아다녀야 하는 패배자가 될 것인가 하는 갈림길에 서 있기 때문에 엄청난 스트레스를 받는다. 대학원 박사과정과 조교수과정 10년 이상의 노력이 판가름 나는 순간이기 때문이다. 모두들 이 과정만 통과하면 평생 행복할 것이라고 굳은 믿음이 생겨나게 된다.

길버트 교수는 여러 가지 실험을 통해서 이 같은 생각이 완전히 착각임을 증명했다. 이것은 본인들의 과대평가에 지나지 않는다는 것이다. 정년보장 심사 이후의 삶을 조사해 보면 심사에 통과했던 사람이나 통과하지 못했던 사람이나 원래 자신에게 형성되어 있는 행복수준으로 되돌아간다는 것을 길버트 교수는 발견한 것이다.

그리고 본래 행복수준으로 되돌아가는 데는 오래 걸리지 않고 수개월만 지나면 되돌아간다는 것이다. 정년보장 심사에 통과하면 엄청 행복해지고 그 행복은 아주 오랫동안 지속될 것이라고 기대하고 반면 심사에 통과하지 못하면 엄청난 불행감을 느끼고 이 또한 매우 오랫동안 지속될 것이라고 예상했다. 하지만 수개월 뒤 이들에 대한 행복수준은 정년보장 심사 이전에 본인이 가졌던 기본적인 행복수준으로 되돌아와 있었던 것이다.

정년보장 통과가 주는 행복감은 일시적이었고 다시 강의와 연구라는 바쁜 일상 속에서 눈 녹듯이 사라져 버리고 만 것이다. 정년보장 심사에 통과하지 못했던 교수들도 제일 늦은 사람의 경우 5년 뒤에는 모두 원래의 행복수준으로 되돌아와 있었던 것이다.

우리는 행복에 대해 이와 비슷한 많은 착각 속에 살고 있다. 지금 원하는 것만 이루면 훨씬 더 행복한 인생을 살 것이라는 착각 말이다.

대학입학을 준비하는 수험생, 고시 준비를 하는 고시생, 승진을 앞둔 회사원, 승진을 원하는 군인, 마음에 드는 이성에게 구애하는 남녀들, 로또 당첨을 간절히 바라는 사람들, 심지어는 자신이 지지했던 대선 후보가 대통령으로 당선된 사람들, 모두 원하는 것이 이루어진 후 얼마 안 가서 다시 원래의 행복수준으로 복귀하고야 만다.

불행한 일도 마찬가지이다. 배우자와의 사별, 이혼, 본인 또는 가족의 질병이나 큰 사고 등 모두 사건 직후는 큰 불행감을 느끼지만 시간이 충분히 지나면 원래의 행복수준으로 돌아온다는 연구결과이다.

따라서 우리가 살아가는데 일어나는 어떤 사건들에 의해 나의 행복이 결정된다는 생각은 잘못된 것이다. 이런 사건들은 일시적 불행감이나 일시적 행복감을 줄 뿐이고 종래에는 본인의 고유한 행복의 기본수준으로 돌아가는 것이다. 이 모든 것이 우리가 예상하는 것보다 훨씬 빠르게 회복되고 빠르게 지나간다는 것이다.

그래서 각자가 가지고 있는 행복의 기본수준을 끌어올리는 것이 중요하다. 매일 10분씩만 웃으면 행복 기본수준은 매우 높이 올라갈 수 있다. 웃는 사람은 이 기본수준이 높고, 우울하고 침울한 사람은 이 기본수준이 낮다. 매일 웃자!

12

신뢰는 행동이다

어느 젊은이가 호랑이에게 쫓기다 낭떠러지로 굴러 떨어지기 시작했다. 가까스로 절벽에 뿌리를 박고 튀어나온 소나무 가지를 붙잡고 추락을 모면했다. 아래는 까마득한 낭떠러지이고 위로 다시 기어 올라갈 힘도 남아 있지 않았다. 그는 이 위기에서 자신을 구해 주도록 신에게 간절히 기도했다.

"저는 이제 힘이 남아 있지 않습니다. 이 위험에서 나를 구해 주세요!"

그때 하늘에서 음성이 들렸다.

"네가 여기서 탈출하기를 원하느냐?"

그는 기뻐서 주저 없이 대답했다.

"예, 물론이죠. 감사합니다."

하늘에서 다시 음성이 들렸다.

"그러면 붙잡은 두 손을 놓아라!"

그는 믿을 수 없었다.

"아니. 두 손을 놓으면 저 절벽 아래로 떨어져 콩가루가 되는데두요?"

다시 하늘의 음성이 들렸다.

"날 믿으면 두 손을 놓아라!"

그는 한참이나 망설였다. 그리고 다시 소리쳤다.

"그 위 다른 분 안 계세요?"

1859년 6월 30일, 세계적으로 다시 보기 힘든 대단한 이벤트가 벌어졌다. 미국 나이아가라 폭포 위에 로프가 설치된 것이다. 높이는 무려 48m나 되었다. 줄타기 곡예사 찰스 블론딘이 이 로프를 타고 나이아가라 폭포 위를 건너기 위한 것이다. 이 곡예를 보러 특별열차를 타고 수많은 관중들이 구름떼처럼 몰려들었다.

드디어 줄 위에선 블론딘은 긴 장대를 들고 균형을 잡은 채 한발 한발 나아갔다. 관중들은 숨소리조차 내지 못하며 이 아슬아슬한 광경을 지켜보았다. 드디어 무사히 건너편에 도착하자 관중들은 환호 소리를 지르며 우레와 같은 박수를 보냈다.

블론딘은 이제 뒤로 걸어서 건너기에 도전했다. 손에 땀을 쥐는 조바심 속에 무사히 건넜다. 그는 더 나아가 안대를 하고 로프를 걸어서 건넜고 자전거를 타고 로프를 건너는 지상 최대의 곡예를 보여 주었다. 관중들은 열광했다.

모든 곡예가 끝날 때쯤 블론딘은 관중에게 소리쳤다.

"여러분들은 내가 사람들 등에 업고 이 폭포를 건널 수 있다고 믿습니까?"

그러자 관중들은 일제히 대답했다.

"예."

"그럼요."

"우리는 당신이 사람을 업고도 충분히 건널 수 있다고 믿습니다."

그때 블론딘이 제안을 하였다.

"그럼 내 등에 업혀서 나와 같이 이 폭포를 건널 사람 한 분만 나와 주시기 바랍니다."

하지만 관중들은 이내 조용해졌고 블론딘의 시선을 피한 채 침묵 속에 잠겼다. 시간이 흐르고 지원자가 없자 블론딘은 관중 속의 한 남자를 손으로 지적하며 다시 물었다.

"당신은 날 믿습니까?"

그 남자는 주저 없이 "난 당신을 믿습니다. 내가 기꺼이 당신의 등에 업히겠습니다."

그리고 올라가서 블론딘의 등에 업혔다. 남자를 등에 업은 블론딘은 이제까지보다 훨씬 더 신중하게 로프 위로 한발 한발 내딛기 시작했다. 그의 걸음걸이에는 자기를 신뢰한 이 남자를 반드시 안전하게 강 건너편에 도착시키겠다는 강한 의지가 엿보였다.

마침내 블론딘은 남자를 업고 나이아가라 폭포를 건너는데 성공하였고 숨죽이며 이를 지켜보던 관중들은 환호성을 지르며 우레와 같은 박수를 아낌없이 보냈다. 나중에 알려진 사실은 이 등에 업힌 남자가 블론딘의 매니저였던 해리 콜코드였음이 밝혀졌다.

신뢰의 본질은 "예스"라는 말이 아니라 행동에 있는 것이다. 말로만 블론딘을 믿는다고 소리쳤던 군중들과 48m 높이의 밧줄 위에서 자신의 목숨을 블론딘에게 맡겼던 콜코드와는 근본적으로 신뢰의 큰 차이가 존재하였던 것이다.

현대와 같이 생존경쟁이 날로 심해지고 개인주의가 팽배한 사회 속에서 신뢰하는 일이 매우 어려워진다.

실제 여론조사에 의하면 한국의 같은 직장에서 상사를 신뢰할 수 없다고 답한 회사원들이 40%나 된다고 한다. 한국 기업의 많은 상사들이 아직도 자기중심적이고 신뢰구축을 위한 일에 무관심하다는 결론이다. 점점 더 믿음이 적어져 가고 있다.

가족 간에도 신뢰가 점점 깨어지고 있는 현실이다. 그래서 형제자매지간에도 상속문제로 큰 다툼이 일어나는 것을 자주 보게 된다.

가족뿐 아니라 사회도 신뢰회복을 위해 많은 노력을 기울여야 할 것이다. 신뢰가 없어질수록 웃음은 없어진다. 신뢰를 쌓아가는 데 웃음은 매우 좋은 역할을 한다.

웃는다는 것은 먼저 상대방에게 호의를 표현하고 당신을 신뢰하겠습니다 라는 신호를 보내는 것이다. 바닥에 떨어진 신뢰를 회복하는데 웃음 운동은 매우 필요한 첫걸음이 될 것이다.

웃는 표정, 웃는 행동부터 시작하자.

웃음은 전염성이 매우 강하다.

13

아내 말을 잘 들어라

어느 중소기업 사장이 그 회사 야유회에서 이런 제안을 했다.

"여러분, 내가 한 가지 제안을 하겠습니다. 여기 모인 결혼한 남자들 중에 나처럼 부인에게 휘둘려 꼼짝 못 하고 아내 말만 듣는 사람들은 이쪽 파란 깃발 밑으로 모이시고 용감하게 자기 주장을 하며 아내 말을 듣지 않는 사람들은 저쪽 흰 깃발 밑으로 모여 주세요."

그 사장은 자신만 숙맥처럼 아내에게 꼼짝 못 하는 게 아닌가? 다른 이들은 과연 어떤가? 진실로 알고 싶어 이런 제안을 하게 된 것이다. 사원들이 이 엉뚱한 제안에 처음엔 어리둥절했지만 사장의 진심어린 제안에 하나 둘 움직이기 시작했다.

그런데 모두 다 파란 깃발 아래로 모여 드는 것이 아닌가? 모두 파란 깃발로 모였을 때 단 한 사람만이 흰색 깃발 아래로 가서 섰다. 그는 말단 직원으로 매우 착한 성품을 가진 사람이었다.

모두 의아해 했다. 사장이 그에게 가서 물었다.

“참 용기 있는 사원이군요. 어떻게 당신은 아내에게 당당하게 살 수 있는지 비결 좀 이야기해 주시오.”

그 사원이 이야기했다.

“오늘 아침 집을 나서는데 아내가 이야기했어요. 줏대 없이 다른 사람들 가는 대로 따라가지 말고 줏대 있게 사람들과 반대로 하세요. 그래서 아내 말을 듣고 그대로 하느라고 파란 깃발로 가지 않았습니다.”

SNS를 통해 많이 돌아다니는 이야기이다. 모든 이들이 YES할 때 홀로 NO라고 할 수 있는 용기를 이야기했던 광고가 생각난다. 대다수의 사람들이 무리 속에서 홀로 외톨이가 되지 않기 위해 다수의 의견에 그냥 따라간다. 그래서 진정한 용기를 갖고 대다수 사람이 가는 방향에 역행하기란 매우 어렵다.

그런데 조직을 변화시키고 사회를 변화시키는 데는 이런 나 홀로 용기 있는 사람들에 의한 주장이 맞을 때가 많다. 모두가 천동설을 주장했을 때 코페르니쿠스나 갈릴레오가 지동설을 주장했던 것처럼 말이다. 자신의 생각이 옳다고 생각되면 다른 이들 눈치 안 보고 자기 주장대로 밀고 나가는 용기가 필요하다. 그리고 그런 결정을 할 때는 아내 말이 맞는 경우가 많으니 꼭 참고로 하는 게 좋다.

강남에서 병원을 개업해 잘 나가던 내과의사가 있었다. 병원은 날로 번창해서 환자를 수용하기가 부족해 병원을 리모델링하게 되었고 잠시 동안 쉬게 되었다.

“병원 인테리어 공사가 두 달 걸리는데 마냥 놀 수 없어서 봉사할 곳을 찾았지요. 마침 성가복지병원에서 내과의사를 찾는다는 것을 알았습니다. 전화를 걸어 두 달만 봉사하겠다고 이야기하고 갔습니다.

봉사한 지 두 달쯤 되었을 때 병원 수녀들이 계속해서 맡아 달라고 부탁했지요. 하지만 가난하고 병든 환자를 위해 나의 안락한 삶을 포기할 자신이 없었어요. 그때는 아버지도 사업상 큰 손해를 보고 있던 상황이었고 아직 공부시킬 자녀도 둘이나 되었거든요. 솔직히 저는 봉사를 그만 두고 새로 단장한 병원으로 다시 돌아오려고 했죠. 그런데 아내가 반대 의견을 내놓았어요."

"의사는 어차피 봉사하는 삶을 살아야 하는데 당신도 그래야 하지 않겠어요? 개업의가 되어서 돈 많이 모으고 먹을 거 다 먹고 집에 갖출 거 다 갖추고 아이들 해 줄 거 다 해 주고 그런 다음 머리 하얗게 되고 힘이 없어질 때 그때서야 이제 봉사 좀 해 볼까 하는 것은 봉사가 아니에요. 젊고 힘 있을 때 남을 위해 일해야 진짜 봉사가 아닐까요?"

그는 아내의 말에 마음을 바꿨고 가족들도 응원해 주었고 든든한 버팀목이 되어 주었다. 강남 의사 시절에 비해 수입은 10분의 1로 줄어들었지만 버림받고 불쌍한 이들을 돌보는 일은 보람이 있었다. 사람들은 그를 바보라고 생각했고 이해를 하지 못했다.

그러나 알코올 중독자, 노숙자, 굶주리고 가족에게 버림받은 이들, 자기 자신에게도 버림받은 사람들을 정성껏 평생 동안 열심히 돌보았다. 무료병원의 노숙자 환자의 주치의인 그는 제30회 보령의료봉사상 대상을 받았고 2만 명이 넘는 알코올 중독자와 노숙자를 치료하였고 제1회 이원길 가톨릭 인본주의 상도 받았다. 그의 이름은 박용건 성가복지병원 내과과장이다.

피난민, 행려병자, 가난한 이들을 위해 인술을 베푼 고 장기려 박사,

영등포 인근의 노숙자를 평생 돌봐온 영등포의 슈바이처 고 선우경식 전 요셉의원 원장, 아프리카 오지 남수단 톤즈에서 헌신적 봉사를 해 온 고 이태석 신부, 한센병 퇴치에 또 빈곤 국가를 돕는데 WHO를 통해 평생을 헌신한 고 이종욱 WHO 사무총장 등 한국의 슈바이처 계보를 잇고 있는 것이다.

다른 이들이 다 바보 같은 행동이라고 했을 때 소신을 굽히지 않고 외길로 나간 그의 모습에는 온유하고 평온하고 잔잔한 미소가 흐르고 있었다. 역시 아내 말을 잘 들어야 한다.

아내가 웃으라고 하면 웃어라.

14

진정한 성공

회사원 K는 스마트폰 때문에 매우 바쁘다. 아침부터 저녁까지 페이스북이나 카카오스토리에 댓글 올라온 것들에 대해 일일이 답글을 달아 주고 카카오톡으로 날아온 정보들을 읽고 또 카카오톡 친구들에게 다시 퍼 날라 주고 문자 온 것을 확인해서 기록해 놓고 이메일에 날라온 소식과 각종 정보들을 챙기느라 본업을 못 할 정도이다.

그리고 자신도 하루 한 번씩 페이스북과 카카오스토리에 자신의 근황이나 자신의 생각들을 올리고 타인이 올린 것들에 대해 느낌표나 댓글을 달다 보면 하루가 다 가는 것이다.

어느 때는 왜 이렇게 해야 하는지 회의가 들 때도 있다. 그러나 정보화 시대 뒤쳐지지 않기 위해 또 나름대로의 소통을 위해 또 자신의 존재를 세상에 알리기 위해 그는 이러한 일들을 멈출 수가 없게 되었다.

아마도 많은 이들이 K처럼 정보화 홍수 속에 짓눌려 무의미하거나 그다지 중요하지 않은 일들에 쫓겨다니느라 소중한 자신의 인생을 놓치고 살아가는지도 모른다.

스마트폰을 만든 애플 창업자 스티브 잡스의 장례식 때 그를 추모한 누이의 추모사에는 잡스가 만든 아이폰이나 게임, 소프트웨어 등은 언급도 되지 않았다.

"그는 자신이 사랑했던 것들을 위해 열심히 노력했습니다. 그를 움직이게 했고 그가 정말 사랑했던 건 사랑이었습니다. 사랑이 그에겐 최상의 가치였습니다. 딸아이를 사랑했고 그 때문에 딸아이의 남자 친구들과 딸아이의 치마 길이에도 세심한 마음으로 신경을 썼습니다. 그리고 그는 행복을 소중히 여겼습니다. 잡스가 아꼈던 사람들 마음속에 남을 가장 중요한 것은 그가 그들의 삶속에 새겨 준 사랑과 행복의 기억들이 될 것입니다."

잡스의 대단한 업적, 성취, 이력에 대해서는 언급이 없다는 점에 얼른 이해가 가지 않을 것이다. 그러나 삶을 마감하는 자리에서 누이의 추도사는 돈과 권력, 업적 등을 뛰어넘는 더욱 중요한 성공의 의미를 전해 주고 있어 신선한 충격으로 다가오고 있다.

즉 진정한 성공은 세상을 향한 업적보다는 사랑하는 사람들 마음속에 오래 남는 기억이어야 하며 돈과 권력 등 이력으로 평가하던 것에서 벗어나 삶의 질, 지혜, 베풂, 사랑의 새로운 잣대로 그 사람의 성공을 평가하여야 한다는 것이다.

우리는 사랑하는 이들의 기억 속에 오래 남을 인생을 살아가는데 힘을 쏟지 않고 죽는다면 그것은 사라져 버릴 한낱 이력서 몇 줄을 더 채우기 위해 온갖 노력을 다하며 살아가는 것이 될 것이다.

세속적 성공에 목숨을 걸고 자신을 불태우느라 진정으로 소중한 우리를 지탱해 주는, 사랑해 주는 이들을 잊은 채 살아가고 있는 것은 아닌가? 깊이 생각해 볼 문제이다.

사후 세계를 믿지 않는 사람도 자신이 죽고 난 후 사랑했던, 사랑해 주었던 사람들의 마음속에 그들의 영혼은 살아 있으리라는 것을 믿고 싶을 것이다.

페이스북이나 카카오스토리에 친구가 수백 명이 넘고 그들의 소식에 일일이 응대나 느낌을 표시하고 카카오톡으로 정보를 수 없이 나누며 이메일을 통해 많은 정보를 교환하느라 새벽부터 밤늦게까지 심신이 지쳐가며 몰입해 가는 현실이 과연 인생을 올바로 살고 있는가 하는 점을 잠시 멈추어서 깊이 생각해 보아야 할 것이다.

프랑스의 18세기 중반 프랑스의 극작가 샹포르는 이렇게 말했다.

"인생의 모든 날 중에서 웃지 않은 날들은 완전히 잃어버린 날이다."

적어도 웃고 즐겁게 산 날은 그냥 허비한 날은 아니다. 좀 더 사랑하고 좀 더 베풀고 좀 더 즐기며 웃는 삶을 사는 것이 진정한 성공이라고 평가해야 한다. 돈을 얼마나 많이 벌었고 어디까지 권력을 잡았고 인기가 얼마나 높았고 어떤 명예를 성취했는가는 우리의 유한된 인생이 사라질 때 함께 사라진다.

많은 이들 가슴속에 사랑으로 남는 일만이 진정한 성공으로 기억될 것이다.

15

비교하는 사람은 행복하지 않다

중소기업에 다니는 Y는 어느 날 기분이 매우 좋았다. 상사가 불러 그의 방에 들어갔다가 나온 후 기분이 매우 좋아진 것이다. 상사는 Y에게 커피 한 잔 하자며 조용히 불러 이번 프로젝트를 잘 수행했다고 어깨를 두드려 주고 월급도 5%를 인상해 주겠다고 했기 때문이다. 그는 기쁨을 감추기 힘들었으며 행복지수가 팍팍 올라가는 느낌이었다.

그러나 그의 행복은 오래가지 못했다. 다음 날 상사는 Y의 동료 H를 불렀다. 한참 있다가 나온 H는 얼굴에 만면의 웃음을 띠며 Y에게 말했다.

"자네 기분을 알겠네. 자네도 10% 인상된 거지?"

Y는 대답을 얼버무려 버렸지만 순간적으로 기분이 무척 상했다.

"대체 나는 왜 5%만 인상하고 동료는 10%를 인상했을까?"

Y는 자신의 월급도 오르고 동료의 월급이 조금 더 오른 것뿐인데 갑

자기 기분이 나빠지고 불행의 나락으로 떨어진 것이다.

왜 그랬을까? 결론은 비교가 되었기 때문이다. 사람들은 어느 곳에서나 끊임없이 비교의 대상이 된다. 특히 소득을 비교할 때 자신과 공통분모를 지닌 그룹을 비교 대상으로 선택한다. 나이가 비슷하거나 학력이 동일하거나 같은 지역에 거주하는 사람들이 주요 비교 대상이 된다. 이 준거집단에 비해 서열이 높거나 소득이 높을 경우 삶의 만족도는 크게 상승되고 그렇지 못할 경우 삶의 만족도는 떨어지게 된다. 그래서 비교하게 되면 열등감에 빠지기 쉽다.

남보다 못하다고 생각하는 자신이 불행하다고 생각하는 것이다. 원래 같은 크기의 떡으로 나누어 먹더라도 남의 떡이 더 크게 보이는 법이다. 그래서 사람들은 행복하지 않다. 행복하기 위해서는 먼저 비교하는 습관에서 벗어나야 한다. 우리는 자신의 상태를 알기 위해서 또 판단의 기준을 얻기 위해서 남과 비교를 안 할 수는 없다.

그러나 유달리 남과 비교를 많이 하는 사람과 별로 안 하는 사람이 있다. 다른 사람과 비교를 많이 하는 사람이 비교를 하지 않는 성격을 가진 사람보다 대체적으로 우울하고 불행하다고 한다.

비교를 많이 하는 사람은 다른 사람의 행복에 따라 자신의 기분이 좌우된 반면 비교를 하지 않는 사람들은 자신의 만족감에 따라 전적으로 기분이 좌우된다. 행복한 사람은 자신에게 초점을 맞추고 타인과 별로 비교를 하지 않는다. 즉 자신의 수입이나 지위를 다른 사람과 비교하면 더 기분이 나빠질 뿐 더 좋아지지 않는다는 사실을 알고 있다.

하지만 불행한 사람은 늘 타인과 비교를 통해 기분이 좋아지기도 하고 기분이 매우 나빠지기도 한다. 즉 비교를 통해 주변 상황과 여건에 따라 심리가 바뀌는 것이다.

앞서 언급한 대로 Y의 경우처럼 동료의 월급이 자신보다 더 올랐을 때 기쁨은 사라지고 오히려 열 받는 것이 일반적인 불행한 사람들의 심리이다. 결국 비교하지 않고 자신의 오른 월급에만 신경을 써야지 행복할 것이다. 그런데 우리는 끊임없이 비교한다. 직장 입사동기, 동창들, 같은 아파트의 이웃, 나와 비슷한 집단이라고 생각되어지는 많은 대상들과 끊임없이 비교하게 된다.

그럴 때마다 감정의 기복이 일어난다면 다른 사람보다 불행하기 쉽다. 내가 행복한 인간이 되기 위해서는 비교할 때 생기는 감정을 다스려야 행복해질 수 있고 이것은 나 자신만이 할 수 있는 일이다. 그러기 위해서는 높은 곳만을 쳐다볼 것이 아니라 낮은 곳을 살펴 볼 줄 아는 지혜도 필요하고 또 그들을 위해 봉사하고 도와주는 삶을 사는 지혜도 필요하다.

심리학자 윌리암 제임스는 "우리는 행복하기 때문에 웃는 것이 아니라 웃기 때문에 행복하다"고 하였다. 행복은 우리 마음속에 있기 때문에 찾아가는 것이 아니라 스스로 행복해지면 되는 것이다.

15초만 크게 웃어 보라. 불행했던 마음은 어느덧 사라지고 기분 좋은 마음으로 바뀔 것이다. 1분만 웃어 보라. 정말로 행복한 마음으로 바뀔 것이다. 행복하기에 충분한 엔돌핀, 세로토닌, 도파민, 엔케팔렌 같은 호르몬이 웃을 때 생성되어 우리의 기분을 바꾸어 줄 것이다.

우리는 이미 충분히 행복한 사람이다. 오늘도 어딘가에 절대적으로 굶주리며 살고 있는 사람을 생각해 보고 질병과 장애의 고통으로 힘겨워하는 이들을 한 번쯤 생각하며 하늘을 보고 웃는다면 당신은 늘 행복할 것이다.

내 인생에서 웃지 않고 산 날은 진정한 나의 인생이라고 할 수 없다. 지금 이 순간 부라보 마이 라이프를 위해 잠시 손을 놓고 마음껏 웃어보자. 우하하하

16

죽음과 평화

엘리자베스 키블러 로스 여사는 임종분야의 최고 전문가이다. 그녀는 말기 암환자 5백 명 이상을 인터뷰하면서 그들의 이야기를 담은 책 『죽음과 죽어감On death and dying』이라는 책에서 임종을 앞둔 P라는 50대 중반의 남자를 소개하고 있다.

P는 더 이상 의학적인 치료로는 좋아지지 않을 거라고 의사들은 결론을 내고 있었다. 그 이유는 암세포의 빠른 진행 속도와 급격한 체력저하 때문이었지만 더 큰 이유는 환자에게 살려는 의지가 전혀 보이지 않는다는 것이었다. 처음에는 의욕도 있었고 희망적이었으나 폐로 전이된 종양으로 재차 입원하면서부터는 극도로 우울해졌다. 그리고 자신의 생명이 얼마 남지 않았음을 느끼고 있었고, 한 순간도 헛되이 보내고 싶지 않았다. 그는 이런 독백을 계속했다.

"잠을 자고 싶어요. 자고, 또 자고, 눈을 뜨지 말았으면 좋겠어요."

"자는 것만이 유일한 낙입니다. 깨어 있으면 괴로워서 견딜 수 없어요. 한시도 마음이 편하질 않아요."

"예전에 사형 집행되는 장면을 직접 본적이 있는데 차라리 그들이 부럽다는 생각이 듭니다. 그는 고통 없이 순식간에 죽었고 전혀 괴로워하지 않았어요. 하지만 이렇게 침대에 있으니 매일 매 순간이 고통입니다."

그는 결혼한 뒤 몇 년은 돈을 버는 재미로 살았다고 한다. 그는 가족들에게 좋은 환경을 만들어 주겠다는 일념으로 열심히 일하며 가족과 떨어져서 지냈다. 그러나 암 선고를 받은 뒤 그는 가족과 조금이라도 더 많은 시간을 보내기 위해 노력했지만, 환경은 그의 소원대로 되지 않았다.

아내는 직장을 나가야 했고, 딸은 멀리서 대학을 다니며 친구들과 어울려 지내고 있었다. 정작 딸이 어려서 아빠를 원하고 필요로 할 때는 돈을 버느라 떨어져서 바쁘게 지낸 것이 후회스러웠다.

그러나 지금 가장 힘든 것은 아내와 딸의 기대 때문이라고 했다. 아내는 그가 살아날 것이라고 믿고 있었다. 아내는 그가 집으로 돌아가서 정원을 손질해 주기를 기대하고 있고 또 정년보다 좀 더 빨리 은퇴해서 시골로 이사해 행복하게 살자고 늘 이야기한다는 것이다.

딸은 방학 때 자신의 모습을 보고 충격을 받은 듯했으나 다음 방학 때는 건강한 모습으로 만날 것을 기대한다고 말했다.

P는 육체적 고통보다 가족들의 기대를 저버리고 죽음을 선택하는 '실패자'가 되는 것 때문에 더 괴로웠다. 모든 것을 다 잊고 자고, 자고 또 자고 싶은 욕구와 상반되어 가족을 포함한 주위의 기대 때문에 고

문을 당하고 있다고 했다.

"간호사들이 들어와서 먹지 않으면 기운을 차릴 수 없다고 합니다. 의사들은 들어와서 새로운 치료법에 대해 이야기하면서 제가 기뻐하기를 기대합니다. 아내는 와서 퇴원하면 해야 될 일들에 대해 이야기합니다. 딸은 와서 '아빠 꼭 완쾌하셔야 되요' 라고 말합니다. 이런 상황에서 어떻게 평화롭게 죽을 수 있겠습니까?"

P는 짧은 순간 미소를 지으며 이렇게 이야기하였다.

"모두들 새로운 치료법으로 치료를 받으면 집으로 돌아갈 수 있다고 이야기합니다. 바로 다음 날 직장에 다시 나아가 돈도 벌 수 있을 거라고요. 제게 희망을 주려는 의도는 알지만 제가 그럴 수 없다는 걸 저는 압니다. 의사 선생님도, 가족들도 다 알면서 제게 고문을 가하고 있습니다. 제발 가족들이 현실을 받아들이고 솔직하게 현실의 상황을 이야기하면 좋겠습니다. 그러면 죽기가 훨씬 쉬울 것 같습니다."

로스 여사는 P씨의 사례를 통해 가족들이 임종환자들을 놓아 줄 준비가 되어 있지 않아서 환자가 이 세상으로부터 자신을 분리시키는 것을 은연중에 또는 직접적으로 방해할 때 환자 자신이 얼마나 힘들어 하는지 잘 보여 주고 있다고 했다.

2009년 6월 23일 세브란스 병원에서 존엄사에 대한 시도로 첫 연명치료 중단이 시행되었다. 무의미한 연명치료는 환자의 존엄한 죽음의 권리를 침해한다는 의미에서이다.

어떤 의사들은 특수연명장치가 임종을 앞둔 환자들에게 불필요한 고통을 계속해서 가중시킬 뿐만 아니라 환자의 일생을 돌아볼 기회를 박탈한다고 주장한다.

모든 환자에게는 평화롭고 품위 있는 죽음을 맞이할 권리가 있다. 환자의 욕구가 가족의 욕구와 정반대일 경우 가족들은 특별한 결단을 요구받게 된다.

환자의 존엄한 죽음을 맞을 권리가 우선시 되어야 한다는 것이다. 그런데 여기서 중요한 사실은 환자 자신이 육체적으로는 힘든 병을 앓고 있지만, 정신적으로 스스로를 위해 중대한 결정을 내릴 능력이 있을 때에만 인정해야 될 것이다.

더 치료를 받을 것인지 말 것인지는 환자의 뜻을 존중해서 결정해야 된다. P는 "삶을 연장시키는 것에 대한 희망만 이야기하지 말고, 진실을 받아들이기를 소망한다"는 마지막 말로 인터뷰를 마쳤다.

인생의 목적은 행복이다. 그러나 그 행복은 웰 다잉Well dying이어야 그 의미가 있다. Well dying은 저절로 오는 것이 아니다. 준비를 해야 한다. 웃음의 삶도 그 준비 중에 하나이다.

17

버킷리스트

죽음을 앞둔 두 남자가 죽기 전에 꼭하고 싶은 목록들을 적고 실행에 옮기기 위해 병원을 떠나 긴 여행길에 들어섰다. 한 남자는 병원을 열여섯 개나 가진 억만장자이고 또 한 남자는 한평생 가정의 생계를 위해 자동차 정비공으로 가족을 위해 헌신해온 사람이다.

둘 다 시한부 인생 판정을 받았는데 성격이 서로 맞지 않아 투닥거리며 같은 병실을 쓰기 싫어했다. 그런데도 억만장자는 정비공의 버킷리스트를 우연히 보고 함께 여행길을 떠나게 된 것이다.

그들은 3개월 동안 버킷리스트를 하나씩 실행에 옮기면서 잃어버렸던 삶의 열정을 되찾고, 오랫동안 연락을 끊었던 가족을 찾고, 돌보지 않고 방치했던 자아를 찾으며 인생의 의미를 깨달아간다.

영화 속의 메시지 중 우리가 인생에서 가장 많이 후회하는 것은 살면서 한 일들이 아니라 '하지 않은 일들' 이라고 한다.

후회하지 않는 삶을 살기 위한 목적으로 버킷리스트를 작성해서 실천해보는 것도 의미 있는 삶이 될 것이다.

독일의 어느 철학 교수가 학생들에게 백지를 주고 자기 인생에서 이룰 목표 10가지를 적어보라 하였다, 그런데 시간이 다 되어도 한숨만 쉴 뿐 한두 가지밖에 적지를 못했다. 다시 교수가 말했다.

"여러분의 인생은 이제 1년밖에 남지 않았습니다. 지금부터 버킷리스트를 써보세요."

그러자 그 말이 끝나기 무섭게 학생들은 10가지 이상씩 백지를 다 채웠다. 우리가 인생에서 이룰 목표는 언젠가 이루고 싶은 무언가로 막연하게 여기고 있지만 버킷리스트는 죽기 전에 당장 해야 할 무언가로 절박하게 받아들이기 때문이다. 내가 한 달 뒤에 죽는다고 생각하고 버킷리스트를 작성해보라. 그러면 알게 될 것이다. 내가 어떻게 살아왔으며, 남은 시간 동안 무엇을 해야 하며, 가장 소중한 것이 어떤 것이고, 가장 먼저 해야 될 것이 무엇인지 우선순위가 결정될 것이다.

생의 마지막 순간은 누구와 함께 보내고 싶은지, 시간이 얼마나 소중하고 빨리 가는지, 왜 이렇게 내가 살아왔는지, 가족관계, 친구관계는 어떻게 마무리해야 할지 모든 게 명료하게 떠오를 것이다. 나의 친구들 중에는 벌써 많은 이가 지구별을 떠났다. 죽음은 멀리 있다고 생각하지만 어느 불식간에 나를 찾아올지 모른다. 내가 짐작하는 것보다 훨씬 빨리 마주할지도 모른다.

버킷리스트의 어원은 중세 서양의 사형제도에서 나왔다고 한다. 자기 키보다 조금 높은 곳에 밧줄을 매단 뒤 양동이에 올라가 목을 밧줄에 걸면 양동이를 걷어차 사형을 집행하기도 하고 또한 자살의 한 방법으로도 사용되기도 하였다. 그래서 양동이를 걷어차다 "kick the bucket"에서 유래된 말이라고 한다. 이 말이 대중에게 널리 쓰이게 된 것은 2007년 개봉한 잭 니컬슨과 모건 프리먼 주연의 영화 "버킷리스트" 이후이다.

이 영화에서 두 주인공은 다음과 같은 버킷리스트를 작성해서 목록을 지워나가기도 하고 더해가기도 하면서 인생의 기쁨, 삶의 의미, 웃음, 통찰, 갈등, 우정을 나누어간다.

1. 장엄한 광경보기
2. 낯선 사람 도와주기
3. 눈물 날 때까지 웃기
4. 무스탕셀비로 카레이싱하기
5. 세상에서 가장 아름다운 소녀에게 키스하기
6. 몸에 영구 문신 새기기
7. 스카이다이빙하기
8. 프랑스 레스토랑에서 저녁식사하기
9. 홍콩여행하기
10. 인도 타지마할 방문하기
11. 피라미드 보기
12. 오토바이로 만리장성 일주하기
13. 세렝게티에서 호랑이 사냥하기
14. 자기 자신의 시신을 화장해 깡통에 담아 경관 좋은 곳에 두기

영화 "버킷리스트"는 시한부 인생에 대한 내용으로 비극적 결말로 끝날 수도 있었지만 자신들의 버킷리스트를 마무리하면서 비극적 결

말도 아니고 그렇다고 해피엔딩도 아닌 감동을 넘어선 깊은 삶의 울림을 주는 영화이다.

많은 이들이 이 영화를 보고 가장 기억에 남는 대사를 꼽으라면 정비사 카터가 에드워드에게 한 이집트의 전해오는 말이라고 한다.

사람이 죽으면 사후세계의 문 앞에서 두 가지 질문을 받는데

첫 번째, 살면서 얼마나 기쁘게 살았는가?

두 번째, 남에게도 이 같은 기쁨을 주었는가? 라는 질문이다.

우리 인생을 근원적으로 돌아볼 수 있는 질문이라고 생각된다.

나는 진정으로 행복한 삶을 살았는가? 그리고 남에게 행복을 주는 삶을 살았는가?

하하행복센터에서는 매년 3회씩 지도자 리더십을 위해 광릉 하하연수원에서 워크숍을 실시하는데 가장 여러 번 실행했던 과제가 버킷리스트 작성하기, 나의 비문 미리쓰기, 감사목록 100가지 이상 적어보기 등이었다. 우리가 삶에 대한 확고한 철학이 없으면 리더로서 바로서지 못한다. 삶의 목적과 의미를 다시 한 번 고양시키고 확실히 주입시키기 위한 과제이다.

영화 "버킷리스트"에서도 눈물 날 때까지 웃기 항목이 있는데 이렇게 웃다보면 스스로에게 주어진 삶의 목적과 의미를 자연스럽게 깨닫게 되는 것을 볼 수 있다.

그래서 하하센터를 통해 자신의 기쁨을 회복하고 타인에게도 기쁨을 주는 삶으로 자연히 들어오게 되는 것이다.

나의 버킷리스트! 지금 당장 백지 위에 써내려 갑시다.

18

살아있네

몇 년 전 친구가 췌장암으로 먼저 하나님 나라로 갔다. 그가 호스피스 병동에 있을 때 몇 번 면회를 갔었다. 그는 이생에서 마지막 이별을 고하기 며칠 전 이런 이야기를 했다.

"지금 생각해보면 나는 나로서 살지 못했네. 어릴 때는 계모 눈치 보느라 나로서 살지 못했고, 학창시절에는 선생님, 선배 친구들 눈치 보느라 내 삶을 살지 못했고, 회사 다니면서는 직장 상사나 후배들 눈치 보느라 내 삶을 살지 못했고, 내가 회사를 운영할 때는 바이어들과 직원들 눈치 보느라 진정 내 삶을 살지 못했네. 이제 나의 삶을 정리하면서 느끼는 건데 만일 나에게 새로운 삶이 주어진다면 나는 리얼 크리스천으로 나의 재능과 나의 수고와 나의 물질들을 아끼지 않고 나누며 봉사하면서 세상을 살고 싶네."

처음에는 잘 와 닿지 않았으나 점점 나의 삶에 깊은 울림이 되어 정말 귀한 충고로 내 마음속에 새기며 살고 있다. 결국 친구는 자기 자신으로 살지 못하였음을 뒤늦게 후회하였던 것이다. 그리고 나눔의 삶을 별로 못 한 것을 못내 아쉬워하였다. 한번 주어진 인생을 진정으로 의미 있게 보내지 못하였음에 대한 회한이었던 것이다.

착한 나, 능력 있는 나, 존재감 있는 나, 인정받는 나, 칭찬받는 나, 인기 있는 나로 살아가도록 세상의 보이지 않는 손에 의해 조종당하는 꼭두각시 같은 인생을 살아가는 이들이 너무도 많다. 이런 삶은 살아있어도 진정으로 살아있다고 할 수 없다. 살아있다는 것은 자기 자신으로 존재함일 것이다. 우리가 숨 쉬고 말하고 먹고 듣고 일하고 느끼고 여기저기 옮겨 다닌다고 살아있는 것은 아니다.

훌륭했던 아버지 목사님만큼이나 성도들의 존경을 받는 아들 목사님이 있었다. 사람들은 아들 목사님을 칭찬했다.

"목사님은 정말 아버지 목사님을 꼭 빼닮았어요, 목소리나 설교하시는 모습이 너무 똑같아요."

그러자 아들 목사님이 대답했다.

"맞습니다. 전 아버지를 꼭 빼닮았지요. 왠지 아세요? 우리 아버지는 세상 어느 누구와도 닮지 않았지요. 그분은 복사판이 아니었어요. 저도 세상 누구와 닮지 않고 복사판 인생으로 살아가지 않으려 해요. 이점에서 아버지와 쏙 빼닮았지요."

내 안에서 울려나오는 나를 조종하고 있는 생각들은 모두 던져버려야 한다. 나는 나만의 길이 따로 있다. 항상 나 자신으로 존재할 때 진정으로 살아있는 것이다.

제주도로 여러 번 여행을 간 적이 있다. 아름다운 풍광에 이국적 정취, 신선한 공기… 모든 것이 좋았다. 처음 몇 번은 친지들에게 보여주고 또 기록에 남기기 위해 사진을 찍느라 분주하게 보냈기 때문에 제대로 즐기지 못하였다. 그리고 나중 두 번은 카메라를 가져가지 않았다. 투어버스나 택시를 이용하지 않고 차를 렌트하여 마음 내키는 대로 가고 오로지 그 시간에 시야에 들어오는 풍광, 그곳에서 들려오는 소리에만 집중하며 여행을 했다.

지금도 마음에 남는 것은 사진이 아니라 지금 여기에 집중했던 두 번의 여행이었다. 차귀도의 일몰, 영화 박물관 체험, 성산일출봉의 일출, 주상절리의 파도, 우도 백사장, 윗세 오름, 영실의 풍광들… 모두 모두 그 순간 그곳에서의 기쁨을 온몸으로 받아들이는 여행이었기에 다시 한 번 살아간다는 것이 지금 여기에 있음을 깨우쳐 주었다고 생각한다.

레스토랑에서 식사할 때 SNS 친구들에게 보여주기 위해 사진을 찍는다거나 휴가를 가서 기록 남기기에 온 정신을 팔다 보면 지금 여기를 놓치는 일이 많다.

우리는 흔히 속고 살 때가 많다. 그중 하나가 "내일 나는 행복할 것이다"이다.

우리 때는 중학교도 시험이 있어서 중학교만 합격하면… 또 고등학교만 합격하면… 또 대학교만 들어가면 제대로 살고 행복할 것이라고 생각했다. 그리고 대학에 들어간 후에 좋은 직장에만 들어가면… 결혼만 하면… 제대로 살고 행복할 것이다로 미룬다.

그러나 그 후는 아이들만 다 크면… 아이들 시집, 장가 다 보내면… 내가 직장에서 은퇴만 하면 근사하게 제대로 살겠다고 또 미룬다.

결국은 우리는 제대로 한번 살아보지 못하고 한 번뿐인 이 세상과 이별하기 십상이다. 지금 여기의 삶을 놓쳐서는 안 된다.

나이 많은 뱃사공이 성지 순례자들을 태우고 건너편 신전을 향해 가고 있었다. 그 순례자들 가운데 한 사람이 뱃사공에게 물었다.

"당신은 건너편 신전에 많이 가 보았겠구려?"

뱃사공이 대답했다.

"아니요. 가 보지 못했지요."

계속해서 뱃사공이 말을 했다.

"저는 이 강물이 내게 보여주는 것도 아직 다 못 보았거든요. 이 강에서 나는 지혜를 보았고 평화를 찾았고 하나님을 만났답니다."

그러나 순례자들은 온통 마음이 건너편 신전에 가 있었기 때문에 강물이 눈에 들어오지 않았다.

지금 우리들 삶의 모습과 비슷하다. 지금 여기에는 관심이 없고 아직 오지 않는 미래에 온 정신이 팔려있는 것이다.

2006년 1월 1일부터 웃기로 작정한 후 실제로 매일매일 웃으며 생활하니 많은 것들이 달라졌다. 나 자신 육체의 질병을 치유했고 마음의 상처들을 회복했고 세상을 살아가는 귀한 지혜들을 많이 깨닫게 되었다. 그중 가장 중요한 것이 진정으로 살아있음을 깨닫고 강의를 통해서 또 하하웃음행복센터를 통해서 많은 이들과 나누고 있는 것이다.

진정 살아있다는 것은 나 자신이 되는 것, 지금 있는 것, 여기에 있는 것임을 웃다 보니 터득하게 된 것이다.

그래서 지금도 웃는다 하하하하…….

살아있네. 하하 오혜열이…….

19

행복한 부자

탈무드에 있는 이야기이다. 어떤 사람이 랍비에게 달려가서 말했다.

"선생님 도와주세요. 제 집안 형편이 어려워 마누라와 자식들과 조카까지 모두 방 한 칸에서 겨우 살고 있답니다. 지옥이 따로 없어요."

랍비가 웃으며 말했다.

"좋아. 도와주지, 그런데 한 가지만 내가 시키는 대로 하겠다고 약속해야 하네."

"약속합니다. 하고말고요! 말씀만 하십시오."

"자네 집에 가축이 몇 마리 있는가?"

"암소 한 마리, 염소 한 마리, 그리고 병아리 여섯 마리가 있습니다."

"그것들을 모두 방에 들여서 함께 살다가 한 주간 뒤에 오시게."

그는 의심스러웠지만 랍비의 말에 따르기로 약속하고 집으로 돌아갔다.

가축들까지 한방에 들여 어렵고 힘들게 한 주간을 보내고 잔뜩 낙심이 되어 랍비에게 가서 말했다.

"지옥이 따로 없습니다. 숨이 막히고 미칠 지경입니다. 도대체 저에게 왜 이런 요구를 하신 거예요?"

랍비가 다시 말했다.

"이번엔 가서 짐승들을 모두 내보낸 다음 한 주간을 살고, 뒤에 다시 오게나."

한 주 뒤 랍비를 만나러 온 그의 얼굴은 환하게 빛나고 있었다.

"선생님, 감사합니다. 천당이 따로 없어요. 제 집이 바로 낙원입니다."

어떤 여건에서라도 감사할 줄 안다면 행복의 비결을 발견한 것이다. 상황은 바뀌지 않았지만 마음이 바뀐 것이다.

수행을 많이 한 훌륭한 선사가 산기슭에서 가난하게 살았다. 어느 날 도둑이 그의 집에 물건을 훔치러 들어왔다. 아무리 둘러보아도 훔쳐갈 만한 물건이 눈에 들어오지 않았다. 때마침 외출했다가 돌아온 선사는 도둑을 발견하고 이렇게 이야기했다.

"그대가 먼 길을 걸어서 여기까지 왔는데 그냥 빈손으로 돌려보낼 수는 없지. 자! 이게 나에게 있는 전부일세!"

그리고는 하나밖에 없는 옷과 담요를 도둑에게 주었다. 깜짝 놀란 도둑은 엉겁결에 옷과 담요를 들고 도망을 갔다. 그가 떠난 뒤 집주인은 문간에 서 있다가 하늘에 떠있는 둥근 달을 보며 혼자 중얼거렸다.

"딱한 친구, 저 밝은 달까지 줘서 보낼 수 있었다면 더 좋았을 것을……."

'나는 얼마나 행운아인가?', '이 모든 일이 얼마나 고마운 일인가?' 스스로에게 이렇게 말하는 사람은 행복하다. 고마워하면서 행복하지 않기란 불가능에 가깝다.

어제 있었던 일을 기억나는 대로 하나하나 떠올리며 차례로 말해보라.

"고맙다!" "나는 행운아야." "그런 일이 있어 얼마나 다행인가."

불쾌한 일이 떠오를 때는 "내게 무슨 좋을 선물을 주려고 그런 일이 있었던 거야."

이렇게 생각하며 감사의 연습을 계속하면 행복해지지 않을 수 없을 것이다.

마을을 지나는 어느 수도승에게 농부가 달려갔다. 그리고 수도승에게 말했다.

"선생님, 가지고 계신 보물을 저에게 주세요."

수도승이 묻는다.

"무슨 보물을 말하는 거죠?"

그가 수도승에게 말했다.

"지난밤 하나님이 나에게 말씀하셨지요. '내일 수도승 하나가 이 마을을 지날 것이다. 그에게 가지고 있는 값진 보물을 달라고 하여라. 그가 그것을 너에게 주면 너는 이 나라에서 제일가는 부자가 될 것이다' 자, 그러니 어서 그 보물을 나에게 주시오!"

수도승은 보따리를 뒤져 사람주먹만한 이 세상에서 가장 큰 다이아몬드를 꺼내 주었다.

"이 돌을 말하는 거요? 자, 어서 가지시오."

그 농부는 다이아몬드를 받아들고 급히 집으로 달려갔다. 그런데 그 시간부터 그는 마음이 불안하고 그날 밤이 새도록 편안하게 잠을 이루지 못했다. 이튿날 아침. 그 농부는 늦게까지 자고 있는 수도승을 급히 깨웠다.

"여기 당신 돌을 도로 가져왔소, 받으시오. 대신에 이런 보물을 아무렇지 않게 내어 줄 수 있는 당신의 그 마음의 부를 내게 주시오."

그렇다 진짜 귀중한 보물은 다이아몬드가 아니라 그것을 포기하고 다른 이에게 줄 수 있는 그 마음이다.

욕심과 집착을 버리고 감사한 마음으로 살아간다면 행복하지 않을 수가 없다. 이것이 행복을 찾는 사람들이 가져야 하는 가장 큰 조건이다.

웃음의 본질은 감사와 사랑, 그리고 자존감이다. 우리가 마음으로부터 진실 된 웃음을 웃으려면 감사하는 마음, 사랑하는 마음으로 가득 차 있어야 한다. 그리고 그런 마음이 우리를 행복의 길로 안내한다.

웃음은 우리 삶에 귀중한 다이아몬드와 같다. 이 웃음을 이웃에게 조건 없이 줄 수 있는 그 마음을 가진 사람이 정말 가장 큰 부자이며 행복한 사람일 것이다.

"웃음 없이 부자 된 사람 없고 웃음을 가지고 가난한 사람도 없다" 라는 데일 카네기의 시구를 다시 한 번 음미해 본다.

제3부

치유

하하웃음행복센터의 많은 환자 치유를 통해 가장 효과를 보는 것이 웃음요법이다. 그냥 일단 웃는 것이다. 웃는다는 것은 참 좋은 이완요법이고 긍정적, 희망적 사고로 전환시켜 사건에 대처하는 능력을 키워 주며 생활습관마저도 정직하고 성실하고 건강하게 바꾸어 주는 참으로 좋은 요법이다.

웃다 보면 오늘, 지금, 이 순간을 잘 지내는 방법을 터득할 수 있다. 인간인 이상, 미래의 걱정, 근심, 불안 초조에서 쉽게 벗어날 수는 없다. 그러나 의도적으로라도 한바탕 웃고 나면 떨쳐버릴 수가 있다.

1

스트레스 관리

WHO(세계보건기구)에서 21세기 인류 건강의 최대의 적으로 지목한 것은 무엇일까? 에이즈AIDS도 아니고 현재 세계를 공포로 몰아넣고 있는 에볼라 바이러스도 아니다. 물론 사스나 조류독감도 아니다.

그러면 무엇일까? 그것은 직업적 스트레스이다. 밖에서 침입하는 바이러스가 최대의 적이 아니고 우리 내부에서 일어나는 걱정, 근심, 불안, 두려움 등의 스트레스가 최대의 적이라는 것이다.

영어로 걱정은 worry이며 이 단어의 뿌리를 찾아보면 "목을 조르다", "숨이 막히다"라는 뜻이라고 한다. 우리말로 걱정의 뿌리는 "마음을 졸이다", "속을 태운다"는 뜻도 있다고 한다.

걱정은 인류 역사와 함께 있어 왔고 점점 더 치명적으로 나타난다. 걱정은 몸 안에서 번지는 불길을 닮았다. 밖에서 일어난 불이라면 여러 가지 방법을 동원해 충분히 끌 수 있겠지만 안에서 일어나는 불길은 안에서 쥐고 흔드니 여러 가지 새롭고 다른 대처 방법이 필요하다.

우리가 받는 스트레스라는 개념을 의학에 처음 적용시킨 사람은 캐나다의 내분비의학자 한스 셀리이다. 그는 스트레스 요인이 지속되면 질병으로 발전할 수 있다고 주장했고 그는 스트레스를 두 종류로 나누어 좋은 스트레스eustress와 나쁜 스트레스distress로 구분하였다.

당장에는 부담스럽더라도 적절히 대응하여 자신의 향후 삶에 더 좋은 결과를 가져올 수 있는 스트레스는 좋은 스트레스로 보았고, 자신의 대처나 적응에도 불구하고 우울이나 불안 등의 증상을 일으킬 수 있는 스트레스를 나쁜 스트레스로 구분하였다. 현대 사회에서 스트레스란 대부분이 나쁜 스트레스로 통용하게 되었다.

누구나 일생을 살아가는 동안 스트레스를 받지 않을 수는 없다. 이 스트레스는 어떤 내적, 외적 변화로부터 시작되어 정신과 신체에 변화와 반응을 일으키게 된다. 이럴 때 새로운 상태, 새로운 상황에 맞추어 새로운 균형을 잡는 것이 필요하다. 이렇게 재적응에 성공하여 새로운 균형을 맞출 수 있으면 건강과 미래에 도움이 되는 좋은 스트레스가 되는 것이고, 재적응에 실패하여 새로운 균형이 깨진다면 이는 나쁜 스트레스가 될 것이다.

스트레스를 일으키는 외적 요인으로는 소음, 빛, 열, 더위, 닫힌 공간, 편리함의 감소 등 물리적 환경으로 인한 것이 있다. 또한 타인의 무례함, 명령, 공격적인 태도, 괴롭힘 등과 같은 사회적 관계에 기인하는 것도 있다. 또 생로병사, 경제적 변화, 실직, 실업실태, 승진, 결혼, 이혼, 사별, 별거 또는 예상 못 한 사건, 예를 들면 분실, 고장, 출퇴근 혼잡 등의 개인적 사건 등이 스트레스를 일으키는 원인이 되기도 한다. 하여간 우리가 살아가면서 겪는 삶의 사건은 스트레스에 많은 영향을 미친다.

삶의 사건과 스트레스 지수를 살펴보면 배우자 사망을 100으로 기준할 때 이혼은 73정도이고 투옥이 63정도이다. 이어서 질병에 걸리는 건 55, 결혼도 스트레스 지수가 높아 50정도이며, 실직의 경우 47, 퇴직, 은퇴는 44, 임신, 출산은 39, 부채는 31, 상사와의 갈등은 23정도라고 한다. 또한 생활습관이 스트레스의 주요 원인이 되기도 한다. 흡연, 음주, 수면 부족, 과도한 스케줄 등이 그것이다.

내적 요인으로 가장 크게 스트레스를 받는 것은 자신의 왜곡된 인지이다. 즉 비관적 생각, 과도한 흥분, 극단적인 부정적 생각, 자기 비난, 부정적 자기 해석, 경직된 사고 등이 이에 속한다. 또한 완벽주의나 일중독 등 개인의 특성도 스트레스의 주요 원인 중에 하나가 될 것이다.

이들 스트레스가 심해지면 불안, 초조, 걱정, 근심 등의 증상이 발생하고 점차 우울 증상으로 발전하여 정신, 심리적 질병을 유발할 뿐 아니라 우리 몸의 기관인 근골격계, 신경계, 위장관계, 심혈관계에 걸쳐 골고루 건강에 아주 나쁜 영향을 미치게 된다. 특히 면역계에 아주 심각한 영향을 주어 만병의 원인이 된다.

이상과 같이 디스트레스는 21세기에 우리 건강을 위협하는 최대의 적이다. 이를 이겨 내고 관리하는 방법으로는 규칙적이고 건강한 생활습관(식습관, 수면습관, 운동습관)을 가지고 문제 해결을 위해 적극적이고 긍정적, 희망적 사고로 늘 대응하여야 한다. 그리고 중요한 대처 방법 중에 하나로 이완요법을 들 수 있다. 명상, 복식호흡, 가벼운 체조에 의한 근육이완요법 등이 이것에 속한다.

필자가 하하웃음행복센터의 많은 환자 치유를 통해 가장 효과를 보는 것이 웃음요법이다. 그냥 일단 웃는 것이다. 웃는다는 것은 참 좋은 이완요법이고 긍정적, 희망적 사고로 전환시켜 사건에 대처하는 능력을 키워 주며 생활습관마저도 정직하고 성실하고 건강하게 바꾸어 주는 참으로 좋은 요법이다.

스트레스 관리는 웃음요법으로 잘 해나갈 수 있고 단기간에 좋은 성과를 거둘 수 있다.

2

나의 생각이 바로 나입니다

다음은 데일 카네기가 걱정을 멈추고 즐겁게 사는 방법을 이야기하며 예로든 어느 성공한 사업가의 사례이다.

“저는 살아가면서 모든 것이 걱정 덩어리였습니다. 너무 말라서 죽을까봐, 머리가 다 빠져서 머리카락 없는 대머리가 될까봐, 내가 결혼하고 싶은 여자가 나를 버리고 갈까봐, 좋은 아빠가 되지 못할까봐, 다른 사람에게 비춰지는 저의 인상이 너무 약해 빠져 보일까봐, 이러다가 위궤양으로 중병에 걸릴까봐, 세상의 모든 근심 걱정을 끌어안고 사는 저의 모습에 더 이상 견딜 수가 없었습니다. 그래서 직장에서도 더 일할 수 없게 되어 사표를 냈습니다.

마치 안전밸브가 없는 보일러 같아서 언젠가는 압력을 견딜 수 없어 폭발할 것 같은 두려움에 사로잡혔습니다. 세상을 살아갈 힘도 다 소진되어 심한 신경쇠약으로 가족과 대화도 나눌 수 없었습니다.

하루하루 살아간다는 것이 견딜 수 없는 고통의 연속이었습니다. 심지어 강으로 뛰어들어 자살할 생각도 참 많이 했습니다. 도저히 견딜 수 없어 환경을 바꾸기로 했습니다.

집에서 멀리 떠나 여행을 하기로 했죠. 남쪽 바닷가를 여행하면서 저는 폐인같이 돌아다녔습니다. 그러나 근심 걱정은 나를 떠나지 않고 따라다녔습니다. 떠나올 때 아버지가 주신 편지가 생각났습니다. 그래서 가방 깊숙이 넣어둔 아버지의 편지를 꺼내 읽기 시작했습니다.

"아들아, 너는 집에서 멀리 떨어진 곳에 있어도 역시 근심 걱정은 너를 떠나지 않을 것이다. 그렇지 않니? 나는 그 이유를 알고 있단다.

너는 모든 고통의 원인을 너와 함께 네가 가져갔기 때문이다. 너의 육체나 정신은 아무런 이상이 없다. 너를 힘들게 하는 것은 네게 닥쳐오는 현실의 상황들이 아니다. 그런 상황들에 대한 너의 생각이 너에게 고통을 안겨주는 것이다. 사람이 마음속으로 생각하는 것, 바로 그것이 그 사람이다.

고통의 생각을 네가 가지고 다니는 한 너는 언제나 고통 속에서 있을 것이다. 생각을 내려놓을 수 있다는 깨달음이 올 때 그래서 네가 고통 받는 사람으로부터 벗어날 수 있다는 깨달음을 느낄 때 집으로 돌아오너라. 그때는 너는 다 나았을 것이다."

저는 아버지의 편지를 보자마자 더욱 화가 났습니다. 아버지의 훈계를 견디기 힘들었죠. 지금 저에게 필요한 건 훈계가 아니라 동정심이라고 생각했거든요. 그래서 절대 집으로 돌아가지 않겠다고 마음먹었습니다.

며칠을 더 방황하다가 저는 마땅히 갈 곳도 없고 해서 마을의 조그만 교회에 들어가게 되었지요. 그때 목사님 설교 말씀 중에 이 한 마디가 나의 마음에서 떠나지 않았습니다. "자기 마음을 다스릴 줄 아는 사람은 전쟁에 이겨서 견고한 성을 손에 넣는 사람보다 강하다"는 말씀이었습니다.

밤을 새워가며 저는 생각을 해 보았습니다. 그리고 저는 그동안 제가 얼마나 바보처럼 살아왔는지 깨닫게 되었습니다. 저 자신을 돌아보면서 나 자신만의 울타리 속에서 벗어나지 못했다는 것을 깨달을 수 있었습니다. 저는 온 세상이 변하기를 바라고 있었고, 세상 사람들이 모두 변해야 된다고 생각하고 있었습니다. 제 생각만 바뀌면 온 세상이 바뀌고 모든 사람들이 변화되는 것을 깨닫게 된 것입니다. 저는 짐을 꾸려 다시 집으로 돌아왔습니다. 일주일 뒤에 다시 일을 할 수 있게 되었습니다.

그리고 4개월 후에는 헤어질까봐 두려워했던 여자와 결혼을 했습니다. 걱정 근심의 생각을 내려놓고 내 스스로 마음을 다스릴 줄 아니 세상은 급속도로 변하게 되더군요. 저는 지금 다섯 아이를 둔 행복한 가정을 이루었습니다. 신경쇠약에 걸렸을 때 저는 열댓 명을 관리하는 야간 감독관 일도 버거웠는데 지금은 450명을 감독하는 공장의 공장장입니다. 삶은 더 충만하고 호의적이며 인생의 진정한 가치를 이제는 압니다. 다시 걱정의 순간이 다가오려고 하면 저는 다른 이에게 초점을 맞추지 않고 제 자신에게 초점을 맞추려고 노력하고 그러면 모든 것이 정상으로 돌아오는 걸 느낍니다.

저는 정말로 제가 신경쇠약에 걸렸던 게 다행이라고 말할 수 있습니다. 그로인해 우리 생각이 우리 정신과 육체에 어떤 영향을 주는지 알게 되었기 때문입니다. 이제는 제 생각들을, 저를 거스르는 것이 아니라 저를 위한 좋은 협력자로 만들 수 있습니다.

외적 상황들이 고통을 일으키는 것이 아니라 그 상황들에 대한 저의 생각이 고통의 원인이라는 것을 깨닫게 되자마자 저는 치료되었고 다시는 그 고통에 빠지지 않게 되었습니다."

고통은 우리들의 생각이 일으키는 것이다. 그것을 알기 때문에 우리는 여유 있는 웃음을 나 자신에게 보낼 수가 있다. 누구든 고통이 밀려올 때마다 일부러라도 크게 웃기를 권한다. 웃다 보면 마음의 평화와 삶의 기쁨을 다시 가져올 수 있다.

외부 조건들 즉 우리가 있는 곳, 우리가 가진 것, 우리가 누구인지에 따라 행복해지는 것은 아니다. 전적으로 우리의 정신자세에 따라 달려 있다. 그래서 웃음으로 그것을 표현하는 여유를 누리고 살아 보자.

우리의 정신자세가 육체적 · 정신적 에너지를 통제하고 있다. 그것을 아는 것이 우리 삶에서 가장 강한 장점을 가지고 사는 것이다.

3

모래시계

2차 세계대전 시 미국 육군의 유해 발굴단에서 연합군과 적군의 시신 발굴을 하던 병사가 있었다. 그는 전사자들의 개인 소지품을 수거해서 그들의 부모나 친척들에게 보내는 일을 했다.

그는 이 일을 담당하며 중대한 실수를 저지를까봐 늘 걱정 속에서 하루하루를 보냈다. 그러다가 '경련성 가로결장' 이라는 병명의 진단을 받았다. 극심한 고통이 그를 괴롭혔다. 걱정 때문에 몸무게도 15kg이나 줄어들었다. 거의 뼈와 가죽만 남은 상태로 말랐고 그의 정신 상태는 미친 사람 같았다. 너무나 자주 울음을 터트려 정상적으로 회복이 될 수 있을까? 할 정도로 희망을 거의 포기할 정도였다. 결국 그는 군병원에 입원을 해야 했다.

한 군의관이 그의 상태를 꼼꼼히 검사해 보더니 그의 문제가 마음의 병이라는 결론을 내리고 그에게 이렇게 충고해 주었다.

"당신의 삶을 모래시계라고 생각해 보세요. 모래시계 위쪽에 수천 개의 모래알이 있다는 것을 당신도 알 겁니다. 그 모래알들은 천천히 그리고 일정하게 가운데 있는 잘록한 부분을 통과하죠. 당신과 나 그리고 모든 사람들은 이 모래시계와 같아요. 아침에 눈을 뜨면 처리해야 할 일들이 산더미처럼 쌓여 있죠. 그렇지만 모래알들이 모래시계의 좁은 구멍을 통과해야 하듯 그 일들도 천천히 일정하게 처리해야만 합니다. 만일 그렇게 하지 않으면 우리의 육체나 정신은 무너져 버리죠."

그는 군의관의 말을 들은 후부터 모래시계의 원리를 인생의 중요한 교훈으로 생각하게 되었고 이 교훈을 삶에 그대로 적용하게 되었다.

"한 번에 모래 한 알, 한 번에 한 가지 일."

그래서 나머지 전쟁기간 동안 정신적으로 안정을 찾고 무사히 제대할 수 있었다. 그리고 직장에서 이 원리를 실천했다. 출근하면 스무 가지 이상의 처리할 일이 쌓여 있고 시간에 늘 쫓기고 마음은 초초해졌지만 "한 번에 모래 한 알, 한 번에 한 가지 일"을 마음속으로 계속 새기며 차근차근 일을 처리하였기 때문에 혼란과 어지러운 감정에서 헤어나 업무를 잘 처리할 수 있었고 회사의 높은 지위까지 오를 수 있었다.

"우리의 주된 임무는 저 멀리 희미하게 보이는 것을 보는 것이 아니라 당장 눈앞에 또렷이 보이는 것을 실천하는 것이다."

토마스 칼라일의 말이다. 오늘에 충실하라는 말이다.

사실 미래를 걱정하는 사람들에겐 걱정이나 근심, 정신적 고통, 정력 낭비 등등의 무의미한 일들이 따라다닌다.

미래는 없고 현재 바로 오늘만이 우리에게 존재하는 것이다.

실체가 없는 미래를 생활 속에 붙잡아 와서 오늘을 힘들게 살 필요가 없다. 그래서 성경 말씀에도 내일 일을 염려하지 말라고 예수는 이야기했다.

"그러므로 내일 일을 위하여 염려하지 말라. 내일 일은 내일 생각할 것이요. 한 날의 괴로움은 그날로 족하니라."

내 등의 짐이 아무리 무겁다 할지라도 누구나 그날 밤이 될 때까지는 견딜 수 있다. 자기가 할 일이 아무리 힘들더라도 하루 동안 할 일은 누구나 할 수 있다. 마음만 먹으면 하루해가 지기 전까지 참을성 있게, 성실하게, 기분 좋게, 순수하게 살 수 있고 결국은 이것의 연속이 우리 인생의 행복인 것이다. 이것이 우리 삶의 의미이며 날마다 새롭게 태어나는 방법이다. 우리는 알고 있다. 현재에 사는 법을 알면 한 번에 하루를 사는 것이 그리 어렵지 않다는 것을…….

현명한 사람에게는 하루하루가 새로운 삶이 된다. 어제를 잊고 내일을 생각하지 않는 사람이 현명한 사람이다. 더 이상 미래에 대해 불안해 하거나 걱정하지 말자. 오늘만 잘 살자.

웃다 보면 오늘, 지금, 이 순간을 잘 지내는 방법을 터득할 수 있다. 인간인 이상, 미래의 걱정, 근심, 불안 초조에서 쉽게 벗어날 수는 없다. 그러나 의도적으로라도 박장대소, 요절복통, 파안대소, 포복절도 등으로 한바탕 웃고 나면 떨쳐버릴 수가 있다.

그래서 웃음은 오늘을 바르게, 정직하게, 살아가게 한다. 웃어라. 웃으면 웃을 일이 자주 생기고, 오늘을 사는 지혜를 얻게 될 것이다. 웃음 시작! 우하하하.

4

웃음요법

아보 도오루는 NK세포, T세포 등을 연구한 세계적 면역학자이며 의사이다. 어느 날 그에게 한 남성 환자가 딸의 손에 이끌려 내원을 하였다. 그는 툭하면 죽고 싶다고 말하면서 가족들을 괴롭혀 왔는데 이젠 가족들도 지쳐 신경증 증세가 있을 정도였다. 내원 당시 그는 매우 불안정한 상태였고 잠시도 홀로 둘 수 없을 정도로 불안증은 심하였다.

그는 밤에 일하고 낮에 자야 하는 밤낮이 뒤바뀐 업무로 인해 몇 년 전부터 심한 불면증으로 고생하고 있었다. 자세히 관찰하니 호흡 리듬도 고르지 않고 거친 입 호흡을 하고 있었으며 실제로 병원에서 무호흡증후군 진단을 받은 경력도 있었다. 얼굴은 완전히 무표정했고 적대감을 모든 사람에게 드러내 병원에서도 특별한 관리가 요청되었다.

그에게 2개월 동안 치료와 상담을 계속하면서 의료진은 알게 되었다. 그에게 가장 뛰어난 치료방법은 산책과 호흡법과 웃음체조였다. 이 3가지 요법을 매일 반복하는 동안 그의 딱딱한 표정은 부드러워졌고 어느 덧 웃음 띤 얼굴로 농담까지 할 수 있게 되었다.

치료를 시작하고 2개월이 지나면서 그는 스스로 신경안정제 복용을 중단했는데 오랫동안 복용하던 약을 갑자기 끊게 되자 극심한 금단 현상과 이명 현상이 찾아왔다. 일주일 이상 계속된 두통과 고통스런 나날을 잘 극복하였고 금단 현상이 사라지자 마침내 숙면을 취하고 마음의 안정을 되찾게 되었다.

우리 몸의 신경계 중 자율신경은 우리의 의지와 관계없이 신체의 여러 기능을 조절한다. 우리 몸의 모든 장기나 내분비기관들은 모두 이 자율신경의 통제 속에 우리 몸을 작동시킨다. 그렇지만 자율신경을 의식적으로 조절할 수 있는 방법이 하나 있는데 바로 호흡법이다. 이 호흡법을 이용하면 교감신경과 부교감신경의 활성 조절이 가능하다.

숨을 들이쉬면 교감신경이 우위가 되고 내쉬면 부교감신경이 우위가 된다. 때문에 스트레스로 심한 긴장 상태에 놓이면 얕고 빠른 호흡을 하게 되고 심신이 편안한 상태에 놓이면 깊고 느린 호흡을 하게 된다. 그렇기 때문에 얕고 빠른 호흡을 의식적으로 하여 교감신경이 우위인 상태를 만들 수 있으며 깊고 느린 호흡을 하여 부교감신경을 우위로 만들 수도 있다.

이렇게 부교감신경을 우위로 만들기 적당한 호흡이 복식호흡이다. 복식호흡은 아랫배가 불룩해지도록 숨을 들이쉬었다가 배가 푹 꺼지도록 깊은 숨을 내쉬는 호흡법인데 반드시 코로 숨을 쉬어야 하며 숨을 내쉴 때는 들이쉴 때보다 2배 이상 천천히 끝까지 길게 숨을 내쉬어야 한다. 이렇게 복식호흡을 하면 부교감신경이 활성화되어 마음이 편안해진다. 따라서 화가 치밀 때나 긴장이 될 때, 불안한 마음이 들 때 이 복식호흡을 하면 불필요한 스트레스도 피하게 되고 자율신경의 불균형도 예방할 수 있다. 또한 부교감신경이 활성화되면 림프구가 증가하여 면역력도 향상된다. 따라서 난치병을 치료하는 데는 복식호흡으로 면역력을 높이는 생활습관을 가져야 좋다.

입으로 호흡을 하느냐 코로 하느냐 하는 것도 자율신경에 미치는 영향이 달라진다. 즉 입으로 하는 호흡은 얕은 흉식호흡이기 때문에 교감신경이 우위로 될 확률이 높고 밤에 잘 때 입으로 호흡하게 되면 교감신경이 자극을 받아 숙면을 취하기 어려워지는 현상이 오기도 한다.

또한 입으로 호흡을 하게 되면 림프구가 모이는 면역기관의 하나인 목의 편도에도 세균 침투가 더 용이하게 된다. 세균들이 점막을 자극하거나 면역 과잉반응을 일으키는데 이 때문에 발생하는 질환이 바로 알레르기 질환이다. 실제로 천식, 아토피 피부염, 꽃가루 알레르기 환자들은 대개 입으로 호흡하는 것을 볼 수 있다.

그런데 가장 좋은 호흡법은 길고, 크게 온몸으로 웃는 것이다. 자연히 복식호흡이 될 뿐 아니라 횡격막을 최대로 밀어올리고 최대로 내려 가장 깊고 긴 복식호흡을 하게 하는 것이다. 그리고 웃을 때는 20여 가지 이상의 쾌감 호르몬이나 아세틸콜린 같은 신경 전달물질이 다량 분비되어 자율신경에 직접적인 영향을 미치게 하는 것이다.

정신적 불안이나 고민을 해소하고 우울증과 같은 심인성 질병치료에 웃음이 매우 효과적이다. 그리고 웃으면 좋은 유전자 스위치가 ON이 되고 나쁜 유전자 스위치는 OFF 상태가 된다는 것도 이미 알려진 사실이다. 그래서 앞에 소개한 환자에게 호흡법과 웃음체조가 가장 효과가 뛰어난 치유방법으로 아보 도오루는 소개하고 있다.

하하웃음행복센터에 오는 이들 중에도 우울증이나 각종 염증, 통증, 또 난치병을 웃음요법으로 치유한 사례가 많이 있다.

요체는 웃음이 면역력을 높이는 것이다. 웃으면 특히 암세포를 공격해서 섬멸시키는 NK세포 활성도가 매우 높아진다. 웃으면 부교감신경을 우위로 작용하게 하여 면역력이 높아진다. 웃으면 흉선을 자극해 강한 T세포를 만들어 낸다. 웃음요법은 부작용 없이 모든 질병에 적용할 수 있는 비방인 것이다.

누가 뭐래도 내 몸은 내가 지켜야 한다. 모든 국민이 하루 10분 이상씩 꾸준히 웃는다면 면역력은 매우 높아져서 대한민국 환자 수가 반이하로 줄 것이다.

5

암세포의 천적

과학이 발전하고 세상은 편리해졌어도 암은 지속적으로 발병률이 높아지고 있다. 필자가 운영하고 있는 하하웃음행복센터에 오시는 분들 중엔 약 25%가 암환우이다.

처음에는 자신의 병명을 이야기하지 않아 알 수 없지만 웃음으로 암을 치유한 사례를 발표하게 되면 개인적으로 와서 질문하거나 공감을 표시하면서 자연히 자신의 이야기를 한다. 그리고 반신반의한다. "웃어서 암이 치유될 수 있느냐?"고 묻는다.

우리 몸에는 이미 치유의 프로그램이 다 준비되어 있다. 이 치유 프로그램을 우리는 면역체계라고 부른다. 1차, 2차, 3차의 면역 시스템을 이야기하는 것이다. 그래서 면역력이 높은 이들은 질병에 잘 걸리지 않고 걸려도 치유할 수 있는 능력이 있게 된다.

그러나 면역력이 낮은 이들은 각종 질병에 쉽게 걸리고 치유도 그만큼 힘이 들고 전이도 더 잘된다.

면역력을 높이는 방법으로는 일상생활에서의 웃음, 숲속에서의 생활, 항암식품 섭취, 지속적인 운동, 평안한 마음으로 하는 요가 등으로 생활 속에서 면역력을 높이는 방법이다.

우리의 면역체계 중에서 암세포에 대해 가장 먼저 공격성을 나타내는 세포는 2차 면역체계 중 NK세포(자연살해세포Natural Killer Cell)이다. 백혈구 속 NK세포의 숫자가 늘어나면 바이러스나 암세포를 죽이는 힘, 즉 면역력이 높아진다고 알려져 있다. 웃을 때 이 NK세포 수는 늘어난다.

일본에서 실험 결과 1시간 웃고 난 후 NK세포 수는 1.5배에서 가장 많이 늘어난 사람은 8배까지 늘어난 결과도 있다. 최근 연구 결과에 의하면 이 NK세포 수가 늘어나는 것도 물론 면역력 증가에 효과는 있지만 훨씬 더 중요한 인자는 NK세포 활성도라는 것으로 의견이 모아지고 있는 것 같다. 즉 NK세포 숫자가 많더라도 활성도가 떨어지면 면역력이 높아진다고 할 수 없으며 결국 암세포를 사멸시키기 어렵다는 것이다.

NK세포가 암세포를 만나면 암세포에 달라붙어 NK세포막으로 암세포에 구멍을 뚫고 암세포 파괴물질을 넣어 사멸시키는데 활성화된 NK세포는 이 막이 넓어 암세포에 구멍을 잘 뚫는데 비해 비활성화된 NK세포는 막이 없어서 구멍을 뚫지 못해 암세포 파괴물질을 사용하지 못한다는 것이다.

최근 국내 의과대학 미생물학 연구팀이 암환자 2명의 NK세포 수와 NK세포 활성도를 조사하여 비교해 보았다.

즉 A라는 암환자는 림프구 중 NK세포 비율이 4%이고 B라는 암환자는 림프구 중 NK세포 비율이 28%였다. NK세포 숫자로는 B환자가 7배나 많이 가지고 있었다. 그러나 활성도는 A환자가 300pg/ml이었고 B환자는 150pg/ml이었다. 즉 NK세포 숫자는 B환자가 많지만 NK세포 활성도는 B환자가 적기 때문에 결정적으로 B환자가 암이 전이되거나 재발할 확률이 훨씬 더 높다고 판정을 내린 것이다.

이 활성도를 측정하는 데는 '인터페론 감마' 라는 물질의 질량을 측정해서 판단한다. 즉 NK세포가 활성화되면 단백질의 일종인 인터페론 감마를 분비하기 때문에 이 인터페론 감마를 측정해서 NK세포의 활성도를 표시하는 것이다.

혈중 농도 중 인터페론 감마의 분비량을 연령대별로 살펴보면 20대 평균 778pg/ml, 30대 평균 818pg/ml, 40대 평균 700pg/ml, 50대 평균 650pg/ml, 60대 이상 642pg/ml 수준이다(질량 단위 pg는 피코그램으로 1조분의 1g을 나타냄). 그래서 암세포나 바이러스를 제대로 사멸시킬 수 없는 활성도는 300pg/ml 이하로 이를 면역력 저하 상태로 보는 것이다.

일본에서 암환자들을 대상으로 실험한 결과, 한 시간 웃은 후 이 NK세포 활성도를 조사했더니 웃기 전에 비해 최대 80%나 활성도가 증가한 것을 발견하였고 국내에서도 1시간 웃음에 67%가 증가한 것을 발견하였다.

그런데 재미있는 것은 스스로 1시간 웃었을 때와 코미디 프로그램을 보고 1시간 웃었을 때의 NK세포 활성도 변화이다. 즉 스스로 1시간 웃었을 때는 최대 67% 정도까지 NK세포 활성도가 증가했으나 코미디 프로그램을 보고 웃었을 때는 최대 23% 정도 활성도가 증가하였다.

그래서 결론은 자명하다. 암환우들은 스스로 웃는 것이 필수 생활습관이며 코미디를 보고 웃는 것도 어느 정도는 효과를 낼 수 있다. 건강한 사람도 하루 약 5,000개씩 암세포가 생기고 있다. 그렇지만 우리의 면역력이 이를 암화시키지 않고 모두 사멸시킨다.

그러나 우리가 스트레스에 장기간 노출되거나 심한 스트레스를 받게 되면 NK세포 활성도가 급격히 떨어지고 암세포를 사멸시킬 수 없게 된다. 바보는 암에 안 걸린다고 한다. 낙관적으로 웃음이 많기 때문에 그런 이야기가 나왔으리라. 많이 웃어야 NK세포 활성도가 올라간다.

평소에 많이 웃자. 온 국민이 웃으면 나라의 의료보험 재정이 엄청나게 줄어들 것이다. 웃음은 나라를 강국으로 튼튼하게 만드는 초석이다. 정부는 국가 정책으로 웃음 운동을 강력하게 시행해야 한다.

하하웃음행복센터에서부터 부지런히 웃음 운동을 전파해 나가야겠다.

6

버들잎과 웃음

고려 태조 왕건이 견훤의 군대와 싸우기 위해 나주 땅을 점령하고 있을 때였다. 어느 고을을 지나다가 목이 말라 우물가에서 물을 긷던 처자에게 물 한 모금을 청하였다. 처자는 한 바가지 물을 떠서는 옆에 늘어진 버들잎을 하나 띄워서 왕건에게 주었다. 왕건이 물었다.

"버들잎을 띄우는 사연이 있는가?"

처자가 대답했다.

"장군께서는 필히 멀리서 오신 듯한데 갈증이 너무 심해서 물을 급히 마시다 보면 체하실까 걱정이 되어 그리하였습니다. 버들잎을 불며 천천히 드시지요."

여인의 사려 깊은 행동에 왕건은 마음속에 그녀의 미모와 지혜를 새기게 되었다. 그 후 그녀는 왕건의 둘째 부인이 되었고 장화왕후 오씨가 바로 그녀이다.

조선왕조를 세운 이성계 장군이 홍건적과 왜구를 물리치며 공훈을 세울 때 하루는 사냥을 나가게 되었다. 호랑이를 좇아 멀리까지 갔으나 허탕을 치고 돌아올 때 목이 몹시 말랐다. 마침 우물가에서 여인이 우물을 긷고 있어 물 한 모금을 부탁했더니 그 여인 역시 버들잎 한 장을 띄워서 이성계에게 주었다.

"아니, 귀찮게 물 위에 나뭇잎을 왜 띄우는가?" 이성계가 물었다.

"버들잎 때문에 물을 천천히 드시라고 띄웠습니다. 급히 드시면 체할지도 모릅니다."

이성계는 이 여인에게 반해 왕건과 마찬가지로 둘째 부인으로 삼았으며 그녀가 바로 신덕왕후 강씨이다. 고려 태조의 둘째 부인과 조선 태조의 둘째 부인이 버들잎으로 인해 장차 새로운 왕조를 세울 인물과 인연이 되었다는 설화는 흥미롭다. 버드나무는 우리나라 어디를 가든지 강가, 호숫가, 냇가, 우물가에서 흔히 볼 수 있는 나무였지만 근자에 와서는 많이 사라진 것 같다.

2,500년 전 서양에서는 '의학의 아버지'라고 불리는 히포크라테스가 버드나무 잎을 씹으면 통증이 가라앉는다는 것을 발견하고 환자 치료를 위해 사용한 기록도 있다. 동의보감에도 버드나무 가지를 달인 물로 양치하면 치통이 멎고 다른 통증에도 효과가 있다고 기록되어 있다. 이순신 장군도 처음 무과시험에 응시하였을 때 시험 도중 말에서 떨어져 다리를 다쳐 통증이 심하자 버드나무 가지를 다리에 동여매고 시험을 다 마쳤다고 한다.

1899년 독일의 한 제약회사는 버드나무에서 살리칠산Salicylic acid이라는 물질을 추출하는데 성공하였고, 이 물질로 진통해열제를 만들었는데 바로 '아스피린' 이다.

통증을 완화하거나 없애는 데는 양귀비에서 추출한 모르핀이 가장 강력한 효과를 발휘하지만 중독되는 위험이 있어 꼭 필요한 경우가 아니면 사용을 자제해야 하는 마약으로 분류되고 있다.

그런데 이런 버드나무나 양귀비에서 추출되는 진통제나 화학적 합성에 의해 만들어지는 진통제 말고 우리 몸에서만 생산되는 강력한 진통제가 있다. 이것이 생체 내 모르핀이라고 하는 엔도르핀이다. 운동을 하거나 기분 좋은 생각을 할 때도 이 엔도르핀이 생기지만 가장 빠른 효과는 웃을 때 우리 뇌하수체에서 생성된다. 이 엔도르핀은 모르핀보다 진통효과가 200배가 강하다.

사회가 복잡해질수록 우리는 훨씬 더 많은 스트레스에 노출되어 있고 이로 인해 각종 통증은 훨씬 더 많아졌다. 그래서 진통제와 소염제의 소비량이 날이 갈수록 증가하고 있다. 우리가 항상 웃고 즐거운 생활 방식을 실천한다면 진통제 없이도 살 수 있다. 우리 뇌 속에서 이미 천연 진통제가 준비되어 있기 때문이다.

필자는 수년간 각종 통증으로 인해 힘겨운 삶을 살아왔다. 그러나 어떤 계기로 미치도록 웃고 나서 통증이 감쪽같이 사라졌고 계속해서 웃어 온 결과 지금까지 9년간 통증에서 해방되어 살아가고 있다.

우리가 겪는 통증 가운데 70~80%는 스트레스로 인한 통증이다. 이것들은 즐겁고 평안한 마음일 때는 잘 오지 않는다. 무언가 스트레스를 받을 때 우리 몸은 방어기재로써 통증을 유발시키는 것이다. 그래서 기쁘고 유쾌하고 즐겁게 사는 생활습관이 중요하다. 이를 위해서는 늘 웃는 습관을 가르치는 것이 제일이다.

버들잎을 보며 삶의 지혜와 통증예방과 치료를 생각하듯 웃음도 우리에게 삶의 지혜와 통증예방 및 치료뿐 아니라 면역력을 매우 높이는 효과를 가져온다.

삶에 지쳐 힘겨운 생활을 하던 이들이 웃고 난 후 새로운 깨달음을 얻고 행복한 인생을 살아가는 모습을 자주 보게 된다.

웃음은 희망이고 삶의 좋은 지혜를 가져온다. 웃음이 매우 부족한 시대이다. 내가 먼저 웃어서 세상을 웃도록 하자. 그래서 세상을 희망이 가득 차고 행복한 세상으로 만들어 보자.

7

세로토닌과 스트레스

영국 공무원들의 봉급과 건강을 조사하였다. 봉급이 낮을수록 심혈관 질환으로 사망하는 사람들이 세 배나 높았다.

"돈 때문에 건강이 나빠지는 걸까?"

"그런데 조사를 더 할수록 돈과 건강은 별로 관계가 없는 것으로 나타났다. 도대체 무엇 때문에 저임금 근로자들의 건강이 나빠지는 걸까?"

런던대학의 마멋 교수팀은 이 조사에서 다음과 같이 결론을 지었다. 즉 "나는 윗사람에게 구속당하고 있어"라고 생각하는 지위가 낮은 저임금 공무원들의 머릿속 생각이 그 원인이었다.

반면 고임금자들은 "나는 내 맘대로 할 수 있어. 나는 자유로워"라고 생각하기 때문에 심혈관 질환이 비교적 적은 것이라는 것이다. 윗사람에게 구속당하고 있다고 생각하는 사람들의 체내 혈류엔 스트레스 호르몬이 더 많았고, 혈류의 흐름도 덜 원활하였다.

반면 "나는 내 마음대로야 나는 자유로워"라는 생각을 하는 사람들은 체내 혈류 흐름이 더 원활하였고 심혈관 질환이 줄어들었다. 결국 자신의 생각이 혈관의 흐름을 옥죄기도 하고 풀어서 원활하게도 하는 것이다. 남이 나를 감시한다는 생각은 많은 스트레스를 낳게 한다.

출산 직전의 실험 쥐를 유리상자 속에 넣고 사람들이 지켜보면 쥐는 스트레스 때문에 출산을 멈춘다. 예민한 개들은 사람들이 지켜보게 되면 출산 후 새끼들을 물어 죽이기도 한다. 사람들도 산부인과 분만실에서 출산하는 것이 훨씬 더 스트레스를 받으며 더 큰 진통을 겪는다고 한다. 그래서 편안한 분위기에서 출산을 하도록 하여 진통이 훨씬 줄어들게 하는 방법도 고려하고 있다.

몸살감기에도 스트레스는 많은 영향을 준다. 만성적으로 지속되는 스트레스를 겪는 사람들은 그렇지 않은 사람에 비해 두세 배가량 감기에 걸릴 확률이 높은 것으로 나타났다.

스트레스를 유발하는 상황이 오래 지속될수록 만성적 질병이 자라날 위험도 높아진다. 암, 뇌혈관질환, 심근경색, 당뇨합병증, 우울증 등의 주된 원인은 모두 스트레스인 것은 이미 다 알고 있다.

스트레스를 완화시키는 물질로 세로토닌은 매우 중요하다. 트립토판이라는 물질이 있다. 이것은 우리 몸속에 필요한 아미노산의 일종으로 두뇌나 신체의 각기 다른 위치에서 합성되어 거기에 저장되거나 분비되는 세로토닌을 생성하는 가장 중요한 원료이다.

이 트립토판이라는 아미노산은 주로 고단백 음식들 예를 들어 계란, 고기, 생선 등에 들어 있고 견과류나 땅콩, 기타 여러 가지 야채에도 골고루 들어 있다. 이 트립토판이 함유된 아미노산은 혈액을 따라 신체의 조직기관을 이동하면서 단백질을 합성하고 세로토닌을 비롯한 중요한 분자 구조를 만드는 데 사용된다.

이 트립토판과 관련된 실험 결과가 있다. 건강한 남성들에게 두 가지 아미노산 음료 중 하나를 선택해서 마시도록 실험을 하였다. 하나는 트립토판이 없는 복합 음료였고 또 하나는 식이성 아미노산과 트립토판이 함유된 음료였다. 어느 것이 트립토판이 함유된 것인지는 연구자도 지원자도 모르게 실험을 진행하였다.

이 실험의 결론은 트립토판이 제거된 음료를 마신 남자들은 그날 자신에게 현저하게 기분이 다운되는 것을 깨닫게 되었고, 트립토판이 충분히 들어간 아미노산 음료를 마신 사람들은 평소와 별다른 기분 차이를 느끼지 못했다는 것이다.

비교적 간단한 이 실험에서 세로토닌의 작용은 우리의 기분과 행동에 기초를 이루고 있다는 증거가 된다. 우리 신체에서 생성되는 세로토닌의 약 10%만이 두뇌에서 활동하고 그 나머지는 위장기관에서 활동한다고 한다. 스트레스를 완화시켜 주고 평온한 마음을 가지게 하는 데 세로토닌은 다른 호르몬들을 지휘하여 아주 중요한 역할을 한다. 세로토닌 이상 생성은 아주 광범위한 질병들을 오게 하는 원인이 될 수도 있다고 한다.

편집증, 우울증, 불안증, 성격장애, 자살, 충동적 폭력과 공격, 강박충동, 알코올중독, 도박충동, 기타 중독증, 음식장애, 수면장애, 만성두통, 편두통, 과민성 대장증후군 등등이 이런 세로토닌 이상에 의해 올 수 있는 질병이다.

자폐증인 사람은 혈액 속에 세로토닌이 비정상적으로 많은 것으로 밝혀졌다. 음식이나 운동으로 이 세로토닌을 활성화시키는 방법도 있지만 시간이 걸린다.

그러나 웃음으로 즐겁고 행복한 마음을 가질 때 단 시간 내에 세로토닌은 적절하게 활성화된다. 세로토닌 열풍이 불고 있다. 어느 정신과 의사 주장이 꽤 널리 퍼지고 있다.

확실히 웃음은 세레토닌을 비롯한 엔도르핀, 도파민 등 여러 가지 유익한 호르몬들을 활성화시키는데 효과가 있다.

웃자! 웃자! 세로토닌으로 스트레스를 확 날려 보내자!

8

네팔 웃음치료 여행기

네팔은 자연이 아름다운 나라이다. 아름다운 설산 히말라야의 고봉들 중 2/3가 네팔을 둘러싸고 있다. 설산에서 내려오는 물은 맑기도 하고 인구 대비 가장 많은 용수량을 확보한 나라이다. 그래서 이곳은 파는 곳마다 우물이 나온다. 그러나 정수시설 등이 부족해 식수나 씻는 물 등 생활용수는 늘 부족한 편이다. 발전량도 모자라 교대로 전기를 공급하기도 하며 예고 없이 전기가 나가는 일이 허다하다고 한다. 그러나 네팔인들은 별 불평 없이 살아가고 있다.

도로 사정은 또 어떤가? 통행료를 받는 유료도로, 일명 고속도로라고 하는 곳도 우리나라에서 편도 2차선 가장 안 좋은 도로 상태보다 훨씬 더 열악하다고 할 수 있다. 옆에 있는 비포장도로를 달리는 차들 때문에 먼지가 너무 많이 날려 마스크를 안 쓰면 견디기 힘들다. 이런 악조건에 다녀야 하고 도로마다 파손되어 구덩이가 된 곳은 왜 그리 많은지 버스도 이동할 때마다 엉덩이와 허리는 심한 충격을 받아 디스크가 또 재발할 지경이다. 그런데도 네팔인들은 아무런 불평이 없는 듯 순응하며 살고 있다.

한국에서 간 우리들만 유난을 떨며 여행하는 것은 아닌지 생각해 보게 된다. 우리 일행이 네팔 카트만두 공항에 도착한 날은 네팔 국회의원 선거일 전날이었다. 선거일 일주일 전부터 계엄령이 선포되어 일반 차량들의 통행이 통제된다고 했다. 국회의원 선거인데 왜 차량 통제를 할까? 그만큼 정권이 불안정하다는 증거이다.

인도에서 올라오는 가스, 식품, 각종 자재들이 공급이 안 되어 모두 올 스톱이다. 한국인 식당에서 삼겹살을 예약을 했는데 인도에서 물자가 못 들어와 멀건 된장찌개로 식사를 하였다.

선거 당일은 외국인 관광차도 못 다녀서 할 수 없이 숙소 근처 마을을 돌아보았다. 투표하느라 투표장 근처는 많은 사람들로 붐볐고 야외 천막 기표소에서 투표를 하고 있었다. 그들을 일일이 사진을 찍어 투표인 명부 사진과 실제 얼굴을 대조하며 유권자들을 확인하고 있었다. 우리나라 같으면 투표소에 사람들이 운집하지 않지만 네팔은 사람들이 매우 많이 투표장을 떠나지 않고 구경하며 자기들끼리 담소하고 있었다.

그 다음 날에는 계엄령이 해제되어 카트만두에서 치투완까지 6시간을 버스를 타고 이동했다. 치투완에서 한국문화원 주최 어린이와 학부모 초청잔치를 열었는데 웃음치료 강사로 30분간 그들과 함께 웃었다. 웃음은 만국 공통어이기 때문에 내가 웃으면 그들도 신나게 잘 따라 웃었다.

웃음 방법과 웃음 순서에 대한 설명을 간단히 해야 했기 때문에 현지인 목사님의 통역을 받아 웃음치료 강의와 실습을 진행했다. 사람들 모두 순수한 마음이 엿보이도록 너무 너무 잘 웃어 그곳은 요절복통 포복절도로 완전히 뒤집어지는 분위기가 되었다.

다음 날 한국 교회에서 헌금으로 봉헌(지원)되는 2개 교회를 찾아 그곳에서도 예배 후 웃음치료를 했는데 웃다 보니 그들과 어느 덧 하나되어 그곳을 떠날 때까지도 서로 쳐다보며 웃어대는 광경을 보았다. 그만큼 순수한 영혼을 보게 된 것이다.

한국 같으면 투표 당일 당락자가 다 밝혀지는데 네팔은 일일이 수작업으로 개표해서 집계하기 때문에 이틀이 걸려서 당선자가 확정되었다. 치투완에서 포카라로 이동하는데 당선자가 발표된 마을들에서는 축제가 열려 차도를 점령하고 빨간 물감을 온몸에 바르고 당선 축하 행사를 하기 때문에 차가 제대로 못 가고 계속 정체되는 악순환이 되풀이 되었다.

포카라에 도착하여 하루를 묵은 후 담푸스를 거쳐 남쪽 안나푸르나와 마차푸차르를 한눈에 볼 수 있는 오스트렐리아 캠프에서 일박을 했다. 밤에 잔뜩 구름이 끼어서 별도 안 보이고 전망을 볼 수 없을 것 같아 걱정을 하면서도 산장지기에게 부탁해 캠프파이어를 하며 즐겁게 웃는 시간을 가졌다.

다음 날 새벽 다섯 시 하늘에 구름은 깨끗이 개고 초롱초롱 북두칠성, 북극성, 카시오페아, 오리온, 마차부, 쌍둥이, 큰개자리의 모든 1등성, 2등성들이 잔뜩 눈에 들어왔다. 참으로 황홀한 순간이다. 조금 기다리며 동이 터올 무렵 남측 안나푸르나와 네팔인들이 신성시하는 마차푸차르의 위용이 들어나며 햇빛을 받아 황금빛으로 변해 가는 그 아름다움은 이루 형언할 수 없는 감동을 안겨 주었다. 붉고 노란 황금색에서 하얀색 설산으로 시시각각 변해 가는 모습은 지금까지의 모든 고생을 보상해 주고도 남는 멋진 경관이었다. 주위에 피어 있는 수많은 야생화들도 눈에 들어오기 시작했다. 사람들은 이런 맛 때문에 먼 이곳까지 오는구나 라는 생각이 들었고 이곳에 살고 싶은 생각이 들기도 하였다. 이 아름다운 풍광을 마음껏 카메라에 담고 내려오려니 발길이 떨어지지 않는다.

네팔은 바다가 없지만 세계에서 가장 아름다운 산들에 둘러싸여 있는 참 자연의 혜택을 받은 나라이다. 그 자연 속에 서두르지 않고 주어진 운명대로 순응하며 평화롭게 살아가는 네팔 사람들. 그들의 때묻지 않은 순수한 영혼의 웃음들이 히말라야 영봉과 오버랩 되면서 네팔을 떠나왔다. 눈같이 순수한 마음 오래오래 간직하고 문명의 이기적 마음으로 때묻지 않기를 바라면서…….

기회를 만들어 또 한 번 가서 마음껏 함께 웃어 주리라.

9

웃음과 체온

“따뜻하면 살고 차가우면 죽는다”라고 주장하며 모든 음식을 데워서 먹고 잠자리도 뜨겁게 데운 온돌에서 자고 운동으로 몸을 항상 덥게 하여 건강을 유지하려는 사람들이 있다.

세포의 대사기능을 유지하는 것은 체온이기 때문에 체온이 떨어져서 세포가 차가워지면 대사기능도 저하되고 유전자 활동도 방해를 받는다. 그래서 저하된 체온을 끌어올려 대사 활동도 원활하게 만들고 유전자 활동도 활발하게 유지시키기 위해 좋은 방법이다. 세포가 대사를 활성화시키기에 적절한 체온은 겨드랑이 밑의 온도가 36.5℃이고 내장과 뇌의 체내 온도가 37.2℃이다.

체온을 유지하기 위한 열에너지는 혈류를 따라 운반되고 온몸의 각 구석까지 세포로 분배되기 때문에 혈액순환이 매우 중요하다. 그리고 혈액순환은 자율신경에 의해 컨트롤되기 때문에 우리 자신의 마음의 평정이 무엇보다 중요하다. 만일 자율신경 중에서 교감신경이나 부교감신경 중 어느 한 쪽이 과잉 우위가 계속되면 자율신경이 조절하는 혈류도 정체 현상을 겪게 되고 종래에는 저체온 상태가 되기 쉽다.

만일 하루 내내 겨드랑 밑의 온도가 35℃ 정도에 머무른다면 질병을 억제하는 면역력과 유전자가 제 기능을 발휘할 수 없어 질병을 유발할 수 있다. 그래서 체온을 높이고 자율신경의 안정을 유지하는 것이 정체된 혈류를 회복하여 저체온에서 벗어나고 건강을 유지할 수 있는 최선의 방법이다. 그런데 우리가 살다 보면 차가운 겨울 날씨에 노출될 수도 있고 스트레스로 인한 교감신경이 우위에 있을 때도 많이 있다.

목이 탈 때 시원한 냉수나 아이스크림, 팥빙수를 먹고 싶기도 하고 더워진 몸을 식히기 위해 냉탕에 들어갈 수도 있다. 식사도 항상 뜨거운 것만을 고집할 수 없이 냉장고에서 바로 꺼내온 식품이나 신선한 것들을 먹기도 한다. 현대 도시생활에서는 체온을 올리고 자율신경을 최적의 상태로 맞추어 살기가 용이하지 않다.

그런데 이런 가운데서도 정체된 혈류를 회복시켜 체온을 올리고 교감신경보다 부교감신경을 약간 우위에 두어 평안한 마음 상태를 유지시킬 수 있는 방법이 있다. 바로 열심히 웃는 것이다.

기쁨과 즐거움을 표현하는 웃음은 인간만이 가진 기능이다. 웃을 때는 650개 근육 중 231개가 움직이지만 웃을 때 얼굴에 있는 웃음 근육의 운동만으로도 우리는 면역력 증강 효과와 좋은 유전자 발현 효과를 가져올 수 있다. 근육이 움직이면 그곳에서 열이 발생하고 이 열이 혈액을 움직이는 힘이 되어 결과적으로 혈류대사를 활성화시키기 때문이다.

실험 결과에 의하면 1시간 정도 마음껏 웃은 후 암을 파괴하는 자연 살해세포인 NK세포Natural Killer Cell가 80%나 그 활동성이 증가하고 숫자도 6배까지 많아진 보고도 있다. 그리고 1시간 열심히 웃은 후 유전자도 64개나 스위치가 켜진 사례도 무라카미 가츠오 박사에 의해 밝혀지기도 했다.

입을 크게 벌리고 온몸으로도 웃어 보라. 누구나 얼굴에 붉은 기가 돌고 눈동자가 반짝반짝 빛을 발하며 몸도 따뜻해지고 온몸에 약간의 땀도 흘리게 될 것이다. 이것들은 평소에 비해 22%나 많은 혈류가 우리 온몸에 흐르기 때문에 일어나는 현상으로 매일 열심히 웃는 사람들은 기본적으로 저체온에 걸릴 위험도 없다.

특히 웃어서 평온해진 마음은 항상 부교감신경이 우위로 작동하여 혈류의 정체 현상을 일으키지 않도록 한다. 반대로 좀처럼 웃지 않거나 웃음을 잃어버린 이들은 희망을 잃고 절망의 늪에서 허덕이며 그래서 대개 심리적 우울로 인한 혈류의 정체 현상이 일어난다. 이들은 얼굴 근육이 단단히 굳어 있어서 웃고 싶어도 쉽게 웃을 수가 없어 사회적으로 고립되기 쉽다.

굳어 있던 얼굴의 웃음 근육을 부드럽게 하고 근육 운동을 매일 해야 한다. 매일 거울 앞에 서서 자신을 얼굴을 보며 웃는 연습을 하자. 처음에는 매우 어색하더라도 반복적으로 시도하면 근육이 풀어지고 어느 새 큰소리로 웃는 자신을 발견할 것이다. 그리고 큰소리로 웃다 보면 정체된 혈류가 다시 흐르고 창백한 얼굴에도 붉은 기가 돌게 될 것이다.

혈류 흐름을 촉진하는 방법은 대단히 많을 것이다. 그러나 방법의

간편성 그리고 결과의 확실성을 따져 보면 웃음만큼 탁월한 방법은 별로 없다.

우리의 노력과 관계없이 저절로 나타나는 체온을 높이는 방법 중에는 질병에 걸렸을 때 높아지는 발열 증상이 있다. 이는 높은 열로 병원체를 제어하려는 백혈구의 기능이고 필요할 때 유전자를 가동하는 인간 신체의 신묘한 기능 중 하나이다.

그러나 우리가 질병이 오기 전에 평소 인위적으로 혈류의 정체를 회복하고, 자율신경을 잘 관리하기 위해서는 웃음을 생활화하는 습관을 길러야 한다. 간편하고 확실한 방법이기 때문이다.

체온을 높이고 면역력을 기르고 좋은 유전자의 스위치를 켜기 위해 일단 웃자. 거울 앞에 서면 무조건 웃자. 현관 앞에서 신발 벗고 신을 때 또 한 번 웃자. 우하하하…….

10

면역세포 파이팅

19세기 말 러시아의 과학자 메치니코프는 불가사리의 몸을 장미가시로 찌른 뒤 현미경으로 관찰하였다. 불가사리 몸속을 돌아다니던 투명한 세포들이 찔린 곳으로 모여들었다. 그리고 이 상처를 통해 불가사리 몸속으로 침입하려던 이물질들을 먹어 치우는 것이었다.

이 투명한 세포들은 이물질들을 먹어서 소화시키는 능력을 가지고 있으며 아메바처럼 원시적 세포 형태로 이물질들을 마구 잡아먹는 성질을 가지고 있다.

이것들을 "매크로파지(대식세포)"라고 이름이 붙여졌다. 메치니코프는 이 세포 발견으로 노벨상을 받았다. 이 대식세포는 이물질만 먹어 치우는 것이 아니라 기능을 잃은 노화된 세포나 인체 세포의 프로그램에 의해 수명이 다한 적혈구까지 깨끗이 먹어 치워 청소를 해 준다.

대식세포는 매일 수천 억 개의 죽은 적혈구를 청소하는 면역세포 중에 가장 원시적인 세포로 어떤 생물에나 다 존재하는 것으로 알려졌다. 만약 이 대식세포가 없으면 우리들 혈액은 노폐물로 가득 찬 오염된 폐수같이 변해서 생명을 유지할 수 없게 될 것이다.

대식세포는 백혈구 중 하나인 단구이며 백혈구 중엔 이외에도 호중구, 호산구, 호염기구 등의 과립구와 T세포, B세포 등의 림프구 등으로 구성되어 있다.

우리 몸속으로 이물질이 침입하면 가장 먼저 동원되는 것은 호중구이다. 호중구는 이물질과 전투를 벌이고 세균과 함께 전사를 하게 되며 이때 죽은 시체더미가 고름이다.

대식세포는 호중구가 힘에 부칠 때 등장해서 함께 싸운다. 그래서 대식세포는 호중구보다 하루나 이틀 늦게 활동하게 시작한다. 그래도 처리할 수 없을 경우에는 각종 T세포나 B세포가 본격 가동하여 본격적인 면역시스템이 가동하는 것이다.

이런 모든 면역세포들은 백혈구를 이루는 세포들로 우리 골수에 있는 조혈줄기세포들이 증식하고 분화를 거듭하며 성숙한 것이다.

줄기세포들이 아직 성숙되지 않은 상태에서 기형화되어 통제가 이루어지지 않고 무제한으로 증식되는 질병이 혈액암이라고 하는 백혈병인 것이다. 백혈병은 한동안 불치병으로 여겨져 왔으나 지금은 진행을 늦추고, 또 골수 이식을 통해 치료하는 것이 가능하게 되었다.

조혈줄기세포는 태아기 때에는 간에 있다가 성숙기가 되면 골수로 옮겨가서 급속히 분열과 증식을 되풀이하는 것으로 알려졌다.

골수는 뼛속의 부드러운 조직이며 골수에서 림프구계 줄기세포가 분열하여 만들어지며, 이 림프구계 줄기세포에서 T세포와 B세포가 되는데 백혈구의 약 36%를 차지하고 면역시스템 전반을 지배하는 중요한 세포가 되는 것이다.

골수 속 줄기세포는 면역세포의 기원으로 백혈구로 되기도 하며 적혈구와 혈소판으로 되기도 하고 어떤 세포로도 분화될 수 있는 만능세포이기 때문에 이 줄기세포를 이용한 치료는 앞으로 혁명적인 성과를 나타낼 수 있는 분야로 각광을 받고 있다.

골수의 조혈기능이 저하되면 재생불량성 빈혈이나 골수섬유증, 골수성 백혈병 등의 질병을 일으키며 이는 면역세포의 고향이 파괴되기 때문에 일어나는 질병이다.

면역시스템이 파괴되어 죽음에 이르는 병이 에이즈라는 질병이다. 에이즈의 정식 병명은 "후천성 면역 부전 증후군Acquired Immune Deficiency Syndrome"으로 AIDS는 그 머리 글자를 딴 것이다. WHO의 보고에 따르면 세계에 수천만 명의 감염자가 있다고 한다.

에이즈는 몸을 방어하는 면역시스템이 파괴되기 때문에 체내로 침입하는 바이러스나 세균 등의 이물질에 대항하는 능력이 없어 그들에게 증식을 허용하고 지배당하게 된다. 그래서 여러 가지 질병에 시달리게 되는 것이다.

에이즈의 원인인 바이러스는 HIV이며 이는 수혈, 성행위, 출산 등의 경로로 감염되어 결국은 세포성 면역인 T세포를 파괴한다. HIV는 숙주가 살아 있는 세포이어야 증식이 가능하기 때문에 처음에는 좀처럼 T세포를 죽이지 않는다. 교활하게 최후의 순간을 기다리는 것이다. 그래서 보균자로 머무는 기간은 개인차가 큰 데 평균 10년이나 걸리는 것이다.

1, 2년 사이에 발병하는 사람이 있는가 하면 10년이 지나도 발병하지 않는 사람도 있다. HIV감염에 대해 몸도 필사적으로 저항을 시도한다. 그래서 감염 2~3주가 지나면 열이 나고 목구멍이 아프고 림프절이 붓는 등 감기와 매우 유사한 증상이 나타나기도 하지만 저절로 낫기 때문에 그냥 지나가고 이런 자각 증상이 있는 사람도 20~30%에 지나지 않는다. HIV에 대한 항체 생산으로 에이즈 증상을 늦출 수는 있지만 완전히 막을 수는 없다.

시간이 가면서 T세포가 파괴되어 혈액 속에서 사라진다. 그러면 다른 바이러스들이 체내에서 마음놓고 증식하게 된다. HIV는 뇌의 신경계까지 침입하기 때문에 말기 에이즈 환자는 치매를 앓게 된다.

이러한 질병들 때문에 면역이란 말을 누구든지 알게 되었고 또 환자의 면역력을 높여서 자연 치유력을 이끌어 내려는 시도가 이루어지고 있다.

즉 스트레스는 면역세포의 활동성을 저하시키고 반대로 유쾌한 자극들은 면역기능을 높여 준다. 유쾌하고 불쾌한 자극들은 면역계, 신경계, 그리고 호르몬을 분비하는 내분비계의 삼각관계에 영향을 주고 있다. 그래서 좋은 상태를 유지하고 있던 삼각관계가 스트레스에 의해 서로 나쁜 방향으로 영향을 주게 되어 몸 전체를 병적인 상태로 이끌어간다. 따라서 쾌적한 정신 상태를 유지하는 것이 면역계, 신경계, 내분비계에 가장 바람직한 상태를 서로 유지시켜 가는데 필요한 조건이다. 그래서 좋아하고 아름다운 음악을 듣거나, 적절하고 유쾌한 운동을 하거나 마음을 잘 다스려야 면역력을 높일 수 있다.

웃음은 가장 간단히 우리 몸에 유쾌한 자극을 줄 수 있는 방법이다.

그래서 면역계, 신경계, 내분비계에게 좋은 영향을 주며 질병을 예방하거나 치유할 수 있는 능력이 생겨나게 된다. 아주 작은 일 같지만 웃음을 실천하면 기적이 일어난다.

캘리포니아 의대 윌리엄 프라이 박사는 웃음은 공포와 염려를 막아주고 몸의 치유능력을 활성화시키는 힘이 있다고 했다. 즉 면역력을 높여 주는 것이다.

필자는 웃고 난 후 12년간 면역력이 강화되어 몸살감기에 걸려 드러눕는 일이 없어졌다. 갑상선 항진증도 정상으로 돌아왔다. 만성통증들도 사라졌다. 늘 초조하고 신경질적인 성격이 평안해졌고 긍정적으로 바뀌었다.

웃음을 매일 삶속에 실천하면서 면역계, 신경계, 내분비계가 매우 좋은 방향에서 서로 영향을 주고 있는 것이다. 이것이 바로 웃음의 기적이다.

11

평안을 찾는 길

넓은 공원 벤치에서 어떤 젊은이가 햇살 가득한 오후의 한가함을 즐기고 있었다. 지나가는 사람들, 자전거 타고 가는 사람들, 하늘의 구름들, 아장자장 걷고 있는 비둘기들, 편안한 마음으로 주위 풍경을 즐기며 혼자만의 생각에 잠길 때였다. 누군가 옆으로 와 지팡이로 젊은이를 툭 건드리며 이야기하였다.

"여긴 내 자리일세. 비켜주게 젊은이!"

80은 넘어 보이는 할아버지 한 분이 비키라고 손짓을 하면서 말하고 있었다.

"아니, 비어 있는 벤치가 많이 있는데 왜 굳이 이 자리에 앉으려고 하십니까?"

"여긴 내 자리라니까. 20년간 나는 항상 이 자리에만 앉아 쉬었다고……."

젊은이는 마음이 조금은 언짢았지만 이 할아버지가 20년간 이 자리에서 평안한 마음으로 휴식을 취했을 것을 생각하며 자리를 양보하여 주었다.

건너편 벤치에서 평온한 모습으로 미소 짓는 할아버지 모습을 보니 자리를 잘 양보했다는 생각이 들었고 불편했던 마음은 금세 사라졌다.

40년간 함께 수도원에서 생활하였지만 한 번도 다투지 않은 두 수도승이 있었다.

어느 날 한 수도승이 다른 수도승에게 말했다.

"우리가 40년간 함께 생활했지만 한 번도 다툰 기억이 없네, 이제 우리도 한 번쯤 다툴 때가 되지 않았나? 어떻게 생각하시나?"

다른 수도승이 대꾸했다.

"좋아, 당장 한 번 다투어보자고! 무얼 가지고 다툴까?"

"이 빵 조각, 어때?"

"좋아, 그럼 이제 이 빵 조각을 놓고 다투어 보자고! 자네가 시작하게."

한 수도승이 말했다.

"이건 내 거야, 내 빵이라고!"

그러자 다른 수도승이 말했다.

"그래? 그럼 자네가 그 빵 먹게나."

평화는 "여긴 내 자리다" "이건 내 빵이야" 그래서 누구와 나누어 가지는 것이 싫은 마음에 의해 깨진다. 바로 욕심과 집착으로 굳어진 마음에 의해 평화는 깨지는 것이다.

그러나 벤치 자리를 양보한 젊은이처럼, 또 빵을 먹으라고 양보한 수도승처럼 이해와 배려하는 마음의 평화를 유지시킨다.

우리는 항상 가슴속에 욕심과 집착의 마음도 있고 이해와 배려의 마음도 동시에 품고 살고 있다. 그래서 우리의 삶은 고통과 갈등과 괴로움으로 긴장된 삶을 살아가기도 하고 또 한 편으로는 사랑과 평화를 노래하며 살기도 한다. 우리의 가슴은 이 같은 이중적인 갈등으로 왔다갔다 하며 살아가게 된다.

오래전 하나님이 사람들에게 싫증이 났다. 인간들이 시도 때도 없이 계속해서 무엇이든지 달라며 떼를 쓰고 귀찮게 했던 것이다.

"아무래도 숨어있어야겠다"라고 생각한 하나님이 천사들에게 물었다.

"내가 어디에 숨으면 좋겠는가?"

한 천사가 말했다. "땅 위의 가장 높은 산꼭대기에 숨으십시오."

다른 천사가 말했다. "아닙니다. 거긴 인간들이 금방 올라올 거예요. 깊은 바다 밑바닥에 숨으십시오. 거기라면 아무도 찾아오지 못할 것입니다."

그러자 다른 천사가 말했다. "달 뒤편에 숨으십시오. 인간들이 감히 그곳으로 가볼 생각이나 하겠습니까? 거기가 최고로 숨기에 좋은 장소지요."

또 다른 천사가 이야기했다.

"인간은 달 뒤편까지도 좇아올 겁니다."

하나님이 지혜의 천사에게 물었다.

"그대는 내가 숨을 만한 장소로 어디를 추천하겠는가?"

지혜의 천사가 대답했다. "인간들 가슴에 숨으십시오. 그곳이 인간들 발길이 닿지 않는 유일한 곳입니다."

그래서 하나님은 우리 가슴에 숨어 계시기로 하였다. 우리가 인간의 소욕대로 살면 평화가 깨진다. 욕심과 집착, 증오와 분노, 걱정과 근심, 고통과 두려움이 우리를 지배하기 때문이다.

그러나 우리 가슴속 숨어계신 하나님 소욕대로 살면 사랑과 평화, 용서와 자비, 온유와 인내하는 마음으로 평화로운 삶을 살아갈 수 있게 된다.

이렇게 숨어 있는 하나님을 발견할 수 있도록 내가 알아차리고 깨어 있어야 한다. 깨어 있는 당신은 이 넓은 세상에 평화를 퍼뜨리는 가치와 의미 있는 사람이다. 우리가 기도하는 목적도 이 평화를 온 세상이 곳곳에 퍼뜨리려는데 있다.

이제 내가 알아차리고 깨어 있을 수 있는 연습을 한 번 해보자. 먼저 눈을 감는다. 그리고 몸의 느낌에 집중한다. 어깨, 팔, 등에 닿은 옷감이나 스치는 바람의 감촉을 느껴본다.

감촉을 다 느꼈으면 물건에 닿아 있는 손바닥, 걸상에 걸친 엉덩이, 구두를 신고 있거나 운동화를 신고 있거나 맨발로 바닥에 서 있는 감촉들을 자세히 살피고 느껴본다.

다시 한 번 어깨, 팔, 등, 손바닥, 엉덩이, 발바닥으로 옮겨가며 그곳들의 감촉을 놓치지 않고 느껴본다. 한 번 더 천천히 어깨, 팔, 등, 손바닥, 엉덩이, 발로 내려가며 그 느낌을 느껴본 뒤 눈을 뜬다.

이 연습을 마치고 났을 때 당신에게 편안함이 느껴지는가? 드물게 긴장하는 사람도 있는데 몇 번 더 계속하면 대부분 편안함을 느낄 것이다.

그리고 마지막으로 할 일이 하나 더 있다. 소리 내지 않고 무음소로 조용히 30초간 웃는다. 그러면 당신은 평안을 찾고 가슴속에 있는 하나님이 원하시는 것을 느낄 수 있을 것이다.

지금 여기 깨어 있는 나를 발견할 것이다. 숨어 계시는 하나님의 경이를 느끼고 그것을 알아차리는 것이다. 이러한 마음 모으기를 늘 일상화하면 평온한 마음으로 세상일을 바라보게 되어 내가 하고자 했던 세상일도 더 잘 풀린다.

평안을 찾아가는 길은 5분이면 충분하다.

12

우울증 경험하기

또다시 무리한 생활을 해서인지 작년 10월부터 허리가 조금씩 아프기 시작했고 11월부터 물리치료를 받으며 진통제를 먹기 시작했다. 한동안 효과가 있는 듯했지만 12월 들어서는 걷지 못하고 서서 샤워도 못 할 정도로 통증은 심해졌다. 할 수 없이 두 번이나 수술했던 S병원 신경외과에 긴급으로 입원하였고 MRI 촬영 결과, 종전에 수술했던 4, 5번 5, 1번 외에 3, 4번 디스크도 탈출해서 신경을 누르고 있는 것으로 확인되었다.

두 번째 수술에서 디스크 수액에 떡이 된 신경을 세척하느라 4시간 반이나 걸렸다. 이번에도 신경 세척을 하다 보면 신경이 약해져 10년 후면 휠체어 신세를 질지도 모른다고 의사는 겁을 준다. 그러나 통증이 심해 참을 수 없으면 언제든 수술해주겠다고 계속 이야기했다.

세 번째 수술하는 사람도 있느냐고 물었을 땐 그런 사람들도 많다고 한다. 하지만 이번만큼은 아무리 아파도 참아보기로 결심을 했다. 다행히 진통제가 비교적 효과가 있어 못 견딜 만큼 심한 통증은 오지 않았다. 입원한 지 한 달 정도 지난 성탄절을 지나면서 의사는 수술하지 않고 회복할 수 있을 것 같다고 하였고 예수님이 성탄 선물을 주셨다고 이야기했다. 그 후로 퇴원해서 4개월간 진통제는 가끔씩 아플 때만 먹고 다른 신경계통의 약만 먹으며 집에서 요양을 하였다. 집에서 먹는 약은 아침, 저녁으로 먹게 되어 있는데 자기 전에 먹는 약이 따로 있었다.

나중에 알고 보니 우울증 약이었다. 통증이 거의 사라지고 밤에 약간 저린 증상만 남아있게 되었을 때 오랜 병상생활 때문인지 우울감이 들기 시작했다. 그러면서 나는 이상한 마음을 먹기 시작했다. 그동안 웃음치료로 여러 가지 질병들을 치유하고 행복한 삶을 살도록 동기부여 하는 일을 해 왔는데 우울증 치유도 한다면서 나 자신이 우울증 환자들의 마음을 알지 못하고 치유한다는 게 좀 마음에 가책이 되어 이번 기회에 우울증 증세를 경험해 보기로 엉뚱한 생각을 하게 된 것이다. 그래서 항 우울제를 먹지 않고 일부러 우울감을 가지도록 노력을 하였다. 일부러 작은 일에도 섭섭하게 마음을 먹고 카톡 댓글에도 서운한 마음을 가급적 쓰려고 했고 작은 일에도 계속 한숨을 쉬어 댔다. 약을 먹지 않고 낮에 잠을 자니 밤에는 잠이 오지 않았다. '내가 실제로 우울증에 걸리면 이런 증상들이 나타날 것이다' 라고 예측은 하였지만 정말 예측한 대로 내 마음엔 자존감이 급격히 떨어지는 것을 느낄 수 있었다.

첫째로 나의 가치감이 현저히 저하되는 것을 느꼈다. 사람들과 어울리기 싫어지고 공연장에 가서 공연하는 관중석에 가기 싫어지고 카톡이나 SNS에서 괜히 마음 상하거나 기분이 나빠지는 경험을 하게 되었다. 전 같으면 전혀 그런 마음이 들지 않았을 텐데… 그래서 카톡, 스토리, 페이스북, 밴드에서 빠져나와 일주일간 소통을 하지 않았다. 친구들과의 단절은 더욱더 외톨이가 되어가는 느낌이었다.

둘째로 자신감이 현저히 줄어들었다. 항상 자신 있던 강의 내용도 망설이게 되고, 몇 년간 간호학원 국비생 유치를 위한 심사평가 시 자신 있게 했던 브리핑도 자신감을 잃어가는 것을 느끼게 되었다. 또 무엇을 결정할 때 주저주저 하며 망설이게 되었다.

셋째로 마음이 불안하여 안정을 찾기 힘들어졌다. 집에서 쉬거나 가끔 출근을 해도 뭔가 불안하고 일종의 두려움과 초조함이 마음 한구석을 차지하여 평안을 찾기 어려워졌다. 이런 과정에서 친구들과 가족 간에도 오해를 종종 하게 되었으며 그들에게 "솔직히 지금 내가 우울증을 겪고 있는 시간이니 참아 달라"했지만 모두 믿지 않는 것 같았다.

이런 기분과 정서가 일주일쯤 지난 후 여기서 빨리 탈출해야 되겠다는 마음이 들어서 탈출 계획을 세웠다. 그 계획은 바로 산 · 소 · 기 · 운으로 살아가기로 마음먹은 것이다.

산 · 소 · 기 · 운의 첫 번째 산은 산책이다.

일부러 친구를 불러서 올림픽공원이나 석촌호수 둘레길을 걷기도 하고, 롯데타워나 롯데몰에 가서 아이쇼핑도 하고, 혼자서 한두 시간씩 양재천 길을 걸으며 산책을 하였다. 산책하는 동안 우울감이 들어오면 일부러 감사한 일을 생각하였다. 걸을 수 있어서, 볼 수 있어서 감사하였고, 지나치는 사람들, 나무들, 꽃들, 물, 달, 별 모든 것에 감사하는 연습을 일부러 하였다. 산책을 하며 들꽃들을 사진으로 찍으며 아름다움을 주어서 감사하다고 말을 했다.

그리고 두 번째로 소笑,즉 웃는 연습을 하였다. 다른 이들에게 들리지 않도록 무음소로 많이 웃었다. 특히 기분이 다시 우울해질 때 일부러 크게 웃었다.

세 번째로 나의 기분, 결심 등을 기록하였다. 기록하는 동안 우울감에서 빠져나와 몰입하는 경험을 하였다. 그래서 중단 했던 칼럼도 다시 쓰기 시작했다.

네 번째로 운동을 하였다. 천변 운동기구들을 이용해 상체 근육운동을 하게 되면 뿌듯함도 느끼고 피로감에 잠도 잘 오고 좋은 점이 많았다. 일주일 이상 지나 한 열흘쯤부터 완전하지는 않았지만 본래의 모습과 감정으로 돌아올 수 있었다.

이번 경험을 통해서 예상한 대로 우울증은 누구에게나 쉽게 올 수 있다는 것과 우울증이 오면 예측한 대로 자존감이 바닥에 떨어지는 것을 경험하였다. 다시는 이런 경험은 하지 말아야지 하고 결심하였고 그래도 짧지만 이러한 경험을 통해서 실제로 우울증 환자들 마음을 이해할 수 있는 계기가 된 것을 감사하게 생각한다. 그리고 우울증에서 탈출할 수 있는 처방을 스스로 경험하며 터득한 것이 큰 소득이었다.

산 · 소 · 기 · 운.으로 사는 것은 우울증 탈출만을 위해 필요한 것이 아니라 일상의 스트레스 해소를 위해서도 요긴한 방법이다.

산책하거나 웃거나 기록하거나 운동하면서 우리 모두 산 · 소 · 기 · 운으로 삽시다. 산 · 소 · 기 · 운으로 살면 자존감을 회복, 향상시키고 행복의 길로 걸어갈 수 있다. 그리고 우울증에서 탈출을 할 수 있다.

13

인공지능과 의학의 대결

바둑에서 인공지능 알파고는 이세돌에게 4승 1패로 승리를 거두었고 그 후 세계 고수들에게 60전 전승을 거두었다.

그러나 일본의 인공지능 딥젠고는 박정환 선수에게 단판 패하였다. 아직 딥젠고의 능력이 알파고에 많이 뒤지고 있는데 딥젠고는 중반까지는 매우 강하다가 끝내기에서 엉뚱한 실수를 범하는 것이 노출되었다.

그런데 인공지능과 의학계의 어느 특정 부분과 대결을 하면 어떤 결과가 나올까?

스웨덴에서 실제로 이런 대결이 있었다. 알파고보다 20년 전에 이루어진 대결이었다. 스웨덴의 "랄스 에덴 브란트Lars Edenbrandt"는 인공지능 전문가이며 의사이다.

그는 5년 동안 심혈을 기울여 인공지능 시스템을 완성하였다. 그는 컴퓨터에서 만 명이 넘는 환자들의 심전도 기록을 입력하고 심장발작 징후를 보이는 경우와 아닌 경우를 구분해 주었다. 입력된 자료 분석을 통해 그 컴퓨터는 애매한 그래프의 심전도도 척척 판독해 낼 정도의 전문가가 된 것이다.

그런 다음 그는 스웨덴 룬트 대학병원의 관상동맥질환 팀장이며 심전도 판독의 권위자인 한스 오린Hans Ohlin 의사를 집요하게 설득해서 대결을 벌이도록 했다.

오린은 보통 1년에 만 건 정도 심전도를 판독하는 스웨덴 최고의 심장 전문의이다. 에덴 브란트는 이 컴퓨터와 오린의 대결을 위해 병원 진료 기록 중 2,240건의 심전도 기록지를 골랐다.

그 가운데 정확히 절반인 1,120건은 심장발작 증상이 확인된 것이었다.

드디어 1996년 여름에 대결은 벌어졌다.

한스 오린은 2,240장의 심전도 기록지를 산더미처럼 쌓아놓고 누구에게도 방해받지 않고 혼자서 판독에 들어갔다. 그 기록지들을 한 번에 한 장씩 신속하게 보면서도 주의깊게 판단하였다. 그리고 심장발작의 징후를 보였는지 아닌지 두 가지 부류로 분류하기 시작했다. 그는 피곤으로 주의력이 떨어지는 것을 피하기 위해 한 번에 2시간 이상은 판독하지 않도록 했으며 사이사이 충분한 휴식을 취하였다. 그리고 1주일 만에 판독 작업을 마무리했다. 바로 판독을 마친 컴퓨터는 며칠을 기다려야 했다.

이것이 의학판 인공지능과 의사의 첫 대결이었다. 대결 결과는 어떻게 되었을까? 오린은 620건을 맞혔고 컴퓨터는 738건을 맞혔다. 118

건 차이로 컴퓨터가 20% 앞선 승리였다. 인간의 판단이라는 것은 아무리 노련한 전문가라 하더라도 기계에 비해 객관적 확실성이 상당히 부족한 것이 사실이다.

그래서 컴퓨터에게 심전도 판독을 가르쳐야 한다는 논리가 상당히 설득력 있게 대두되었다. 컴퓨터 판독 결과가 인간의 판독 결과보다 확실히 더 뛰어남을 모두가 인정한다면 매년 수천수만 명의 생명을 더 구할 수 있을 것이다.

사실 컴퓨터가 사람보다 더 잘할 수 있을 거란 의견은 1990년에 처음으로 제기되었다.

캘리포니아 샌디애고 대학 응급의학과 의사였던 윌리엄 박스트 William Boxt는 그의 논문에서 "인공지능 신경망이라는 일종의 컴퓨터 시스템을 이용하면 복잡하고 고차원적인 임상 판단을 내릴 수 있다"고 주장했다.

성공한 케이스와 실패한 케이스의 피드백을 제대로 해준다면 컴퓨터의 진단 능력은 인간의 판단을 훨씬 뛰어넘을 것이라는 것이다. 이후 박스트는 흉통 환자들을 대상으로 한 심장발작 진단에서 컴퓨터가 의사들을 손쉽게 능가하였음을 증명해 보였다. 단지 그 당시 실험에 참여했던 의사들 중 3분의 2가 레지던트들이었기 때문에 많은 호응을 받지는 못하였다.

심전도 검사는 우리들도 흔히 받는 진단 검사이고 미국에서는 1년에 오천만 건 이상 행해지는 아주 보편화된 검사이다.

전극을 몸에 붙이고 심장 수축에 따라 심근을 통해 흐르는 저압 전류를 포착해 이를 심전도 출력 프린트에 파형으로 기록하는 것이다.

심장발작을 일으키면 심장 근육 일부가 죽으며 전류는 죽은 조직을 빙 돌아가므로 전류 흐름에 변화가 일어난다는 원리를 이용한 것이다. 그 결과 출력 프린트의 그래프 파형에도 변화가 나타난다. 그런데 그런 변화가 확실하게 보이는 경우도 있지만 아주 미묘해서 포착하기가 어려울 때가 더 많다. 이럴 경우 많은 의사들이 "특이사항 없음"이라고 판단하는 경우가 있다. 오진이 될 수 있는 함정은 어디든 숨어 있다.

연구 결과를 보면 심장발작으로 응급실에 실려 온 환자 가운데 2~8%가 오진으로 퇴원하였다. 그중 25%가 심정지 또는 사망했다는 결과 보고도 있다.

그런 환자들의 경우 만약 집으로 돌려보내지 않았다 하더라도 심전도 결과가 잘못 판독된 경우이기 때문에 결정적으로 중요한 치료가 되지 않았거나 지연되었을 것이다.

앞으로 인공지능은 진단뿐 아니라 치료에도 많은 의사들의 영역을 대체하게 될 것이다.

이미 로봇에 의한 수술은 상당히 많은 부분 실행이 되고 있다. 머지않아 병원에서 의사들도 최소한 필요 인원만 남고 모두 인공지능으로 대체될 것이다.

인공지능이 인간보다 더 우수해질 수 있는 이유는 인간이 다른 사람들의 의견이나 사물을 보는 순서, 최근의 경험, 주의를 산만하게 하는 환경 등에 쉽게 영향을 받는데 비해 인공지능은 이런 것들에 영향을 받지 않기 때문이다.

외부적이든 내부적이든 편견을 일으킬 수 있는 오류를 범하지 않고 일관성이 있다는 것이다.

앞으로 진단은 더욱더 명확한 근거와 일관성이 있어야 하기 때문에 인공지능으로의 의존도는 점점 더 높아질 것이다.

이것을 다른 예와 비교하자면 만일 마트에 가서 여러 가지 물건을 사서 계산대에 섰을 때 잘 훈련된 점원이 대충 훑어보고 "구만 팔천 원인 것 같은데요?"라고 하면 믿고 돈을 내겠는가? 아니면 잘 훈련되지는 않았지만 직원이 바코드를 찍고 구만 팔천 원입니다 하면 돈을 내겠는가?

조금은 과한 예 같지만 인공지능과 의사의 관계도 위와 같은 시대가 이미 오고 있다. 진단과 치료는 점점 더 인간 대 인간의 따뜻한 감정의 교류가 배제된 방향으로 나아갈 수밖에 없다.

이미 오래전 의성 히포크라테스는 "마음과 육체는 하나이다"라고 이야기했다. 육체의 질병은 마음에서 비롯되는 경우가 대부분이다. 아무리 인공지능이라 해도 마음에서 기인되는 질병을 미리 간파하진 못한다. 미리미리 스트레스 받지 않고 마음을 평화롭고 강건하게 하여야 하는 것은 나의 몫이다.

매일매일 웃으며 살면 마음의 평화가 오고 질병에 강해진다. 웃음은 마음과 육체를 병들게 하는 모든 스트레스를 이길 수 있다.

질병에 대처하는 최선의 방법은 예방이며 내적 평화를 이루는 웃음이 필수적인 무기이다.

건강한 삶을 위해 오늘도 웃자! 웃자! 웃자!

14

깨진 유리창의 법칙

스탠포드 대학의 심리학자 필립 짐바르도 교수는 흥미 있는 실험을 했다.

치안이 허술한 골목에 두 대의 자동차를 일주일 동안 방치해 놓는 실험이었다. 한 대는 차 앞 보닛만 열어놓고 또 한대는 보닛도 열어 놓고 차의 창문을 조금 깬 상태였다. 1주일 후에 놀랍게도 확연한 차이가 나타났다.

보닛만 열어둔 차는 1주일간 그 어떤 변화도 일어나지 않았는데 보닛을 열어놓고 차의 유리창을 깬 차는 배터리도 없어지고 타이어도 네 개 다 없어졌다. 뿐만 아니라 낙서, 파괴, 쓰레기 투기 등이 일어났고 1주일 후엔 완전히 고철로 파손되었다.

두 대 자동차의 차이는 별로 없었다. 창문만 조금 파손시켜 놓았을 뿐인데 결과는 약탈, 파괴가 일어난 것이다. 이 실험의 결과로 "깨진 유리창의 법칙"이라는 새로운 이론이 나타나게 되었다. 즉 작은 실수를 고치지 않으면 치명적인 결과를 초래할 수 있다는 것이다.

이 이론은 여러 곳에 응용되었다. 대형 교통사고를 예방하는 가장 좋은 방법은 조그만 교통질서부터 엄격히 단속한다든지 파리나 모기 등을 줄이기 위해 더러운 쓰레기나 지저분한 웅덩이를 없애는 것 등이다.

이 이론을 적용해 가장 큰 성과를 이룬 도시가 있다. 바로 뉴욕 시이다. 1980년대 뉴욕 시에서는 연간 60만 건 이상의 중범죄 사건이 일어났다. 당시 여행객들 사이에서는 "뉴욕가면 절대 지하철 타지 마라, 뉴욕 지하철은 강도 소굴이다"라는 말이 나올 정도로 치안이 엉망이었다.

미국의 라토가스 대학의 겔링 교수는 이 "깨진 유리창의 법칙"을 이용해서 뉴욕 시의 흉악범죄를 줄여보기로 하였다. 그래서 지하철 속의 낙서 지우기 운동을 시작했다. 낙서가 방치되어 있는 상태는 창문이 깨져 있는 자동차와 같은 것으로 본 것이다.

뉴욕 시 교통국의 데빗 간 국장은 겔링 교수의 낙서 지우기 운동을 적극적으로 받아들였다. 그래서 교통국 직원들을 동원해 지하철 속의 낙서를 철저히 청소해 나가기 시작했다. 이에 대해 교통국 직원들은 반발이 심했다.

"무슨 소리야? 범죄 단속을 강력하게 해야지. 청소는 웬 청소?"

그리고 대다수 시민들도 강력한 단속이 우선이라고 생각했고 청소의 효과는 무시하였다. 그러나 간국장은 흔들리지 않았다. 뚝심 있게 낙서를 지우는 일을 철저히 행해 나갔다. 지하철 차량기지에 교통국 직원이 투입되어 약 600대에 달하는 차량의 낙서를 지우고 지하철 역사의 낙서도 차근차근 지우기 시작했다. 이 낙서 지우기에 소요된 시간은 무려 5년이나 걸렸다.

낙서 지우기를 하면서 뉴욕 시는 조금씩 달라지기 시작했다. 계속 증가하던 지하철에서의 흉악범죄 발생률이 제자리를 돌다가 청소 2년 후부터 감소하기 시작했다.

94년까지는 50%나 감소했고 꾸준히 줄어서 그 후 75%나 줄어들게 된 것이다. 효과를 본 뉴욕 시는 1994년 뉴욕시장 루돌프 줄리아니 주도로 경찰에도 이 이론을 도입했다. 즉 시내 골목이나 담벼락의 낙서를 모두 지우고, 보행자 신호 무시를 강력히 단속하고, 빈 캔이나 담배꽁초 등을 아무 데나 버리는 경범죄를 철저하게 단속하기 시작한 것이다.

그 결과로 뉴욕 시는 범죄 발생률이 급격히 감소하고 마침내 뉴욕 시는 범죄의 온상이라는 불명예를 없애는 데 성공하였다.

사소함의 차이에서 놀라운 변화를 일으킨 사례이며 깨진 유리창의 법칙이 한 도시를 바꾼 놀라운 사건이었다.

"웃는 게 뭐라고… 웃는다고 내 인생이 달라지겠어?"

많은 이들이 이렇듯 웃음의 효과를 간과한다. 그러나 어떤 이들은 절실함을 가지고 웃기 시작한다. 이 사소함의 차이는 놀라운 차이를 나타낸다. 깨진 유리창의 법칙처럼 이 작은 습관에 의해 인생과 운명이 달라진다.

웃음으로 사소한 습관을 바꾸고 난 후 암, 뇌혈관질환, 심장병, 당뇨합병증, 우울증, 각종 통증, 방광염, 파킨슨병, 불면증 … 등등의 질병의 고통에서 벗어나고 걱정, 근심, 불안, 불평, 슬픔, 우울, 두려움… 등등의 부정적 인생에서 긍정, 희망, 감사, 사랑, 축복, 기쁨, 즐거움… 등등의 긍정적 인생으로 바뀐 이들이 그것을 증명하고 있다.

웃음의 사소한 습관은 사업을 크게 번성시키기도 하고, 대인관계의 좋은 소통을 이루어 내기도 하며 취업이나 사랑을 성취하는 데도 크게 도움이 된다. 그리고 무엇보다도 웃음의 사소한 습관은 자신과 가정과 속한 사회를 행복하게 변화시킨다.

웃음의 습관은 뉴욕 시의 놀라운 변화처럼 이 땅에서 범죄를 줄이고 사람 사는 화목한 사회로 바뀌게 할 것이다.

그래서 한 개인과 이웃과 사회를 위해서 또 대한민국을 변화시키는 국민운동으로 또 중요한 국가정책으로 웃음운동을 정부 차원에서 펼쳐나가야 한다.

하기야… 이를 아는 직위 높은 공무원들이 얼마나 있으려나?

오늘도 하하웃음행복센터는 앉을자리 없을 정도로 꽉 차고 넘친다.

웃음이 이곳에서부터 시민운동으로 퍼져 나가길 염원해 본다.

15

전두엽

1848년 어느 가을날 미국의 러틀랜드라는 철도회사에서 작은 폭발 사고가 일어났다.

이 폭발은 "피니스 게이지"라는 현장 작업반장의 발밑에서 일어났는데 큰 사고로 이어지고 말았다. 약 1미터가 조금 넘는 철근 콘크리트 조각이 공중으로 튕겨 올라 이 작업반장의 얼굴에 박히고 만 것이다. 철근은 그의 왼쪽 광대뼈 밑쪽 볼 아래로 들어가 두개골 위쪽 끝으로 전두엽을 관통한 채 박혔던 것이다.

피니스는 땅바닥에 쓰러져 몇 분 동안 그대로 혼절한 상태로 누워있었다. 그런데 놀랍게도 다시 벌떡 일어났다. 그러고는 동료들에게 병원에 데려다 달라고 요청했고 들것에 실어 나르려 하자 걸어갈 수 있으니 걸어서 가겠다고 이야기했다.

병원에 도착해서 얼굴에 박힌 철근을 제거하면서 상당량의 뇌 조각들이 철근에 묻어나왔다. 전두엽이 상당 부분 손상된 것이다.

그 후 그는 별일 없었다는 듯 회사에 복직했고 평소와 다르지 않게 자기에게 주어진 일을 해냈고 자유롭게 여행을 다니면서 여생을 보냈다. 철근이 만일 피니스의 전두엽 말고 다른 영역 즉 뇌하수체나 뇌간 또는 시각 피질 등을 손상시켰다면 그는 아마 사망했거나 시각을 잃었거나 언어 능력을 상실했거나 아니면 식물인간이 되었을 것이다.

그래서 그 유명한 사건으로 인해 전두엽 파괴가 반드시 어떤 치명적 신체 증상을 일으키지 않는다는 것을 알게 되었다. 그런데 그 당시 알지 못했던 사실이 하나 있다.

그것은 피니스의 성격이 변했다는 것이다. 큰 사고를 경험하였기 때문에 생각이 바뀌었다고 여겼지만, 그는 성격도 천하태평으로 바뀌고 앞일에 대해 전혀 생각이나 예측하지 못했을 뿐 아니라 사소한 계획도 세우지 못하고 단순히 하던 주어진 일만 열심히 할 수 있었다.

1930년대 포르투갈 내과의사 안토니오 에거스 모니스Antonio Egas Monis는 전두엽 절제술이라는 새로운 수술기법을 시행했다.

처음에는 원숭이들에게 시술을 행하였는데 평소에는 자기 앞에 있던 음식이 사라지면 몹시 화를 내던 원숭이들이 시술 후에는 화도 내지 않고 차분하게 잘 참는 원숭이로 변했다.

에거스 모니스는 그 후 환자들에게 시술했고 원숭이와 비슷한 진정 효과를 얻어내는데 성공했다. 그 후 수술기법이 많이 진보하였고 이 전두엽의 일부를 절단하는 기법은 전혀 약이나 다른 방법으로 치료효과를 볼 수 없었던 우울증에 대한 일반적 치료법으로 자리잡게 되었다.

이 전두엽 일부 제거 수술법은 2차 대전 종식 후 엄청나게 증가한 정신질환자들에게 수술을 통해 분노나 우울, 절망, 폭력 등을 잠재우는데 큰 역할을 했다.

에거스 모니스는 이러한 공로를 인정받아 1949년 노벨의학상을 수상했다. 초기에는 전두엽 없는 편이 오히려 그들의 삶을 윤택하고 평화롭게 만드는 듯하였다. 그러나 얼마 오래지 않아 문제점들이 속속 드러나기 시작했다.

첫째로, 수술 받은 이들은 거의 모두 무기력증에 빠지는 현상이 나타났다. 어떤 일에 대한 열정이 사라지고 도전과 의욕이 전혀 생기지 않는 것이다. 활력이 모두 없어지고 삶의 의욕도 사라지고 그냥 하루하루 먹고 자고 반복되는 일만 지속하는 로봇처럼 되어버린 것이다.

둘째로, 기억력이나 간단한 지능검사에서는 일반인과 마찬가지로 별문제가 없었지만 계획을 필요로 하는 테스트에서는 모두 심각한 문제들이 나타났다.

예를 들어 간단한 미로 찾기나 수수께끼에 쩔쩔매며 해결을 하지 못하였고 오늘 오후에 무엇을 하고 싶은지 말해보라고 하면 거의 대답을 하지 못하고 당황하는 현상이 발생한 것이다. 이 전두엽 일부 제거술을 받은 이들은 모두 일관되게 계획 능력을 상실하는 현상이 나타났다.

시술을 행하던 의료진들은 큰 딜레마에 빠졌다. 전두엽 일부 제거술을 해서 분노나 폭력, 우울과 슬픔에서 벗어나 침착해지는 대신 평생 무기력과 미래 계획 능력 상실이라는 문제점을 안고 살아가게 할 것인가?

결과는 바로 판명되었다. 의학계에서 전두엽 제거술을 포기했다. 그리고 약물과 상담으로 치유하는 길을 택했다. 그 후로 전두엽에 관한 연구가 많은 진전을 가져왔다. 전두엽의 외측 부분은 향후 발생할 가능성이 있는 여러 가지 경우의 수를 생각하고 예측하며 목표를 달성하기 위해 계획을 세우며 목표를 점검하는 기능이 있다는 것이다.

전두엽 아래 부분은 충동을 조절하는 기능이 있으며 전두엽 안쪽 부분은 의욕을 일으키는 부분으로 이 부분이 손상되면 의욕저하로 하루종일 멍청하게 있게 되며 혈관성 치매 환자들은 이 부분이 손상된 환자들이다.

그리고 불과 30여 년 전 새로운 사실이 밝혀졌다. 좌측 전두엽에 웃음을 유발하는 신경회로가 있다는 것을 발견하였다. 그래서 전두엽 제거술을 받으면 기쁨, 즐거움 등 웃음으로 유발되는 행복은 느낄 수 없게 된다. 그냥 백지상태에서 졸고 있는 상태로 아무런 의욕도 없이 그냥 먹고 생명을 지탱하는 동물적 생활로 전락해 버리고 마는 것이다.

전두엽은 인간이 인간답게 살게 하는 중요한 뇌 부분이며 침팬지와 전혀 다른 삶을 살게 하는 인간에게만 발달된 뇌인 것이다.

많이 웃게 되면 이 전두엽이 활성화된다. 엔도르핀, 세레토닌, 엔케팔렌, 도파민 등의 뇌의 긍정적이고 기쁨과 행복을 불러오는 호르몬들을 활성화시키고 더 많이 생성된다.

웃으면 전두엽이 춤을 춘다. 웃으면 삶이 더욱 행복해진다.

웃으면 열정이 살아나고 의식이 더 성숙해지고 더욱 의미 있고 가치 있는 삶으로 나아간다. 웃어서 전두엽을 활성화시키자.

16

두려움은 웃음으로

어릴 때 많이 뛰어놀고 심심하면 올라 다니던 산이 있다. 그 산 이름은 마포구에 있는 노고산이다. 지금은 서강대학교가 들어서서 올라갈 수 없지만 내가 어릴 때는 많은 이들의 휴식터였고 아카시아나무와 오리나무가 대부분인 해발 106m 야산이었다.

봄이면 나물 캐러 동네 아낙들이 올라왔고 여름 복날이면 동네 어른들이 보신탕용 개를 잡기도 했다.

노고산을 배경으로 여러 동네 아이들이 이 산에서 뛰어놀았기 때문에 가끔은 동네 아이들끼리 주도권 쟁탈을 위한 패싸움 같은 전쟁놀이를 하기도 했다.

초등학교 5학년 초로 기억되는데 우리 동네 대흥동 아이들이 노고산에서 놀다가 마포 쪽 신수동 아이들과 싸움이 벌어졌다. 그날은 우리 동네 아이들이 일방적인 승리였다.

얻어터진 신수동 아이들은 돌아가면서 정식으로 한판 붙자고 도전장을 던지고 내려갔다.

며칠 후 무슨 요일 오후 몇 시에 그 장소에서 다시 한 번 싸우자는 것이다. 졌으니 분해서 그냥 던지고 간 말이려니 생각했다.

그러나 그 날 그 시간이 되자 산 밑에서 아이들이 올라오는 것이 보였다.

한 20여 명 되는 아이들이 모두 나무로 만든 방패 하나씩 들고 올라오는 것이었다.

어느 정도 와서는 대장 격인 아이가 앞장서고 양옆으로 기러기 날아가는 모습으로 대형을 짠 후 한 손엔 방패로 가리고 한 손에 돌멩이들을 들고 한발 한발 우리 쪽으로 전진해 올라왔다.

그리고 대장 격 되는 아이가 외쳤다.

"절대 후퇴는 없다. 지난번 패배를 복수하러 왔다. 오늘 너희들은 제삿날인 줄 알아라!"

방패에는 귀신 같은 문양의 그림을 그려 넣고 대오를 맞춰 한발 한발 접근해 오는 모습을 보고 있자니 두려움이 몰려오기 시작했다.

"아! 저 친구를 철저히 싸움 준비를 했구나! 어쩌지? 손에 든 돌 던지고 기회 봐서 도망가?"

신수동 아이들은 20명 정도 넘는데 우리 대흥동 아이들은 7명 정도이었으니 상대가 되지 않을 듯하기도 하고 저들의 철저한 준비에 모두 겁먹은 듯하였다. 저들은 한발 한발 구령에 맞추어 마치 로마 시대 병사들처럼 방패를 가리고 접근해 오고 있었다.

나는 속으로 생각했다. 이건 보나마나 뻔한 승부이다. 숫자로도 적고 준비도 못 했고 사기도 떨어졌으니 몇 개 돌을 던지다가 한 명이라도 뒤돌아 도망가면 모두 열심히 도망갈 것으로 생각했다.

그들이 매우 접근해서 이제 돌을 던지면 서로 맞을 정도로 거리가 가까워졌다. 점점 더 내 마음속에 두려움은 커져 갔다.

"아! 진짜 오늘 제대로 걸려들었구나! 저 친구들한테 잡히면 뼈도 못 추리겠는 걸?"

그때 놀라운 일이 발생했다. 우리 동네 아이지만 산동네 쪽에 몹시 가난한 집에 살던 아이가 뒤에서 구경만 하다가 큰 돌을 양손에 들고 쏜살같이 앞으로 달려가는 것이었다.

(그는 우리가 별로 같이 놀아주지 않아 항상 외톨이 같은 친구였는데 키가 좀 컸던 것으로 기억된다.)

그리고 신수동 아이들 대장 격인 아이에게 큰 돌을 힘껏 던지고 나머지 돌을 다시 오른쪽에 쥐고 뛰어 내려갔다.

이 돌발적인 상황이 마치 우리에게 이순신 장군이 새로 현현하여 내려온 것 같은 착각을 일으켰다. 그리고 모두 함성을 지르며 그 아이 뒤를 따라 달려 나갔다.

그 순간 전세는 완전히 역전되었다. 당황한 신수동 아이들은 방패를 집어던지고 도망가기 시작했고 어떤 아이들은 꼬꾸라져 얼굴에서 피를 흘리기도 했다.

그날 방패 열 개 정도와 두 명을 포로로 잡아서 혼내주고 다시 돌려보냈다.

그날 맨 처음 큰 돌멩이 두 개 들고 앞서 뛰어 내려간 친구는 우리들 영웅이 되었다.

아이들의 칭찬에 그 친구는 별 대꾸 없이 씽끗 미소만 지었다. 그리고 다음부터 신수동 아이들은 노고산에서 사라졌다.

나는 그 사건이 너무나 충격적이어서 60년이 다 된 지금도 생생하게 기억하고 있다. 그리고 삶에서 그때의 사건을 기억하며 큰 교훈을 얻어 살고 있다. 즉 두려움은 어떤 형태의 것이라도 패배를 부르는 가장 큰 걸림돌이라는 교훈이다. 승리나 성공을 위해서는 무엇보다 두려움 없는 도전정신이 큰 디딤돌이라는 교훈을 얻었다. 그리고 살아오면서 두려움에 맞서 당당히 도전하는 경험을 많이 겪게 되었다.

미국 성공철학의 거장 나폴레온 힐은 우리 인간이 본능적으로 가지고 있는 두려움이 7가지 있다고 하였다.

첫째는 가난에 대한 두려움, 둘째는 비판에 대한 두려움, 셋째는 건강 상실에 대한 두려움, 넷째는 사랑 상실에 대한 두려움, 다섯째는 자유 상실에 대한 두려움, 여섯째는 노쇠함에 대한 두려움, 그리고 일곱번째는 사망에 대한 두려움이라고 하였다. 그리고 이들 두려움을 이겨낼 수 있는 유일한 방법은 정신의 무한한 힘을 인식하고 신념화 하는 것이라고 하였다.

이 정신의 힘을 내 것으로 하는 데는 웃음이 매우 신속한 역할을 한다. 옛날 사극에서 적진과 마주한 장수가 제일 먼저 하는 일이 호탕한 웃음을 웃는 일이다. 피비린내 나는 엄청난 살육이 이루어질 무시무시한 싸움의 두려움을 호쾌한 웃음으로 날려 보냈던 것이다.

두려움이 밀려오는가? 바로 지금이 호탕하게 웃을 때이다.

17

용서의 문

미국 워싱턴 D. C 부근 어느 큰 마을에서 총기살인사건이 일어났다.

14세 한 소년이 다른 14세 소년을 총으로 쏜 사건이다. 이 어린 소년은 즉시 체포되어 경찰서로 끌려가 조사를 받았다.

총을 쏜 이유는 어이가 없었다. 갱단에 가입하려고 자기의 용맹성을 보여주기 위해 총을 쏘았다는 것이다.

재판이 열렸다. 모든 심의가 끝나고 재판장은 유죄판결을 내렸다. 판결이 내려지고 소년이 법정 밖으로 걸어 나올 때 어느 부인이 이 소년범을 노려보며 소리를 질렀다.

"언젠가 내가 너를 죽일 거야. 반드시 너를 죽여 버릴 거야!"

이 부인은 살해된 소년의 어머니였다.

판결 이후 이 소년은 감옥에 수감되었고 6개월간 아무 일도 없이 지나갔다. 6개월이 지났을 때 살해된 소년의 어머니가 자신의 아들을 죽인 살인자를 만나기 위해 교도소를 방문했다. 면담시간은 매우 짧았고 신상에 관한 일상적 몇 마디만 주고받고 이 여인은 돌아갔다. 돌아갈 때 약간의 용돈을 주며 필요한 물건을 사라고 하였다.

한두 해가 지나면서 그녀는 점점 더 자주 소년을 면회하기 시작했다. 그녀는 먹을 것과 필요한 물품들을 넣어주었고 그러면서 둘은 점점 친해지게 되었다. 몇 년 뒤 소년은 어린 나이가 감안되었고 또 그 부인의 탄원서도 접수되어 일찍 풀려나게 되었다.

면회를 온 부인은 소년에게 물었다.

"감옥에서 나오면 어디로 갈거니?"

소년이 말했다.

"저도 모르겠어요. 전 엄마도 안 계시고 일자리도 없어요. 갈 곳이 아무 데도 없어요."

그러자 부인이 제안했다.

"잠시 동안 나와 함께 있는 게 어떠니? 남는 방도 하나 있는데 네가 원한다면 우리 집에 머물러도 돼."

그래서 그 소년은 출소 후 그녀의 집에 머물게 되었고 일자리도 얻게 되었다. 그녀가 소년이 자립할 수 있도록 그래서 정상적인 사회 구성원이 될 수 있도록 도와준 결과였다. 8개월쯤 지난 후 어느 날, 이 어머니는 소년을 불러서 말했다.

"전에 네가 법정에서 나올 때 내가 너를 보고 한 말을 기억하니? 너를 죽여 버리겠다고 한 말을……."

소년이 대답했다.

"네. 기억하고 있어요. 절대 잊지 않을 거예요. 결코 잊을 수가 없어요."

어머니가 말했다.

"그때 그 말은 진심이었단다. 난 내 아들을 죽인 그 어린 소년을 죽이고 싶었어. 그것이 내가 너를 찾아가고 너에게 필요한 물건을 가져다준 이유야. 난 내 아들을 죽인 그 소년이 죽기를 바랬고 내가 눈으로 확인하고 싶었던 거야. 그런데 너를 면회하는 동안 그 소년은 진짜 죽었어. 지금 내 앞에 있는 너는 새로운 아이야. 지금 나의 삶을 돌아보니 난 아들이 없구나. 넌 갈 곳도 없고 엄마도 없고 가족도 없어. 그러니 네가 허락한다면 내 아들로 맞고 싶구나. 너를 입양시켜 내 아들이 되어주었으면 좋겠다. 네가 원하는 한 언제까지나 나의 집에서 함께 살기를 바란다."

우리나라에서도 자신의 아들을 죽인 살인자를 나중 출소 후 양아들로 삼은 손양원 목사의 감동적인 스토리가 미국에서 그대로 재현된 것 같다. 용서는 타인에게 베푸는 최상의 선물이며 결국 자신에게 베푸는 최선의 자비이다.

우리는 일생 중 대부분을 과거에 일어난 일로 괴로워하며 오늘을 보낸다. 우리는 과거에 자신에게 큰 해를 입힌 사람을 절대로 용서할 수 없다고 울분 가운데 세월을 허비한다. 결국 그 사람을 놓아주지 못하고 그에게 조정당하며 살고 있는 것이다.

두 사람의 병사가 전쟁 중에 포로가 되어 함께 감옥생활을 하였다. 모진 학대와 고문을 당한 뒤 전쟁은 끝났고 둘은 석방되었다. 여러 해가 지난 후 한 포로가 다른 포로 병사에게 물었다.

"너를 붙잡아 가두었던 그 사람들을 용서했니? 우리를 붙잡아 감옥에 넣고 학대를 했던 그들을 용서했냐고?"

다른 포로가 말했다.

"난 절대로 용서할 수 없어. 죽을 때까지 절대로 잊지 않을 거야."

그러자 다른 포로가 말했다.

"넌 아직도 그들에게 포로로 잡혀 있구나."

과거는 이미 지나갔다. 지나간 과거를 붙들고 오늘을 살 수는 없다. 그러므로 과거의 일에서 자유로워지는 일은 용서하는 것이다.

대개 용서 못 하고 분한 마음을 가지고 사는 이들이 큰 질병이 오거나 삶의 무력함에 빠져 자신의 삶을 제대로 살지 못하는 것을 보게 된다.

결국 평생 가해자에게서 헤어나지 못하고 그들에 의해 조종당하며 사는 꼴이 된다. 용서는 결국 나를 위해 하는 것이다.

내가 참된 삶을 살고 자유함을 얻기 위해 내가 할 일이 용서인 것이다. 용서는 우리의 내면에서 웃음으로 나아가는 관문이다. 용서하지 못하면 웃을 수도 없다. 우리가 웃을 수 있는 것은 용서의 문을 통과해야 가능하다. 그래서 진실한 웃음을 웃기 위해서는 마음으로부터 용서를 해야 한다.

울분과 복수에 사로잡혀 한번 뿐인 인생을 헛되이 보낼 수는 없지 않은가?

억지로라도 계속 웃는 습관을 가지다 보면 어느덧 울분과 복수의 마음은 멀리 사라지고 용서할 수 있다. 하하웃음행복센터에는 그런 이들이 많다. 웃다가 여러 가지 질병을 고친이들 중 많은 이들이 이 용서의 관문을 통과한 이들이다. 웃자. 웃자

18

회피증세

골드미스 세리는 외국계 회사에 다니는 30대 후반의 여성이다. 그녀는 회사에서 인정받고 주중에 열심히 일하는 능력 있는 여성이다. 그러나 주말이면 방에 틀어박혀 시체놀이를 하고 있다. 시체놀이는 일본 만화 "짱구는 못 말려"에서 유래된 것으로 죽은 사람처럼 가만히 누워 있는 놀이이다.

주말이면 사람 만나는 것이 귀찮고 운동을 하거나 모임에 나가 활동적으로 지내는 것이 귀찮은 것이다. 그래서 시체처럼 누워서 혼자만의 정적 쾌락을 즐기는 것이다.

같은 30대 후반의 여성 민희는 금융계통 회사에 다니고 있다. 민희는 일이 끝나고 곧바로 집에 오면 트레이닝복을 걸치고 가장 편한 자세로 맥주와 쥐포 또는 오징어를 즐겨 먹는다. 일에 지쳐 혼자 쉬는 것이 가장 편하며 그래서 연애조차도 귀찮게 여겨 남자친구가 없다. 주

말에도 외출을 별로 하지 않고 맥주와 건어물이 제일 친한 친구이다.

민희 같은 여성을 건어물녀 증후군이라고 하며 "호타루의 빛"이라는 일본 만화에서 유래되었다고 한다.

이외에도 종일 소파에 앉아 감자칩을 먹으며 TV채널만 돌리는 사람을 "카우치 포테이토"라고 하기도 하고 집안에서 컴퓨터로 인터넷서핑에만 몰두하는 사람을 "마우스 포테이토"라고 하기도 한다.

시체놀이를 하든 건어물녀가 되든 카우치 포테이토나 마우스 포테이토가 되는 모든 행위는 일종의 도피적 심리 때문에 나온다. 심리적 회피Avoidance인 것이다.

인간관계 속에 생기는 스트레스, 과중한 업무에서 생기는 스트레스, 기분 나쁜 사건이나 감정으로부터 떨어져 자신을 보호하고자 하는 심리적 방어전술인 것이다.

짧게 단기적인 회피행동은 스트레스를 주는 요인과 떨어져 있을 수 있어서 일부분 긍정적인 측면도 있긴 하지만 장기간 회피행동은 행복으로부터 점점 멀어지게 하는 부정적인 행동이다. 행동하지 않으면 그것이 주는 행복을 결코 느낄 수 없다.

연애과정에서 상처를 받았거나 귀찮아서 평생 남자를 만나지 않는다면 사랑이란 행복의 감정은 결코 느끼지 못한다.

그런데 우울감, 불면증, 불안감 등은 약으로 치료가 잘 되는데 이런 회피증세는 잘 치료가 되지 않는다고 한다.

우리에게 행복을 주는 것과 스트레스를 주는 것은 동전의 양면처럼 하나인 경우가 많다. 그래서 행동할 때 스트레스를 받긴 하지만 성취되었을 때 행복감도 같이 느낄 수 있다.

이런 회피증세를 가진 이들을 위해 서비스 시장은 잘 발달되어 있다. 어느 마트를 가도 혼자 먹을 분량을 포장해 팔고 식당에도 홀로 먹기에 알맞은 특화된 식당도 많고 또 많은 패스트푸드나 배달서비스 등이 이런 회피증세 환자들을 위해 맞춤서비스를 제공하고 있다.

이들에게 가장 필요한 것은 일단 행동을 하는 것이다. 일단 행동을 하면 귀찮고 움직이기 싫은 마음을 활동적으로 변하게 할 수 있다.

이러한 행동강화기법은 우울증 환자의 치료에도 쓰이지만 일반인들에게도 행복감을 늘이는 용도로도 사용하고 있다. 아무것도 안 하는 것은 쉼이 아니라 회피이다.

일단 움직여야 즐거움과 행복을 되찾을 수 있다.

나가라! 만나라! 배워라! 나눠라!

회피증세 환자들을 위해 필자가 구호로 정한 것이다.

이들에게 먼저 권면해 보고 싶은 것은 '일단 웃기!' 이다. 큰소리로 그냥 몇 분간 웃어보는 것이다.

회피증세 환자들에게 약물치료하기도 애매하다. 그래서 대체 보완의학인 웃음을 권하는 것이다. 웃음은 스트레스 킬러이고 이웃과 친구간 가장 가까운 거리라고 한다.

그리고 웃다보면 내면의 정서가 달라져 능동적이고 용기가 막 생기는 특징이 있다.

그래서 소심해서 대중 앞에 절대 설 수 없던 사람들이 웃다 보면 남 앞에서 자신을 용기 있게 소개하고 또 강의도 하는 모습들을 하하웃음행복센터를 통해 많이 보아왔다.

일단 웃다보면 회피증세가 사라지고 사회적 기능이 향상되고 의식

레벨이 높아진다. 그래서 나 하나가 아니라 연결된 이웃과 소통하고 소외된 이웃들을 돌볼 수 있는 마음까지도 생긴다.

웃음이 긍정적 사고, 희망적 사고, 이타적 행동 등을 증가시킨다.

자신을 위해 힐링 방법으로 웃음을 택하면 결국 다른 이들도 힐링시킬 수 있고, 행복의 귀한 열매도 결국 자신에게 되돌아온다.

웃다보면 나만 힘들고 나만 아픈 줄 알았는데 우리 모두가 힘들고 마음에 상처 있는 이들이란 걸 알게 되어 사회적 결속감이 형성되며 이것이 우리 마음속의 불안정감을 호전시켜 치유 회복의 결과를 나타내는 것이다.

회피증세 환자는 점점 더 많아진다. 그리고 사회의 큰 문제점으로 대두될 것이다. 시체놀이, 건어물녀증후군, 카우치 포테이토, 마우스 포테이토 같은 관계 회피증세 환자들이 웃음으로 대폭 사라졌으면 좋겠다.

건전하고 부강한 대한민국을 만들기 위한 웃음운동이 절실히 요구된다.

모든 국민이 밝게 웃는 대한민국을 위해 지금 여기에서 나부터 하하하하하.

제4부

웃음

신은 우리 유전자 속에 웃음을 넣어 두었고 이 웃음은 부작용 없는 만병통치약이다. 그래서 신이 주신 상대방을 향해 호의를 전달하는 웃음약을 적극 복용해야 한다.

하루 동안 웃는 시간 누계 30분 정도씩 3주 웃으면 확실히 변함을 느낄 것이고 계속해서 63일(3주를 3번) 반복하면 당신 앞에 새로운 세상이 펼쳐질 것이다. 미친 척하고 웃음에 미쳐 보라.

1

친구

함석헌 선생의 시 "그 사람을 가졌는가?"는 너무나 유명한 시이며, 많은 이들이 우정에 대해 이야기할 때 인용한다.

그 사람을 가졌는가?
만 리 길 나서는 날 처자를 내맡기며 마음 놓고 갈 만한 사람,
　그 사람을 그대는 가졌는가?
온 세상 다 너를 버려 마음이 외로울 때에도 너뿐이야 하고
　믿어 주는 그 사람을 그대는 가졌는가?
탔던 배가 가라앉을 때 구명대를 서로 사양하며 너만은
　제발 살아다오 할 그 사람을 그대는 가졌는가?
잊지 못할 이 세상을 놓고 떠나려 할 때 너 하나 있으니 하며
　빙그레 웃고 눈을 감을 그 사람을 그대는 가졌는가?
온 세상에 예보다도 아니오라고 가만히 머리 흔들며 진실로

충언해 주는 그 한 사람을 그대는 가졌는가?

미국의 어떤 같은 마을에서 자란 두 친구가 같은 때에 징집되어 군대에 갔다. 둘은 같은 부대, 같은 전선에서 싸우게 되었다. 한 친구가 순찰 도중 포탄이 근처에 떨어져 파편에 중상을 입고 쓰러졌다. 적군은 그와 동시에 그곳을 향해 집중사격을 가해 왔다. 멀리서 이 광경을 지켜보던 다른 친구는 참호를 빠져나와 친구가 부상당한 곳으로 가려 했다. 이때 분대장과 분대원들이 그를 막았다.

"가면 안 돼. 때는 늦었다. 지금 가면 너까지 죽어!"

그러나 분대장이 잠시 딴 곳을 보고 있는 사이 친구는 참호 속을 뛰쳐나와 부상당한 친구가 있는 곳으로 달려갔다. 구사일생으로 친구를 업고 아군 참호로 돌아왔지만 그 친구는 피를 너무 흘려 숨이 끊어져 있었다. 분대장이 화를 내며 나무랐다.

"그것 봐라. 내가 늦었다고 그랬지! 너까지 죽을 뻔 했잖아."

그때 이 친구는 분대장에게 이렇게 이야기했다.

"분대장님, 제가 이 친구에게 달려갔을 때 이 친구는 목숨이 붙어 있었습니다. 그때 이 친구가 저에게 무어라고 했는지 아십니까?"

"무어라고 말했나?"

"내 친구는 간신히 숨을 쉬어가며 이렇게 말하더라고요."

"친구야! 나는 네가 나한테 달려올 줄 알았다."

1차대전 시 전투에 참가한 친구들이 겪은 실화라고 한다.

"히틀러에게 단 한 명의 친구가 있을 수 있었다면 그것은 바로 나였을 것이다. 그러나 히틀러는 환상가였고 자신의 카리스마에만 몰두했을 뿐이었다. 그는 우정에 반응할 줄 모르는 사람이었다. 그는 본성적으로 우정을 거부하였고 매사에 우리와 공감할 수 있는 것을 의도적으로 피했다. 심지어 그는 우리와 함께 체리 열매를 먹으며 즐거워하는 것조차도 거부했다. 우리 모두는 단지 그의 거대한 에고 투사체에 불과했다. 이 우정을 거부했던 사람. 히틀러의 불행은 바로 우정의 실종에 있었다."

이 말은 히틀러와 어린 시절을 함께 보냈고 나중에 히틀러 내각의 참모로 일했던 알버트 스피어의 이야기이다. 그는 히틀러 정권에서 군수물자를 책임지는 중책에 중용된 인물이지만 "아돌프 히틀러의 불행은 친구가 없었던 불행이었다"고 단언한다.

우리가 인생을 살면서 많은 친구들을 만나고 또 그 친구들은 삶에 많은 영향을 미친다. 어떤 친구들은 인생의 등불처럼 밝은 길을 제시해 주기도 하고 어떤 친구들은 어두움 속으로 함께 걸어가게 하기도 한다. 어떤 친구들은 자신을 희생하며 친구를 도와주기도 하고 서로 간에 선생이 되어 진정한 충고와 격려로 삶을 개척해 나가기도 한다.

영화 《친구》에서는 서로 돕고 의지하며 성장하다가 조직 폭력배가 되고 적이 되어서 서로를 해치기도 한다.

어찌 되었든 인생에서 친구가 있다는 건 많은 힘이 되고 용기를 불어넣어 준다.

어떤 사람들은 정신적인 질병 때문에 친구를 만들지 못하기도 한다. 우울증, 대인공포증, 공황장애, 망상증 등으로 친구를 사귈 수 없는 것이다. 친구를 사귈 수 없는 사람들은 참으로 불행한 사람들이다. 아돌프 히틀러처럼 말이다.

친구를 사귈 수 있는 가장 좋은 방법은 먼저 웃어 주는 것이다. 웃음은 사람 사이의 가장 가까운 거리이며 나의 호의를 전달해 주는 심부름꾼이기 때문이다. 웃음은 사람의 마음을 열어 주며 상대를 끌어오는 힘이 있다.

데이비드 윌콕은 "웃어라. 그러면 세상도 그대와 함께 웃으리라. 울어라. 그러면 그대 혼자 울게 될 것이다"라고 말했다.

친구 사이를 더욱 가깝게 하는 웃음은 나와 너를 살리는 웃음이 될 것이다.

2

불광불급不狂不及

오천 년간 유대민족을 지탱해 온 생활규범이자 지혜서이며 위대한 연구라는 뜻을 가진 탈무드에 이런 우화가 있다.

삼형제가 있었다. 그들은 각각 보통 사람들이 상상도 못 하는 기이한 물건들을 하나씩 가지고 있었다.

첫째 형은 아무리 먼 곳이라도 꿰뚫어볼 수 있는 망원경을 가지고 있었고, 둘째는 아무리 먼 곳이라도 순식간에 날아갈 수 있는 비행 양탄자를 가지고 있었고, 막내는 죽은 사람들도 살릴 수 있는 사과를 한 개 가지고 있었다.

어느 날 그 나라 왕의 외동딸 공주가 물에 빠지게 되었다. 그 공주는 그 나라에서 가장 아름답기로 소문이 나 있었다.

때마침 망원경을 들여다보던 첫째가 이 광경을 목격하고 소리를 질렀다.

"공주님이 물에 빠졌다."

이 소리를 들은 둘째가 얼른 양탄자를 가져와서 소리를 질렀다.

"서둘러, 빨리 양탄자를 타!"

세 형제는 둘째의 비행 양탄자를 타고 급히 강으로 날아갔지만 공주는 이미 숨을 거둔 뒤였다. 그러자 막내가 주머니에서 사과를 꺼내며 말했다.

"염려마, 내게 죽은 사람도 살리는 사과가 있잖아."

그 사과를 공주에게 먹이자 신기하게도 공주는 숨을 다시 쉬기 시작했고 혈색도 불그스레 금방 돌아왔다.

왕은 이들을 위해 성대한 연회를 마련했고 공주를 구해 준 삼형제를 궁궐로 초대했다.

"당신들이 내 딸을 구해 주어 뭐라고 감사해야 할지 모르겠네. 내가 은혜를 갚고자 자네들을 초대한 것일세. 내 딸이 이제 결혼할 나이가 되었네. 자네들 가운데 누구라도 좋으니 내 딸과 결혼하여 주었으면 좋겠네. 누가 내 딸과 결혼해 줄 수 있겠는가?"

세 형제는 각자 자기가 결혼해야 한다고 주장했다.

첫째가 나서서 말했다.

"내게 망원경이 없었다면 공주님이 물에 빠졌다는 것을 알지 못했을 겁니다. 처음으로 발견해 낸 제가 공주님과 결혼을 해야 된다고 생각합니다."

둘째도 나서며 주장했다.

"아무리 그 사실을 알았다고 해도 제 비행 양탄자가 없었다면 그곳까지 빠르게 가지는 못했을 겁니다. 빨리 가지 못했다면 공주님은 물

살에 휩쓸려 어디로 가셨을지 찾기 힘들었을 겁니다. 그래서 제가 공주님과 결혼해야 한다고 생각합니다."

이 얘기를 듣고 막내도 나섰다.

"아무리 먼저 발견했고 아무리 빨리 날아갔다 한들 도착했을 때 이미 공주님은 숨을 거둔 뒤였습니다. 만약 제 사과가 없었다면 아무런 소용이 없었을 것입니다. 공주님은 저와 결혼해야 한다고 생각합니다."

삼형제의 말은 모두 일리가 있었다. 그렇다면 과연 공주는 누구와 결혼을 해야 할까?

탈무드의 결론은 막내와 결혼하는 것이 타당하다고 한다. 왜 그랬을까? 첫째가 가진 망원경이나 둘째가 가진 양탄자는 계속 남아 있고 또 사용할 수 있지만 셋째가 가진 사과는 이미 사용하여 남아 있지 않았기 때문이다.

여기서 탈무드는 "이 세상에서 무엇을 할 때는 모든 것을 거는 것이 중요하다"라는 깨달음을 주고 있는 것이다. 사자가 토끼 한 마리를 잡을 때에도 온 힘을 다 집중해서 전력질주한다.

웃음행복교실에 나오는 이들 중에는 그냥 일주일에 하루 웃음교실 있는 두 시간만 즐기기 위해 나오는 이들이 있다. 나의 강의에 영향을 받아 집에서 매일 웃음을 실천하면 다행이지만 그렇지 않고 그냥 그 시간만 나와서 웃는 이들도 있다.

물론 그 시간만이라도 웃는 것이 안 웃는 것보다는 훨씬 좋겠지만 질병의 치유, 상처의 회복, 행복한 삶을 위해서는 비상한 열정과 노력을 바쳐야 한다. 그래야 기적이 일어나고 삶의 변화가 일어난다.

불광불급不狂不及이란 말이 있다. 미치지 않고는 목적한 곳에 이를 수 없다는 말이다. 미치지 않고는 원하는 일을 달성할 수 없다.

웃는 것도 남에게 미쳤다는 말을 들을 정도로 열심히 웃어야 기적이 일어난다. 필자는 5시간을 웃고 난 후 웃음에 미쳐서 심한 견통 등 여러 가지 신경성 질환으로부터 해방되었다. 웃음에 한번 미쳐 보는 것도 한평생 살면서 한번쯤은 꼭 해봐야 한다. 웃음에 미쳐 보면 자신도 모르게 자신이 변화되고, 이웃과의 관계가 변화되고, 건강과 행복에 관련된 모든 것들이 회복되고 향상되는 것을 알게 될 것이다.

아메리카 원주민의 어느 부족은 자신의 인생에서 웃고 산 날 만을 살아온 날로 친다고 한다.

앞으로 남은 삶에서 상향식으로 완전한 변화를 원한다면 웃음에 모든 것을 걸어볼 만하다. 하루 동안 웃는 시간 누계 30분 정도씩 3주 웃으면 확실히 변함을 느낄 것이고 계속해서 63일(3주를 3번) 반복하면 당신 앞에 새로운 세상이 펼쳐질 것이다.

미친 척하고 웃음에 미쳐 보라.

3

친자부인 소송과 친자확인 소송

"내 딸이 친 딸이 아니라는 걸 증명할 수 있나요?"

강서구에 사는 한 할머니(75세)가 유전자 검사 결과를 가지고 법원으로 갔다. 수십 년간 애지중지 키워온 딸이 실제로 친 딸이 아니라는 판결을 받기 위해서였다. 평생 한 번도 결혼하지 않고 독신으로 지내온 이 할머니는 집 앞에 버려진 갓난아이를 정성스럽게 키워서 결혼까지 시켰다. 하지만 딸은 원하는 것을 해 주지 않는다며 폭언하기 일쑤였다. 당뇨, 고혈압으로 고생하는 할머니는 공공근로를 통해 버는 10만 원이 한 달 수입의 전부이다. 입에 풀칠하기도 힘든데 기초생활 수급대상자 명단에는 올라 있지 않다.

가족관계 증명서에 올라 있는 딸의 존재 때문이었다. 용돈은커녕 지난 1년 동안 연락 없는 딸, 키워 준 엄마를 폭언으로 멸시하는 딸과의 인연을 이제는 정리하기로 결심한 것이다. 그것만이 할머니가 살아갈 수 있는 유일한 방법이라고 생각했기 때문이다.

아직까지 친자소송의 대부분은 내 자식이 맞는지를 알아보는 친사확인 소송이었지만 최근 내 자식이 아니라고 부정하는 친자부인 소송이 훨씬 더 가파르게 증가하고 있다고 한다. 지난 10년 동안 친자확인 소송은 2배가 증가했지만 친자부인 소송은 약 4배로 증가했다. 내 자식이 아니라는 걸 입증하는 소송이 늘어나는 것은 우리 사회의 그늘진 부분을 반영하는 것이다.

사회 안전망의 구멍이 구체적으로 드러난 것이다. 국민 기초생활 보장법은 최저 생계비 이하 가구에 대해 국가가 경제적 지원을 해 주도록 하고 있지만 조건이 있다. 자식이나 배우자 등 부양의무자가 없어야 한다.

불과 한 세대 전만 해도 누군가 버리고 간 업둥이를 키우거나 형제자매의 아기를 양자로 들이는 일을 어렵지 않게 볼 수 있었다. 문제는 그렇게 키운 자식들이 부모를 돌보지 않는 경우이다.

생계가 막막한 저소득 노인들은 가족관계 증명서에 올라 있는 자녀가 부양 의무를 가진 친자식이 아니라는 판결을 받아야 기초생활 수급자로 선정될 수 있다. 그래서 친자부인 소송이 점점 빠르게 증가하고 있는 것이다.

이런 딱한 사람들을 위해 서울시 산하 서울사회복지공익법센터에서는 무료 유전자 검사를 지원하고 있다. 부모와 자식 간의 인연을 끊어지도록 도와주기 위해서이다. 유전자 검사비용과 소송비용을 감당할 수 없는 노인들이 이 센터를 찾아 도움을 받는다.

20여 년 전 남동생이 자식들을 돌보지 않고 전국을 떠돌기 때문에

학교도 갈 수 없는 조카딸을 자신의 호적에 입적시킨 한 할아버지도 이 센터의 도움으로 조카와의 인연을 끊었다.

이렇게 서울사회복지공익법센터의 도움으로 부모 자식 간의 인연을 끊은 부모들은 당장 살아갈 일이 캄캄해서 인연을 끊었지만 막상 인연이 끊어진 서류를 받아드는 순간은 대부분 그 서류를 붙들고 한참 동안이나 흐느껴 우는 경우가 대부분이라고 한다.

친자확인 소송은 양육비나 재산 상속 등을 둘러싼 금전적 다툼이 밑바닥에 깔려 있는 경우가 많다. 혈연관계는 재산 등에 대한 권리를 주장하거나 양육의 의무를 지게 하는 강력한 무기이기 때문이다.

또한 친자확인 소송은 혼외자가 법적인 가족관계를 정리하는 데도 쓰이고 있고 6·25 때 전사자나 실종자 가족의 친자를 찾는 데도 이용되고 있다.

또한 배우자를 의심하여 "진짜 내 자식이 맞느냐?"고 막장드라마식 친자확인 소송도 있는데 개방적인 성문화가 우리 문화에 들어오면서 아내가 낳은 자식을 의심하고 결국 소송까지 이르게 되며 실제로도 혼외자가 늘어나면서 배우자와의 이혼도 급증하고 있다.

이 외에도 북한 탈북 주민과 해외자녀들도 친자확인 소송에 뛰어들고 있다. 탈북한 북한 주민이 남한에서 아버지가 돌아가셨지만 남한에 있는 자녀들과의 유전자 검사를 통해 자녀로 인정받으면 상속받을 권리도 부여받게 된다.

한국인 아버지와 필리핀 어머니 사이에서 태어난 코피노들도 소송의 문을 두드리는데 해외 거주하는 자녀들의 친자소송 확인은 앞으로 점점 더 늘어날 전망이라고 한다.

친자식을 과학적으로 밝혀 주는 유전자 검사비용이 저렴해졌기 때문에 더욱 더 소송이 늘어난 계기가 되었다. 2000년대 중반에 50만 원 하던 검사비용이 최근에는 15만 원 선이면 할 수 있게 되었다. 친자확인 소송이 됐건 친자부인 소송이 됐건 날이 갈수록 그리 유쾌하지 않은 소송 건 수가 급증하는 추세인 것이다.

이런 친자소송이 점점 줄어들었으면 좋겠다. 그런 방향이 이 사회가 더욱 건강해지고 도덕적이고 인륜의 질서가 바로 서는 사회가 되는 것이다. 가족의 신뢰가 회복되는 사회로 발전해 나가는 것이다. 친자부인 소송이 급증한다는 씁쓸한 소식을 접하지만 그래도 웃어서 밝은 사회를 만들어 보자.

웃으면 가족의 신뢰도 향상된다. 웃으면 가족 간 유대관계도 공고해지고 좀더 든든한 가정을 세워가게 될 것이다. 웃음이 있는 밝은 가정을 이루는 일은 아름다운 밝은 사회를 이루는 기본이다.

4

왜 여자가 더 잘 웃을까?

웃는 모습으로 남자와 여자를 구분할 수 있을까? 우리나라 사극에도 남장 여자의 모습을 가끔씩 볼 수 있다. 언제쯤 여자라는 것이 탄로가 날까? 하며 드라마를 보는 또 하나의 재미를 엮어 간다.

미국에서는 남북전쟁 당시 남장을 한 여자 군인들이 꽤 많았다. 그 숫자는 정확히 밝혀지지 않았지만 병원에서 치료 받다가, 전쟁 포로로 잡혀 갔다가, 사망 후 매장을 하다가 여자로 발각되는 일이 종종 있었다고 한다. 그들의 행동이나 외모로는 여자라는 사실이 드러나지 않았다. 이름을 바꾸고 남자 몸처럼 보이려고 동여매거나 부풀려 군복을 입고, 머리를 짧게 자르고, 담배 피우는 법, 욕하는 법, 군인처럼 술 마시는 법을 배우고 입대했다.

절차상 신체검사가 있기는 했지만 실제로 실행한 적이 거의 없었기 때문에 가능했다. 당시 군인들은 군복을 입고 자고 속옷을 입고 목욕

하는 것이 관행이었기 때문에 들통이 쉽게 나지 않았다. 다소 어리게 보인다 해도 당시에는 미성년자 소년 신병들도 많았기 때문에 거의 구분할 수 없었다. 그들의 외모와 품행을 보고 여자임을 알아채기는 쉽지 않았다.

그런데 몇 가지 행동, 예를 들면 공 던지는 행동이나 웃는 모습 때문에 발각되는 예가 많았다고 한다. 우리가 공을 던질 때에는 남자와 여자의 몸동작에서 차이가 난다. 이것은 좀처럼 변하지 않는 특성 중에 하나이다. 여자와 남자의 신체와 두뇌는 완전히 다르기 때문에 한쪽 성의 특성이 언젠가는 분명히 드러날 수밖에 없다는 것이다.

또한 웃는 모습도 성 정체성을 구별하는데 큰 영향을 미친다. 아무리 완벽하게 남자의 모습으로 꾸몄어도 웃는 모습을 보면 여자가 아니고서는 그렇게 웃을 수 없는 여자의 특징이 있다.

남북전쟁 당시 남장 여인 중에 웃는 모습 때문에 발각된 예가 많이 있다는 것이다. 남자와 여자는 웃는 면에서 어떠한 차이가 있는 것일까? 일단은 여자가 남자에 비해서 더 많이 웃고 더 자주 웃는다는 연구 결과이다.

갓 태어난 여자 아기가 남자 아기보다 더 자주 웃는다는 증거는 아직 없다. 그러나 조금 더 자라면 여자 아기들이 남자 아기들보다 더 자주 더 많이 웃기 시작한다. 점점 더 자랄수록 그 차이는 더욱 늘어난다. 10대 후반부터 20대 초반까지 여자들이 웃는 빈도수는 남자들과 가장 큰 차를 나타내며 이후부터는 남녀간 차이는 점점 줄어들지만 정도 차이는 평생 지속해서 여자가 더 많이 더 자주 웃는다.

우리나라 장년층 이상 웃음 횟수를 조사해 보면 여자들은 하루 10회

이상 웃는 데 비해 남자들은 하루 5회 미만으로 웃는다고 한다.

여자가 남자보다 자주 웃는다는 사실은 고등학교, 대학교 졸업 앨범 사진, 신문이나 온라인상의 사진, 인쇄물과 인터넷 광고, 페이스 북과 연례 보고서 등 다양한 자료에서 수집한 수만 장의 사진에서 사람들의 표정을 분석한 결과이다. 우리가 일상생활에서 사진 찍을 때 모습만 보더라도 여자가 남자보다 더 자주 잘 웃는다는 것은 사실이다.

그 외 여러 가지 다양한 실험 결과를 토대로 사회심리 학자들은 이런 결론을 내렸다. 즉 "여자들의 기본적인 표정은 웃음이고, 남자들의 기본적인 표정은 무표정이다"라고 간주하게 된 것이다.

과학자들이 밝혀낸 바에 의하면 여자의 큰 광대뼈 근육이 남자들의 큰 광대뼈 근육보다 훨씬 두껍다고 한다. 여자가 남자보다 더 많이 웃는다는 사실에 미루어 볼 때 놀랄 일은 아니다. 하지만 여자들이 두꺼운 큰 광대뼈 근육을 가지고 태어났기 때문에 잘 웃게 되는 것인지 아니면 어릴 때부터 많이 웃다 보니 큰 광대뼈 근육이 두꺼워진 것인지는 더 연구가 진행되어야 할 것이다.

또한 잘 웃지 않는 남자일수록 남성호르몬인 테스토스테론의 양이 많은 것을 밝혀냈다. 남성끼리도 테스토스테론 수치가 높은 남성이 낮은 남성에 비해 대체로 인간관계에서 지배적이고 전투적일 가능성이 높다. 테스토스테론 수치가 높은 남자들은 웃는 것을 싫어한다고 한다.

피실험자로 남자들의 침을 수집하여 테스토스테론 수치가 어느 정도 되는지 측정한 다음 두 장의 사진을 찍었는데 한 번은 무표정한 사진, 한 장은 웃으면서 찍었다.

그 결과 테스토스테론 수치가 높을수록 웃으라고 했을 때 활짝 웃지 않는 경향이 있을 뿐 아니라 웃더라도 한결같이 늑대같이 웃었다고 한다. 늑대 같은 웃음이란 성적 지향 욕구가 강한 웃음을 말한다.

드디어 남자들이 여자들에 비해 웃지 않는 이유가 얼마간 밝혀진 것이다. 남자들은 큰 광대뼈 근육이 여자들에 비해 훨씬 얇고 남성호르몬인 테스토스테론 때문에 웃지 않는 것이다.

그렇다고 남자들에게 큰 광대뼈 근육을 이식하는 성형수술을 할 수도 없는 노릇이고 남성들에게 여성호르몬을 주입시킬 수도 없는 노릇이다.

그렇다면 어떻게 해야 남성들도 더 많이 웃을까? 방법은 어려서부터 열심히 웃음 연습을 시켜 큰 광대뼈 근육이 두껍게 되도록 하는 것이고, 남성호르몬이 적어지는 40대 이후부터 열심히 웃음 공부를 습관화시켜야 한다. 남자들은 여자들에 비해 열심히 웃는 연습과 노력을 더 많이 해야 한다.

5

중증 근무력증

"처음 교실에서 거울에 비친 내 모습을 보고 깜짝 놀랐지요. 나는 분명히 웃고 있었는데 거울에 비친 내 모습은 심각하게 일그러져 있었거든요. 나는 분명히 웃고 있었는데……."

"그 후 병원에 찾아가 진단을 받았죠. 중증 근무력증이라는 거예요. 이후에 저는 눈꺼풀이 처지고 관절통증이 심해져서 걷기도 매우 힘들었죠. 그래서 한동안 휠체어를 타고 생활했어요."

영국 일간지 데일리 메일은 웃을 수 없는 희귀병을 앓고 있는 30대 중반의 여성 에이미 가이를 소개했다. 세상에서 가장 행복한 순간이 찾아와도 웃음과 미소를 지울 수 없다면 얼마나 큰 고통과 상처를 남길 것인가?

그녀는 결혼식 때도 웃을 수 없었다. 사진 속 그때의 표정은 유독 어둡다. 인생의 가장 행복한 순간이지만 근무력증 때문에 웃음이나 미소를 지을 수가 없었다. 하지만 에이미는 전혀 기분이 나쁘지 않았다고 한다. 한 남자의 아내로 바뀌는 순간 버거움을 느끼기는 했지만 세상에서 가장 기쁜 순간이었다고 한다. 그런데도 중증 근무력증으로 웃지 못하는 심정은 오죽했을까?

중증 근무력증은 근육세포에 영향을 미치는 신경근육 접합부에 아세틸콜린 수용체 숫자가 줄어들면서 나타나는 질환으로 주로 뇌신경 지배를 받는 근육에서 근력약화가 나타나기 때문에 눈꺼풀 처짐, 구강 근육약화, 발음 곤란, 얼굴 근력약화와 같은 증세가 동반된다고 한다.

통계적으로 인구 10만 명당 14.5명이 걸려 비교적 희귀병으로 볼 수 있는 중증 근무력증은 남자보다 여자에게 많이 나타나며 자가 면역질환이라고 추정될 뿐 정확한 원인은 밝혀지지 않았다. 이 중증 근무력증 환자들 중 75%의 환자들은 면역세포 훈련 기관인 흉선thymus에서 이상 증상이 관찰된다고 한다.

가슴 CT에서 흉선종이 발견되고 있으며 이 흉선종을 제거해도 수개월에서 수년 후에나 증상이 호전되는 경우도 있지만 호전되지 않는 경우도 많아 흉선 제거에 부정적 견해도 많다고 한다.

중증 근무력증은 항 아세틸콜린 에스터레이즈 약물을 투여하거나 글로불린 정맥주사, 면역요법 등으로 환자의 상태를 상당 부분 호전시킬 수 있지만 에이미의 경우에는 유독 상태가 심각해서 치료를 할 수 없었다.

아이를 임신하는 것이 그녀의 몸 상태를 더욱 악화시킬 수도 있다는 의사의 경고에도 불구하고 에이미는 23세에 결혼해서 지금은 두 아이의 엄마가 되었다.

그녀의 강렬한 소망이 힘든 난관을 극복하였다. 그녀는 현재 얼굴뿐 아니라 전신근육이 악화되어 몸을 가누기가 쉽지 않은 상태이다. 그럼에도 불구하고 자신과 같은 중증 근무력증 환자들을 치료하기 위한 연구 활동을 지속하며 관련 기금을 모으는 일에도 앞장서고 있다.

동정의 눈길을 보내는 일들에게 에이미는 씩씩하게 말한다.

"사람들은 내가 평생 동안 괴로움에 살고 있을 거라고 생각하고 있겠죠? 하지만 나는 그저 미소만 지을 수 없을 뿐이죠."

"이젠 아이들도 알고 있어요. 엄마가 얼굴 표정만 웃지 못할 뿐이지 마음속으로는 활짝 웃고 있다는 것을."

사람이 살아가면서 웃음을 지을 수 없다는 것은 대인관계나 자녀 양육이나 삶의 모든 면에서 매우 심각한 핸디캡을 가지고 있는 것이다. 그래서 에이미는 내면의 세계에서는 더욱 깔깔 거리고 행복하게 웃기를 노력한다. 그래서 표정 없는 얼굴 대신 늘 긍정적이고 행복한 감성과 언어로 사람들에게 다가간다. 표정의 핸디캡을 극복하기 위해 수십 배 수백 배의 노력을 하고 있다.

에이미의 중증 근무력증 기사를 읽으며 웃을 수 있다는 것에 새삼 깊은 감사함을 느낀다. 굳이 말로 표현 안 해도 미소 하나만으로도 얼마나 많은 소통을 이룰 수 있는가? 굳이 감정을 설명하지 않아도 환한 웃음 하나만으로도 나의 행복과 당신을 향한 열려진 마음을 바로 표현할 수 있지 않은가? 웃음은 다른 이에게 보내는 나의 호의이고 열린 밝은 마음이다. 웃을 수 있음에 감사하자. 감사가 많을수록 웃음도 많아질 것이다.

6

웃지 않는 사람들

2008년 베이징 올림픽 개회식에서는 특이한 행사가 하나 있었다. 세계 각국의 어린이들의 대형 얼굴 사진을 들고 나타났다. 그런데 그냥 어린이 사진이 아니라 각 나라마다 웃는 모습이 모두 다른 어린이들의 얼굴들을 들고 퍼레이드를 펼쳤다.

뾰족 튀어나온 귀, 앞니 빠진 입매, 동그랗게 크게 뜬 눈, 질끈 감은 눈, 턱과 뺨에 움푹 패인 보조개, 지구상에 존재하는 가지각색의 피부색… 이 모든 다양성이 나타내는 핵심 메시지는 무엇이었을까? 그것은 바로 만국 공통어인 어린이들의 웃음을 통해서 진심으로 환영을 표시하는 메시지였다. 세계 어디서나 웃음은 환영과 기쁨을 뜻한다. 특히 중국에서 웃지 않는 사람들은 장사를 하지 말라는 속담이 있듯이 당시 베이징 시의 상인들에게 웃으라는 강제적 지침이 내려졌다고 한다.

세계 어디서나 웃음이 일반적으로 유쾌함과 친근감을 나타내는 것은 사실이다. 그러나 모든 문화와 민족이 같은 웃음을 나타내지는 않는다. 일부 이슬람 국가에서는 고객을 향해 웃는 것이 성적으로 관심을 나타낸다고 인식하기 때문에 눈살을 찌푸리는 곳도 있다.

어느 지역에서는 웃음을 보여서는 안 되는 사람에게 웃음을 보였다는 이유만으로 문전박대를 당하기도 한다. 어떤 문화에서는 잘 웃지 않는 사람을 신용 있는 사람으로 취급하여 칭송하기도 한다. 북유럽에서는 낯선 사람을 보고 웃지 않는다. 러시아인과 폴란드인들은 잘 모르는 사람에게 미소 짓지 않으며 낯선 사람이 그들에게 미소를 짓거나 웃으면 수상쩍다고 경계를 한다. 스칸디나비아 사람들은 낯선 사람을 향해 웃는 행동은 그 사람의 사적 영역을 침범하는 것으로 생각하기 때문에 아예 낯선 이에게 미소를 지을 생각조차 하지 않는다.

실제로 노르웨이에서 동계올림픽이 열렸을 때 노르웨이 사람들은 웃지를 않아 "서리 내린 컵Frosty mug"이라고 월스트리트 저널은 노르웨이 사람들을 표현하기도 했다.

모르는 사람에게 거의 미소를 짓지 않는 프랑스 사람들은 일상에서 많은 미소를 짓는 미국인들의 습관을 세상 물정을 모르는 부르조아적인 행동이라고 조롱하기도 한다. 같은 미국 내에서도 남부 사람들은 무뚝뚝하여 잘 웃지 않는 북부 사람들을 이상하게 생각한다. 반면 북부 사람들은 남부 사람들의 헤픈 웃음 때문에 그들을 신뢰하지 않는다.

같은 언어라도 다양한 억양과 사투리가 있는 것처럼 웃음도 문화적, 민족적으로 다양한 억양과 해석이 존재하고 있다.

웃음의 의미가 어디서나 다 똑같이 인정되지는 않는다. 개인적인 도덕관에 의해 웃음이 억제되는 경우도 있다.

미국 메이저리그의 한 선수는 역전 만루 홈런을 치고도 웃지 않았다. 이럴 때 환호하고 웃는 것은 상대팀 투수에게 고통을 안겨주고 큰 실례를 범한다고 생각하여 배려하는 마음으로 웃지 않았다고 한다.

파키스탄에서는 결혼식을 엄숙한 의례로 생각한다. 그래서 신부가 웃음을 보이면 경박한 처신으로 결혼식을 망친다고 생각하여 웃지 못하게 한다.

우리나라도 과거 유교적 문화가 우리 사회를 지배할 때 밥상머리에서나 결혼식에서 웃음을 금기시 한 적도 있었다. 합동결혼식으로 많은 이목을 끈 통일교에서도 결혼식에서 웃음을 금기시하여 수천 명의 젊은 부부들의 결혼식 사진을 보아도 웃는 모습은 거의 찾아볼 수 없을 정도였다.

그러나 이렇듯 웃음을 금기시하는 문화, 민족, 집단, 개인들이 있음에도 불구하고 대부분의 사람들에게는 웃음이 긍정적이고 친밀감 있고 행복함을 나타내는 것은 확실한 것 같다.

웃음은 인간 서로간의 문화적, 민족적, 벽을 허무는 아주 중요한 수단과 무기가 된다. "나는 당신에게 호의를 가지고 있습니다"라는 암묵적 신호이기 때문이다.

신은 우리 유전자 속에 웃음을 넣어 두었고 이 웃음은 부작용 없는 만병통치약이다. 그래서 신이 주신 상대방을 향해 호의를 전달하는 웃음약을 적극 복용해야 한다.

하하웃음행복센터를 운영하며 많은 이들이 웃음으로 치유되는 현장을 목격하는데 그들이 웃다가 가장 먼저 깨닫게 되는 것은 자아에 대한 새로운 인식이다.

즉 내가 먼저 변해야 세상이 변한다는 것과 지금까지 근심, 걱정, 분노, 시기 질투, 미움, 두려움 등의 부정적인 생각은 부질없다는 것과 너무 많은 세월을 이 부정적 생각으로 소비하였다는 깨달음이다. 그래서 웃을 일이 없어도 스스로 웃는 연습을 통해 자신의 문제점들을 긍정적이고도 희망적인 모습으로 바라보고 웃음을 통해 인생의 중요한 터닝 포인트를 맞게 되는 것이다.

아무리 웃음에 대해 부정적인 면을 찾아내려 해도 웃음은 희망과 긍정과 행복과 건강이다. 웃지 않는 다른 나라 민족 집단에 신경 쓰지 않아도 된다.

7

넬슨과 이순신

영국 엘리자베스 여왕이 살고 있는 윈저 성에는 수많은 미술품과 역사적 유물들이 전시되어 있다. 그중 특이한 유물이 하나 있는데 바로 "녹슨 총알"이다. 트라팔가 해전에서 호레이쇼 넬슨 제독을 저격했던 총알이다.

1805년 10월 21일 넬슨 제독이 이끄는 영국 해군은 스페인 남서쪽의 트라팔가 앞바다에서 프랑스와 스페인의 연합 함대와 대치하고 있었다. 영국 함대는 27척 연합 함대는 33척이어서 영국군이 약간 불리한 상황이었다. 프랑스 함대와 스페인 함대는 서로 거리가 약간 떨어져 있어서 영국군을 T자 전법으로 가운데를 가르며 한쪽을 먼저 기습하였다. 약한 프랑스 함대를 기습한 후 사기가 오른 영국 함대는 그 기세를 계속 밀어부쳐 연합 함대 22척을 격침시켰다. 영국 배는 1척도 침몰하지 않았다.

넬슨 제독은 이미 다른 전투에서 한쪽 팔과 한쪽 눈을 잃은 상태였는데 이 마지막 전투에서 승리가 확실시 되는 순간 불행하게도 적의 저격을 받았다. 지휘권을 넘기고 치료를 받으라는 부하들의 요청도 아랑곳하지 않고 넬슨 제독은 끝까지 지휘봉을 놓지 않았다. 임종하며 그는 "신에게 감사를 드린다. 나는 내 임무를 다했다"라는 유언을 남겼다.

윈저 성에 보관된 녹슨 총알은 끝까지 자신의 임무를 다하고 숭고하게 죽어간 넬슨 제독의 충성과 투지와 용기의 정신이 그대로 녹아 있는 것이다. 이것이 세계 4대 해전의 하나인 트라팔가 해전이다.

영국의 넬슨 제독이 있다면 한국에는 이순신 장군이 있다. 이순신 장군은 녹슨 탄환대신 난중일기라는 보물을 남겼다. 명량해전의 승리를 담은 영화 《명량》이 최고 관객 수를 동원하며 각종 신기록 행진을 계속한 적이 있다. 명량대첩에서 이순신 장군은 12척의 배로 330척의 배를 물리치는 기적과 같은 혁혁한 전공을 세웠으나 세계 4대 해전에는 들어가지 못한다. 왜냐하면 적군이 완전히 전의를 상실할 정도로 초토화시킨 전쟁은 아니기 때문이다.

세계 4대 해전에는 한산도대첩이 들어간다. 한산도대첩 이후 이순신 장군이 완전히 제해권을 장악하였기 때문이다. 한산도 해전을 계기로 이순신 장군은 일본군이 해상작전을 전혀 펼칠 수 없을 정도로 위축시켰고 전쟁 수행능력에 치명타를 입혀 일본군 철군을 촉진시켰다.

한산대첩에서는 넬슨의 기습적 T자 전법과는 반대로 학익진이라는 포위 전술을 펼친 것으로 유명하다. 학익진은 원래 육군이 쓰는 전술이다.

적군을 포위해야 하기 때문에 소통이 잘되는 육상에서는 유리하지만 소통이 어려운 해상에서는 일사분란하게 움직여야 하므로 보통 훈련으로는 소화하기 어려운 전술이었다. 이순신 장군은 원래 함경도에서 여진족 정벌을 하였던 육군 출신이기 때문에 가능했던 작전이었을 것이다.

한산대첩에서 왜적선 59척과 왜군 8,000명이 한산도 앞바다에 수장되는 것을 보고 뒤쪽에 있던 왜적선 14척은 꽁무니를 빼 달아났다. 3시간 동안 약 60여 척의 아군 판옥선에서 300여 발 포탄을 퍼부었고 아군의 피해는 노를 젓는 군사 1명 사망에 그쳤다. 명량에 이어 한산대첩도 영화로 나올 예정이라 한다.

넬슨 제독이나 이순신 장군은 세계 해군 역사에 길이 남을 위대한 군인이다. 둘 다 전쟁을 완벽한 승리로 이끌고 최후의 전투에서 전사한 살신성인의 리더십을 가진 장수이다.

러일전쟁 시 쓰시마 해전에서 러시아 발틱 함대를 괴멸시켜 일약 세계적인 해군 지휘관이 된 일본의 도고 헤이하치로 제독은 자신을 넬슨에 버금가는 해군의 신이라는 말을 듣고 대답하기를 "영국의 넬슨이 훌륭하기는 하지만 해군의 신이라고 할 인물은 못 됩니다. 해군 역사상 해군의 신이라 할 제독이 있다면 딱 한 사람 이순신 장군뿐입니다. 이순신 장군과 비교한다면 나는 일개 하사관도 못 됩니다."

일본 해군 장수이지만 양심적인 고백이 아닐 수 없다.

영웅은 역경 가운데서 태어난다. 역경을 이겨 내는 힘이 영웅을 만든다. 역경을 이겨 내는 힘은 두려움을 용기로 바꾸는 것이다. 두려움을 용기로 바꾸는 근본적인 에너지는 사랑이다.

위대한 영웅은 다 백성을 사랑하는 마음으로 두려움을 이기고 용기를 얻었던 것이다.

이순신 장군만 30년간 연구해 온 이순신 전도사이며 헌법학자인 김종대 전 헌법재판관은 이순신의 리더십을 사랑과 정성으로 표현했다. 사랑이 두려움을 이기고 용기를 끌어 낸 것이다.

영화 명량에서 보면 유머나 웃음은 단 한 번도 나오지 않는다. 그만큼 긴장과 압박감의 연속이었다. 당시 상황이 최후 위기 상황이니 만큼 유머나 웃음은 넣을 수 없었을 것 같다. 그래도 못내 아쉬운 것은 웃음이 들어갔으면 하는 마음이다. 웃음은 역경을 이겨 내는 중요한 조력자이기 때문이다. 그리고 웃음은 사랑이기 때문이다.

8

사랑의 심부름꾼

오랜만에 셋째 외손주가 왔다. 외손주는 이제 태어난 지 8개월 정도 되었다. 반가운 마음에 안아 주려고 오라 했더니 쭈볏쭈볏하다가 와락 울음을 터트렸다. 우리 집이 낯설어서인지 엄마에게서 떨어지지 않으려 한다.

왜 아기들은 엄마를 좋아하고 떨어지지 않으려 하는 것일까?

1960년대까지만 해도 아가들이 엄마를 떨어지지 않는 이유는 엄마에게서 젖이 나오기 때문이라고 생각했다. 그래서 그 당시 엄마들은 젖은 잘 주되 아기를 너무 안아 주는 것보다 떨어뜨려 키우는 것이 의존성을 낮추어 주고, 독립성을 키워 주는 좋은 육아방법이라고 생각하였다.

아이에게 젖병 하나만 물려주고 아이 침대에서 혼자 자도록 놔두는 것이 세련되고 교양 있는 육아방법이라고 알려져 워킹맘들에게 폭넓

게 환영을 받았던 방법이었다.

그러나 핼리 할로우는 붉은 털 원숭이들을 대상으로 한 가짜 어미 실험에서 어미를 좋아하는 진짜 이유가 젖이 아니라는 실험 결과를 발표하였다.

할로우는 붉은 털 원숭이 새끼를 어미로부터 떼어내 철사로 만든 가짜 어미와 헝겊으로 만든 가짜 어미가 있는 우리에 집어넣었다.

철사어미에게서는 젖이 나오게 하였고 헝겊어미에게서는 젖이 나오지 않도록 조작을 하였다. 새끼 원숭이들은 배가 고플 때만 철사어미에게 가서 젖을 먹고 그 외 대부분 시간은 부드러운 촉감을 주는 헝겊어미에게 달라붙어 있었고 철사어미는 쳐다보지도 않았다. 또 배가 고파지면 철사어미에게 가서 젖만 먹고는 곧장 헝겊을 두른 어미에게 돌아와 달라붙었던 것이다.

어린 원숭이들은 젖 때문에 어미를 찾는 것이 아니라 포근하고 따뜻한 품이 그리워서 어미를 찾는 것임이 확실해졌다. 새끼는 젖 이상으로 어미와의 애착 자체가 필요하다는 결론을 내린 것이다.

할로우는 더 많은 가짜 어미원숭이를 만들어 실험했다. 헝겊 가짜 어미뿐 아니라 나일론, 비닐, 샌드페이퍼 등등의 가짜 어미 피부를 만들어 실험을 하였으나 포근한 감촉을 주는 헝겊어미를 가장 선호했으며 비닐이나 나일론 샌드페이퍼로 만든 가짜 어미에게는 별로 애착을 보이지 않았다. 폭신폭신하고 체온이 느껴지는 움직이는 가짜 엄마를 가장 선호했다.

한편 가짜 어미조차 없이 혼자 양육되었던 원숭이들은 정서적으로 대단히 불안한 모습을 보였다. 불안할 뿐 아니라 학습과 기억 능력에도 현저한 저하를 보였다. 이들을 해부해 보니 뇌는 제대로 발육하지 못하고 쪼그라들어 있었다. 할로우의 실험은 여기서 그치지 않고 성장한 후까지도 계속되었다. 어려서부터 격리된 채 양육된 암컷원숭이들은 성장한 후에 수컷과의 교미를 완강히 거부했다.

할로우는 강제적으로 억지로 임신케 하여 새끼를 낳게 하였는데 이 원숭이들은 어미의 역할을 전혀 수행하지 않고 새끼들을 학대하는 것이었다. 그래서 할로우는 이러한 결론을 내리게 되었다.

모성애는 유전자에 의해 본질적으로 생겨나는 것이 아니고 엄마의 사랑을 받고 자라야 그 사랑을 자식에게도 물려준다는 결론이다.

인간도 마찬가지이다. 어려서 엄마의 따듯한 사랑을 받고 자라야 사랑할 수 있는 능력이 생기고 타인을 배려하고 공감할 수 있는 뇌의 부위가 제대로 발달할 수 있다.

유아기 때 엄마의 사랑은 미성숙한 뇌를 구조적으로 성숙하게 하는 과정에서 결정적인 역할을 담당한다. 인간의 대부분 신체부위는 영양을 제대로 공급하면 어느 정도 성장할 수 있다.

그러나 인간의 뇌는 영양공급만으로는 제대로 성장할 수 없다. 생후 1-2년 동안 엄마의 따듯하고 포근한 품과 애정, 사랑이 담긴 대화를 통해 아기의 뇌는 정상적인 성장을 하여 점차 사회적 능력을 가지게 된다. 우리가 인간이 되고 지금까지 무사히 살아올 수 있었던 것은 내 자신이 스스로 살아온 것이 아니라 어머니의 끝없는 사랑과 이웃들의 사랑 때문이었다.

톨스토이는 그의 소설 『사람은 무엇으로 사는가?』에서 "모든 사람은 자신을 보살피는 마음에 의해 살아가는 것이 아니라 다른 사람들이 나를 사랑해 주었기 때문에 그 사랑의 힘으로 살아가는 것이다"라고 이야기했다.

사회에서 현재 당면하고 있는 대부분의 문제들이 사랑의 결핍에서 나타나고 있다. 군대 내 폭력 가혹행위, 학교 내 폭력, 가혹행위 사회의 모든 부조리와 타인배려 불감증 등 모두가 근본 원인은 사랑의 결핍이다.

외손주와 낯을 다시 익히는 데 몇 시간 걸렸는데 계속 웃어 주었더니 쉽게 따라 웃기 시작했고 나에게 와서 안기기도 하였다. 정서적 안정과 뇌의 정상적 성장을 위해 웃음은 필수적이다. 나의 호의, 나의 사랑을 전달하는 심부름꾼이 웃음이다.

웃어라. 사랑의 마음이 열릴 것이다.

9

공감능력

노년의 삶이 진행되어 갈수록 많은 남편들이 아내에게 바보 취급을 받으며 살아간다. 필자만 그런 것이 아니라 우리 사회 전반에 걸쳐 매우 일반적인 현상임을 알 수 있다. 대화를 할 때 말에 대한 집중력이 남자가 여자에 비해 더 떨어지고, 더 중요한 것은 공감능력이 여자에 비해 남자가 현저히 떨어지기 때문이다. 공감능력이란 다른 사람의 심리나 감정 상태를 잘 읽어낼 수 있는 능력이다. 즉 표정이나 목소리 톤, 몸짓, 자세 등을 통해 말로 표현은 하지 않았지만 그 사람이 어떤 생각이나 느낌을 갖고 있는지 알아채는 능력을 말한다.

왜 남자의 공감능력은 여자에 비해 떨어지는 것일까?

남자의 뇌는 엄마 뱃속에 있을 때부터 대인 커뮤니케이션을 담당하는 뇌 부위가 많이 깎여나간 상태에서 출생하기 때문에 태생적으로부터 공감능력이 여자에 비해 상당히 떨어진다. 그 대신 남자는 공격 성향이 훨씬 높은 상태에서 태어난다고 한다. 그래서 이런 남녀간 공감능력 차이 때문에 부부나 연인 사이 커뮤니케이션에서 갈등을 일으키는 근본 원인이 되는 것이다.

여자는 상대의 표정에 담긴 감정과 의도를 잘 읽어 내는 능력을 갖추고 있기 때문에 남자도 당연히 어느 정도는 알아채리라 생각하고 있지만 실제로 남자는 상대방의 표정이나 목소리 변화에 매우 둔감하여 모르고 있는 경우가 대부분이다. 이러한 남자의 공감능력 부족을 이해하지 못하는 여자는 감정표시를 해도 무심한 남자를 향해 자신에게 무관심하다거나 알면서도 무시하는 것으로 생각한다. 그런 마음을 꾹꾹 눌러 참고 살다가 어느 순간 여자는 분노를 폭발하게 된다. 갑자기 당하는 상황에 남자는 자신의 공감능력 부족 때문이라는 것을 알지 못하고 다른 이유 때문에 생긴 분노를 자신에게 쏟아 놓고 있다고 생각하게 된다. 결국 갈등은 해결되지 못하고 눈덩이처럼 불어나 과거에 무시당했던 서러운 일들을 폭포수처럼 쏟아 내면서 갈등은 최고조에 달한다.

남녀의 커뮤니케이션 갈등은 부부나 연인 사이에서만 일어나는 것이 아니라 회사에서 남녀가 팀을 이루어 일을 하거나 회의를 할 때에도 빈번히 일어난다. 여자는 표정과 목소리 톤에 담긴 감정에 민감하므로 이를 이용한 커뮤니케이션을 시도하지만 남자는 이에 둔감하므로 말의 내용에만 신경을 집중하기 때문에 회의나 일을 같이 하고도 무언가 잘 통하지 않는 느낌을 받고 심하면 서로 믿지 못하고 비난까지도 하게 된다.

이러한 갈등을 예방하려면 여자는 불만이나 감정의 변화를 구체적인 말로 남자에게 전달해 주어야 하고 남자는 상대방 표정 읽기가 여자보다 훨씬 둔감하다는 사실을 알고 여자가 화를 내면 "아, 내가 여자의 감정변화를 미처 몰랐구나"라고 깨달아야 한다. 그래서 공감능력의 부족을 인식하고 이를 보충하기 위해 적극적인 노력을 해야 한다.

그런데 공감능력을 높여 주는 아주 좋은 방법이 있다. 그것은 바로 웃는 것이다. 특히 한국의 성인 남자들은 웃는 근육들이 많이 경직되어 있다. 근육들이 경직되어 있기 때문에 표정이 밝지 않다. 이 어두운 표정들이 공감능력을 매우 떨어뜨린다. 그러나 웃으면 긍정적 정서가 유발되기 때문에 공감능력이 높아진다. 즐거워서 웃기보다는 웃기 때문에 즐거워지고 즐거운 정서는 공감능력을 높여 준다.

웃는 표정을 짓게 되면 뇌는 즐겁고 기분 좋다고 느끼게 되며 쉽게 긍정적 정서에 돌입할 수 있는 상태로 된다. 웃음과 관련된 근육이 수축되기만 해도 뇌는 우리가 웃는다고 판단하고는 엔도르핀, 도파민, 세로토닌 등의 호르몬을 분비하기 때문에 긍정적 감정을 느끼고 행복해지고 세상도 더 희망적으로 보게 된다.

억지로라도 웃어야 한다. 그런 밝은 표정을 짓는 것만으로도 공감능력은 상당 부분 향상될 수 있다. 대한민국의 성인 남자들, 특히 장년, 노년의 남자들은 이제 굳어진 웃음 근육을 자주 사용해야 한다. 아내에게 바보 취급 받지 않으려면 많이 웃어서 공감능력을 높여야 한다.

대인관계에서 외로움을 느끼지 않고 성공적인 관계 유지를 위해서도 웃어서 공감능력을 높여야 한다. 공감능력이 태어날 때부터 부족한 남자들에겐 하루 30분 이상씩 웃어야 한다는 웃음법을 만들어 강제로 웃도록 하여야 웃을려나?

10

사람은 무엇으로 사는가?

천사 미하일은 한 여인의 목숨을 거두어 오라는 하나님의 명령을 거역하였다. 어머니를 잃을 아이들이 걱정이 되어서 명령을 어기게 된 것이다. 그 대신 하나님은 그를 지상에 보내 세 가지 질문에 답을 찾아오라고 명령한다.

첫째는 사람 안에 무엇이 있는가?

둘째는 사람에게 허락되지 않은 것은 무엇인가?

셋째는 사람은 무엇으로 사는가?

그래서 천사 미하일은 어느 날 다 죽어 가는 청년의 모습으로 지상의 성당 한 쪽 구석에 떨어졌다. 그는 구두장이 시몬에 의해 발견되는데 시몬은 그냥 지나칠까? 가까이 갈까? 고민을 하게 된다.

그의 머릿속에서 천사와 악마가 싸우게 되는데 처음에 그냥 지나치려 하다가 곧 양심의 가책을 느끼게 되었다. 그래서 자신의 신발과 외

투를 벗어서 입혀주면서 자신의 집으로 데려오고야 말았다.

집에 들어서자 그의 아내는 몹시 화를 냈다. 자기가 부탁한 물건을 사오는 것도 잊고 낯선 남자를 데리고 온 것 때문이다. 아내는 악담까지 퍼부었다. 시몬은 아내를 잘 달래며 "당신에겐 하나님도 없는가?"라고 물었다. 남편의 말에 차츰 기분이 풀린 아내는 곧 미하일을 불쌍하게 여겼다. 자신을 정성스럽게 돌봐주며 생기 넘치는 시몬의 아내를 바라보며 미하일은 첫 번째 질문의 답이 사랑임을 깨닫게 되었고 미소를 보였다.

1년 후 시몬의 집에 한 부자가 찾아와 장화를 주문하게 되었다. 그 부자는 "일 년을 신어도 변함없이 튼튼한 장화를 만들어 주세요"라고 말하고 집으로 돌아가는 길에 돌연 죽음을 맞이하였다.

미하일은 그 부자와 찾아왔을 때 그의 뒤에 서 있던 죽음의 천사를 보았다. 그리고 그는 두 번째 질문의 답을 깨닫게 되었고 그는 두 번째 미소를 지었다.

시몬의 집에 머문 지 6년이 흐른 어느 날, 어느 부인이 시몬의 집을 방문하게 되었다. 그 부인은 친자식이 아님에도 지극 정성으로 엄마 잃은 쌍둥이를 키우는 것이었다.

미하일은 알게 되었다. 그 쌍둥이의 어머니를 데려오라고 하나님의 명령을 받았고 이 어린아이들 때문에 자신이 하나님의 명령을 어겼던 것을…….

이 쌍둥이가 어머니를 잃는 순간 살아남기 힘들 것이라고 번민했던 자신의 모습도 떠올랐다. 그렇지만, 이 부인이 엄마 잃은 쌍둥이를 사랑과 눈물로 정성스럽게 키우고 있는 것을 보며 세 번째 질문에 답을 찾게 된다.

"사람은 서로에 대한 사랑으로 사는구나."

톨스토이의 단편 『사람은 무엇으로 사는가?』의 간략한 줄거리이다. 톨스토이는 글을 읽지 못하는 농부들의 부탁을 받고 쉽게 이 단편을 썼다고 한다.

그는 백작 집에 태어났지만 가난한 사람들에 대한 관심과 사랑은 유별났으며 농노해방운동에 참여하며 잘못된 사회질서와 귀족들의 사치를 비판했다. 그리고 인생의 진정한 가치가 무엇인가에 대해 끊임없이 고민하며 글을 썼다.

사람은 누구나 불완전한 존재이며 내일 일을 알 수 없는 불안한 존재이다. 그렇기 때문에 서로 믿고 사랑하고 의지하면서 더욱 사람답게 살 수 있다.

이 세상에서 사랑만큼 아름다운 게 또 있을까? 아기의 천사 같은 미소를 바라보는 엄마나 서로에게 눈을 떼지 못하고 사랑의 눈으로 바라보는 연인들에게는 사랑의 호르몬이 분비되어 친밀도를 매우 높인다고 한다. 바로 '옥시토신' 이라는 물질이다.

아기를 낳을 때 산모의 뇌하수체에서 분비되어 자궁수축을 해 주는 물질이 바로 이 옥시토신이다. 아기가 젖을 빨 때도 옥시토신이 분비되고 남녀가 사랑을 할 때도 분비되어 서로의 친밀도를 높여주는 것이다.

이 옥시토신을 투여하면 자폐증 환자나 거식증 환자가 마음의 문을 열게 만들어 그 증상을 치료할 수 있다고 한다. 프랑스의 신경과학인지센터에서는 자폐증 환자에게 옥시토신을 코로 흡입시킨 결과 자신에게 적대적이거나 호의적인 상대를 구별 못 했던 것에서 변화되어 적대적 상대를 멀리하고 호의적 상대를 가까이 하게 되었다. 또 사람의 눈을 똑바로 바라보지 못하고 시선을 자꾸 바꾸었는데 변해서 사람의 눈을 똑바로 바라볼 수 있게 되어 사회성이 일부 회복되는 결과를 보고했다.

또 자신이 뚱뚱하다고 음식을 거부하는 이들이 옥시토신을 투여하고 뚱뚱하다는 마음을 바꿀 수 있음을 입증하는 실험 결과도 발표되었다. 사랑의 호르몬 옥시토신을 투여하지 않아도 우리가 사랑을 하게 되면 옥시토신이 분비된다.

웃음의 본질은 사랑이다. 사랑하는 마음이 충만할 때 웃음도 넘쳐난다. 많이 웃는 사람에게는 사랑의 호르몬인 옥시토신이 충분히 분비가 된다. 사람은 무엇으로 사는가? 서로 사랑하며 산다. 서로 사랑하는 증표는 무엇인가? 서로서로 웃음을 많이 나누는 일이다.

11

웃으며 눈 마주치기

길을 가다가 누가 전단지를 주면 나는 잘 받지 않는 편이었다. 전단지 돌리는 사람과 눈이 마주치거나 미소 띤 얼굴을 보면 받지만 대체로는 그냥 무시하고 가는 편이었다.

나한테 별 필요 없는 전단지를 받으면 그것을 쓰레기통에 넣는 일이 귀찮고 또 마땅히 쓰레기통도 찾기 힘들기 때문이다. 그래서 전단지 나누어 주는 사람을 투명인간 보듯 무시하고 지나칠 때도 많았다.

그러나 요즈음은 그렇지 않다. 나누어 주는 전단지는 무조건 받기로 했다. 내가 마음을 바꾼 이유는 C신문 일간지 기자의 역지사지 체험기 때문이다. 그 기자는 전단지 나누어 주는 아르바이트를 하였다.

첫 번째는 교대역 부근 피트니스센터를 알리는 광고전단을 들고 교대역 부근에서 두 시간 체험을 했고 두 번째는 창동역 근처에서 치킨집 광고전단을 나누어 주는 아르바이트를 했다.

그가 광고전단을 들고 나서자 세상 사람들은 금세 두 종류로 나뉘어졌다고 한다. 전단을 받는 사람과 전단을 받지 않는 사람으로…….

그가 도전하고 30분 동안은 참담했다고 한다. 전단지를 내밀었지만 받는 사람은 열명 중에 두세 명도 안 됐다. 입이 바짝바짝 마르고 식은땀이 흘렀다고 했다. 내미는 전단지를 거절하는 사람들이 야속하게 여겨졌다. 그리고 자신을 돌아보았다. 자신도 거리에서 전단 나누어 주는 사람들 보면 피해 가기 바빴던 모습이 떠올랐기 때문이다.

시간이 지나면서 전단 받기를 거절할 것 같은 사람들의 모습이 눈에 들어왔고 그 판단은 대체로 들어맞았다. 멀쩡히 걸어오다가 전단지 주는 사람을 발견하면 갑자기 땅을 보고 걷는 사람들, 고개를 돌려 못 본 체하고 걷는 사람들, 어금니를 꽉 문채 무표정한 얼굴로 전단지 나누어 주는 사람을 보는 사람들은 보나마나 전단지를 받지 않았다.

그중에서도 가장 마음을 상하게 하는 사람들은 자신의 존재를 완전히 무시하고 옆 사람과 이야기하며 걷거나 자신을 투명인간 취급하며 혼자 제 갈 길만 가는 사람들. 그리고 주머니에 손을 넣고 자신에게 인상을 쓰며 "됐어!"라고 반말로 뿌리치는 사람들이었다고 했다. 즉 자신의 존재가 무시당하거나 모욕당한 느낌이 가장 괴로웠다고 한다.

점점 더 지나면서 전단지 돌리는데 노하우가 생기게 되었다고 한다. 사람들의 표정을 읽게 되었으며 기분 좋은 사람들은 잘 받고 기분 나쁜 사람들은 거의 받지 않는다는 전단 돌리기 기초단계를 잘 파악한 것이다. 점심 식사 후 아이스크림을 손에 든 사람들이나 연인 등 기분 좋은 사람과 손잡고 가는 사람은 전단을 뿌리치지 않고 거의 다 받았다. 그러나 화난 얼굴로 빠르게 걷거나 큰 소리로 전화하며 걷는 사람들은 거의 다 받지 않았다는 것이다.

길 가는 사람이 광고전단을 받을지 안 받을지 결정하는데 걸리는 시간은 0.5초 이내라고 한다. 그 짧은 시간에 받도록 성공률을 높이는 방법은 눈을 맞추는데 있다고 한다. 거기에다 웃음 띤 얼굴로 눈을 맞추면 훨씬 더 성공률이 높아졌다고 한다.

그런 속에서도 "예"라고 대답하며 전단지를 받아주는 아주머니나 "감사합니다"라고 고개 숙이고 인사하며 받은 중고생들을 만났을 땐 울컥하며 마음속으로부터 감동을 느꼈다고 했다. 어떤 이는 일부러 다가와 "그게 뭐요"라고 묻고 받아가며 꼼꼼히 읽어 보는데 뛰어가서 업어 주고 싶더라고까지 했다.

그 기자의 4시간 아르바이트 체험기였지만 나는 그것을 읽고 전단 나누어 주는 이들의 마음을 헤아리게 되었다. 한 번도 그들의 편에서 헤아리지 못했던 것이 미안했다. 역지사지의 마음을 갖게 된 것이다.

세계적 기업 월마트의 성공신화 가운데 뛰어난 마케팅 방법은 바로 "세 발짝 이내의 손님에겐 무조건 웃으며 눈 맞추기"였다. 월마트의 창업자 샘 월튼이 전 세계 월마트 30만 직원에게 위성방송으로 간절히 부탁한 마케팅 방법이다. "웃으며 눈 마주치기"는 상대방의 마음을 순간에 호의적으로 바꾸는 매우 효과적인 방법이다.

웃음은 상대방에게 나의 호의를 전달하는 심부름꾼이다. 경직된 우리 사회를 바꾸어 나가고 친절하고 호의로 가득 찬 대한민국을 위해 "웃으며 눈 마주치기" 운동을 펴 나가야 하지 않을까? "웃으며 눈 마주치기"는 모든 영업행위뿐 아니라 우리 인간사에서 맑고 밝고 아름다운 사회를 이루는데 가장 기초이며 중요한 첫걸음일 것이다.

12

영원한 일등은 없다

1981년도 다니던 회사 용무로 처음 해외 출장을 나가게 되었다. 일본 오사카, 나고야, 교토, 도쿄 등에 있는 방직공장과 섬유 원단 제조사, 섬유기기 박람회, 대학 연구실 등을 견학하고 섬유 원단 촉감측정기를 가서 시험해 보는 출장이었다.

당시 일본의 얄미우리만치 너무나 깔끔하고 발전된 모습에 부럽기도 하고 시샘도 났다. 오사카체육관에서 열린 패션쇼(국제 패션쇼는 처음 가 봄)에서의 화려함과 무대, 조명, 퍼포먼스 그리고 과감한 노출에 신선한 충격을 받기도 했다. 그러나 가장 부러웠던 것은 아키하바라의 가전제품, 전자제품들이 있는 상가였다.

전자계산기도 탐이 났지만 가장 탐이 났던 건 소니사의 워크맨이었다. 당시 소니사의 워크맨은 지금 애플의 아이폰이나 삼성의 갤럭시폰보다 더 인기가 많지 않았나 싶다.

손바닥만 한 얇고 날렵한 기계에서 이어폰으로 울려나오는 환상적인 음향은 누구라도 빠져들지 않을 수가 없었다. 그 당시 일본에 출장가면 누구나 워크맨은 기본적으로 사 가지고 돌아와야 하는 필수품이 되었다.

워크맨은 1979년에 선을 보였다고 한다. 소니 창업주 이부카 마사루가 "비행기 안에서도 음악을 들을 수 없을까" 하고 회의에서 과제로 내준 게 출발이었다. 워크맨은 걸으며 춤추며 음악을 듣는다는 새로운 문화를 창조했고 전 세계 젊은이들에게 지대한 영향을 미쳤다.

당시 지금의 애플처럼 소니는 혁신의 상징이었고 "소니가 만들면 무엇이든지 다 팔린다"는 신화를 창조하며 승승장구했다. 실제로 소니는 칼라TV, CD플레이어, 8mm캠코더까지 만드는 족족 세계 시장을 석권하였다.

그러나 그들의 자만심이 커가기 시작했고 자기 고집에만 사로잡히기 시작하면서 더는 눈길끄는 제품을 내놓지 못하고 서서히 몰락의 늪으로 빠져들기 시작했다. 소니는 TV시장에서도 고집스럽게 브라운관 개량에만 매달리다 삼성과 LG에 두 손 들게 되었고 부서간 벽을 허물지 못하고 비슷한 기술을 중복 투자해 개발하느라 필요 없는 에너지를 소모하게 되었다. 그렇게도 유명했던 워크맨은 2억 대 정도의 판매 신화를 남긴 채 몇 년 전 단종되었다.

국제신용평가사들은 소니의 신용등급을 계속 강등시켰고 한 때 한 주에 1만 6,000엔까지 하던 소니 주식은 10분의 1 토막이나 1,600엔선에 거래되는 신세로 전락했다. 어제의 글로벌 최고 일류기업이 허망하게 그 영광의 자리에서 밀려난 것이다.

이렇게 세계 일류기업에서 허망하게 밀려난 예는 수도 없이 많다. 엄청난 발전의 시간을 따라잡지 못하고 순간 판단 잘못으로 이런 일이 일어나고 있는 것이다.

1990년대 후반 세계 부동의 핸드폰 시장 1위를 점하고 있던 노키아사가 급변하는 스마트폰 시장에 밀려 몰락하고 다른 회사에 귀속되었고, 조지 이스트맨이 창립 이래 오랫동안 세계를 석권했던 코닥필름이 디지털 시장에 대응치 못해 파산한 것이다.

이 세상에서 절대 강자는 존재하지 않는다. 아무리 세계를 석권하고 있다고 할지라도 판단 잘못으로 몰락의 나락에 떨어지는 것은 일순간이다.

그래서 그런지 초일류기업 삼성의 이건희 회장도 늘 혁신을 부르짖으며 조금만 방심하면 몰락의 길을 걸을 수 있다고 과장된 엄살 같은 말을 늘 강조했다. 그래서 초일류기업의 모든 직원들은 높은 연봉을 받는 대신 늘 긴장하고 성과를 내야 하는 초조함과 신제품 개발과 혁신에 목숨을 걸고 있다.

비록 이런 문제는 초일류기업의 구성원들뿐 아니라 현대 사회의 대부분 기업들에 종사하는 사원들도 이런 위기 의식에서 자유롭지는 못할 것이다. 그래서 어차피 스트레스는 계속해서 쌓여만 갈 것이다. 그럴수록 우리가 놓치고 살아가는 것은 없는지 곰곰이 뒤돌아볼 필요가 있다. 이런 긴장과 어느 날 다가올 스트레스 때문에 가장 소중한 행복들을 잊은 채 살아가고 있는 것은 아닌지 말이다.

21C 창의성은 긴장과 스트레스보다는 느긋하고 평안한 마음으로 잘 노는 행복감 속에서 나온다고 미래학자들은 주장한다.

소니의 몰락이 자만심과 고집, 경직성 때문에 일어난 것에 반해 유연성과 소통의 자유분방함 속에서 기업의 창의성과 발전이 이루어진다는 것이다. 그래서 21세기에는 펀Fun 경영이 유행할 것이라는 것에 모두 공감하고 있다.

기업에서도 웃음 보급, 웃음 운동이 일어나야 한다. 얼마간 붐을 타는 듯하더니 잠잠해졌다. 기업의 경영인들부터 웃어야 한다.

하하웃음행복센터 같은 공동체가 각 기업마다 생겨났으면 얼마나 좋을까? 소니의 몰락 소식을 듣고 웃음동기부여가로서 기업의 미래에 대해 다시 한 번 웃음 운동이 필요하다는 생각을 해 본다.

13

인간의 양면성

어려서부터 그는 목사가 되는 게 꿈이었다. 그는 가끔 교회에 몰래 들어가 강단에 서서 목사 흉내를 내며 설교 놀이도 했다. 노래에도 소질이 있어 교회 합창단에 들어가서 솔로로도 활동하였다. 오페라를 보고는 거의 그대로 노래와 연기를 해서 뛰어난 배우의 자질도 있었다. 그는 철학, 정치, 역사, 문학 등 다방면으로 책을 즐겨 읽었으며 재능 또한 훌륭했다.

그는 전쟁 통에 주인 잃은 강아지를 돌보아 주었는데 그 강아지와 좋은 친구가 되었고 나중에 그 강아지가 죽자 슬픔에 잠겨 며칠 동안 밥도 먹지 않았다. 그는 사람이나 동물들을 해칠 마음이 없는 평화주의자 같았다. 그는 가난한 사람들이나 병든 사람들에게 유난히 관심과 애정이 많은 사람이었다.

부활절이 되면 월급을 몽땅 털어 달걀을 사 가지고 가난한 이들이나 소외된 이들을 찾아가 나누었다. 그는 늘 노동자 편이 되어 인권과 평등을 외쳤기 때문에 노동자들에게 많은 인기를 얻었다.

그런 그가 1차 대전을 겪으면서 잘못된 소문을 믿게 되었다. 1차 세계대전이 유대인 때문에 일어났으며 유대인이 세계를 정복하려 한다는 소문을 사실로 받아들이게 된 것이다. 그리고 유대인이 독일 경제의 지주층이자 부유층을 형성하며 독일 경제를 악화시켰다고 믿게 되었다. 사실 독일 경제가 악화된 것은 1차 대전 패전으로 인한 식민지의 독립과 막대한 배상금을 물어야 했기 때문이다.

그렇지만 그는 이런 인식을 바탕으로 독일 국민을 하나로 뭉치게 하였고 결국 그 증오심으로 600만 명 이상의 유대인을 학살하는 결과를 초래하게 하였다.

이쯤 되면 그가 누구인지 짐작할 것이다. 바로 악명 높은 아돌프 히틀러이다. 히틀러는 인류의 역사 속에 가장 잔혹하고 악마 같은 사람으로 계속 기억될 것이다. 그런데 이런 이중성의 인간 내면은 누구에게나 다 존재한다는 것이 사실이다.

어떤 면에서는 천사 같은 모습으로 나타나기도 하지만 다른 면에서는 악마의 형상을 할 수도 있다. 양면성 중에 어떤 모습으로 변해 가는가 하는 것은 그 사람의 일생을 평가하는데 중요하다.

악한 심성을 누르고 선한 모습의 인간으로 변해 가는 사람은 그 일생이 좋게 평가될 것이고 선한 심성을 보류하고 악한 심성을 많이 나타내며 살아가면 그 사람의 일생은 악인으로 평가될 것이다. 그렇지만 인간 본연의 모습은 양면성을 다 가지고 있음을 간과해서는 안 될 것이다.

한 스승이 그를 따르는 한 제자에게 물었다.

"길에서 많은 돈이 들어 있는 지갑을 주웠다. 그런데 아무도 이를 보지 못했다. 그럴 때 너는 이 지갑을 어떻게 하겠느냐?"

제자가 잠시 생각하다가 대답했다.

"선생님, 솔직히 저는 가난합니다. 딸린 식구도 많고요. 저는 이 돈을 하늘이 나를 불쌍히 여겨 주는 돈으로 알고 필요한 것에 쓰겠습니다."

"그대는 도둑이다."

스승은 똑같은 질문을 다른 제자에게 물었다. 다른 제자는 반대로 대답했다.

"저는 지갑 주인을 찾아서 즉시 돌려주겠습니다."

"그대는 바보다."

스승은 세 번째 제자에게 똑 같은 질문을 하였다. 세 번째 제자가 말했다.

"저는 그 돈을 저를 위해 쓰면 제 인생에 큰 보탬이 된다는 것을 알고 있습니다. 또한 그 돈은 제 것이 아니므로 주인에게 돌려주어야 한다는 것도 알고 있습니다. 그런데 제가 지금까지 살아오면서 얼마나 약한 인간인가 하는 것을 경험을 통해 알게 되었습니다. 그래서 막상 그때 가서 줍게 되면 크게 고민을 하겠습니다. 그때 제 마음이 시키는 대로 하게 되겠지요."

스승이 대답했다.

"네가 진실한 제자다."

인간의 양면성을 솔직히 바라보고 인정한 것이다.

우리는 삶을 진실하게 살아간다고 생각하지만 위선적인 삶으로 살아갈 수도 있고 위선적인 삶을 살다가도 진실한 인생을 살아가는 양면성이 존재하는 인간이다. 그래서 우리 삶이 끝나는 시간까지 많은 변화를 겪으며 살게 된다. 지금 우리의 삶은 진행형이기 때문에 판단을 할 수 없다.

이런 불확실성의 삶을 살아갈 때 선한 길로 진실된 삶으로 이끌어주는 나침반이 하나 있으면 좋을 것이다. 필자는 웃음이 바로 이 나침반이라고 생각한다. 겉으로 표현되는 웃음도 중요하지만 내면의 웃음이 확실한 나침반 역할을 한다.

웃음의 본질은 감사와 사랑과 축복 그리고 자존감이다. 정복과 복수, 탐욕과 야욕에 사로잡힌 사람은 결코 내면의 진정한 웃음을 웃을 수 없다. 겉으로는 웃는 모습을 연출한다 하더라도 가식인 것이 곧 드러날 것이다. 웃음은 인간 내면의 양면성 중 선한 길로 인도한다. 그래서 늘 웃는 사람을 악한 사람으로 보는 사람은 아무도 없다. 웃음은 선의 표현이기 때문이다.

웃자, 웃자, 웃자, 우 하하하

14

진심을 담은 미소

미국 미주리대학 연구자들이 미소의 영향력에 대한 실험을 하였다. 즉 미리 설정된 각본에 의해 여성 연구자들을 조그만 바에 앉혀 놓고 이 바를 찾는 남성에게 눈을 마주쳤을 때 반응을 살펴보는 실험이었다. 여성 연구자들이 눈이 마주칠 때 미소를 지었더니 정중히 다가와 말을 붙이는 남성이 60%나 되었다. 그러나 미소를 짓지 않고 눈만 마주쳤더니 20%의 남성만이 접근해 왔다. 미소는 더 많은 남성을 끌어당기는 힘으로 작용했다.

미소는 상대를 사로잡을 수 있는 무기로 작용한다. 그런데 어떤 미소는 신뢰와도 관계가 있다. 같은 미소라도 빠르게 사라지는 가벼운 미소는 상대방에게 신뢰감을 주지 못한다. 천천히 미소를 지으며 그 미소가 얼굴 가득 번져갈 때 상대방에게 신뢰를 줄 수 있는 미소가 된다고 한다.

빠른 미소는 입가에서 곧 사라지지만 천천히 짓는 미소는 상대의 마음속에 오랫동안 여운으로 남기 때문이라 한다. 그래서 비즈니스 관계에 있는 이에게 미소를 지을 때는 되도록 천천히 얼굴 가득하게 눈까지 미소를 지어야 한다. 이런 미소가 진짜 미소 즉 '뒤센 미소' 이며 상대에게 신뢰를 줄 수 있는 미소가 된다.

그래서 우리가 진정으로 인사를 건넬 때는 그 사람과 마주치자마자 미소를 건네는 것보다 상대방 얼굴을 잠시 쳐다본 후 한 템포 늦게 천천히 따듯한 마음을 담아 얼굴 가득 미소를 짓는 것이 신뢰 면에서 효과적이다.

또한 살인적인 미소도 있다. 꽃미남 아이돌의 미소는 많은 소녀들을 쓰러지게 한다. 그런데 많은 사람들에게 똑같은 미소를 짓는 사람은 그다지 매력적이지도 않고 살인 미소의 가치는 없어진다. 상대에 따라 다양한 미소를 지으며, 그 대상에게만 특별히 느껴질 때 살인적 미소가 된다는 것이다.

특급 패션모델들은 천의 미소를 갖고 표현할 줄 알아야 한다. 속옷, 정장, 비키니, 외출복, 잠옷, 운동복 등등의 패션에 따라 각기 다른 미소를 보여 줘야 한다.

배우도 사건마다, 대상마다, 상황마다, 천차만별의 미소를 적절하게 구사해야 된다. 그래서 그들은 늘 다양한 미소를 짓는 연습을 해야 한다.

상황에 맞게 적절한 미소를 짓는 사람은 큰 자산을 갖고 있다고 할 수 있다. 모델이나 연기자나 기업을 이끄는 CEO나 많은 이들을 접촉하는 서비스업에 또는 판매직에 종사하는 사람들에게 특히 그렇다. 그런데 진심을 담은 미소만이 가치가 있다. 진심이 없는 가식적인 미소는 자신의 마음을 공허하게 하고 깊은 상처로 남기도 한다. 이것은 웃음의 중노동이 되어 자신에게 질병을 안겨 주기도 한다. 특히 정신적 장애를 많이 일으킨다.

SBS에서 이런 웃음의 중노동자들을 취재하여 방영한 내용은 충격적이었다. 백화점에서 늘 미소를 짓고 있던 점원은 몇 년 만에 자살을 시도하고 정신병원에 입원하기도 하였으며, 종합병원에서 늘 미소 짓던 어떤 간호사는 화장대를 다 부수고 심한 정신질환을 앓고 있는 모습을 보여 준 것이다.

진심을 담은 미소는 우리를 성공과 행복으로 안내하지만 강요된 가식의 미소는 우리를 정신질환으로 이끌어 간다.

진심을 담은 미소는 자신감을 회복시키고, 적극적인 사람으로 변화시키고, 긍정의 사람으로 변화시킨다.

15

대화의 고수

수다쟁이 거북이가 살고 있었다. 그의 그칠 줄 모르는 수다는 같이 사는 친구들을 괴롭혔고 그래서 친구들은 같은 연못에 살지 못하고 그를 피해 다른 연못으로 갔다.

거북이는 분하기도 하고 심심하기도 하였지만 다른 연못은 멀어 못 가고 혼자 연못을 왔다갔다 하며 혼잣말로 계속 떠들어 댔다.

어느 날 거위 두 마리가 연못에 내려앉았다. 거북이는 그들의 매끄러운 깃털이 아름다워 거위들을 연신 칭찬하였다. 거위들도 시간이 지날수록 거북이의 수다가 지겨워 다른 연못으로 날아갈 채비를 하였다.

"나도 데려가 줘."

거북이가 말했다.

"여기선 너무 외로워. 다른 친구들은 다 나를 떠났기든. 너희들은 좋은 친구들이니까 나를 데려가 줄 수 있을 거야."

거위들이 대답했다.

"너는 날지 못 하잖아."

"방법이 있을 거야. 내가 방법을 찾아볼게."

거북이가 말했다. 그러다 거북이가 방법을 찾아냈다.

"긴 막대기를 가져올게. 너희들이 양쪽 끝을 물고 날아가면 나는 가운데를 물고 매달려 가면 돼. 그러면 나는 너희들을 따라 다른 연못으로 갈 수 있어."

그러자 거위들이 대답을 했다.

"안 될 거야. 그러다가 넌 떨어져 죽어."

그러나 거북이는 막무가내로 우겨댔다.

"난 떨어지지 않아. 내가 물고 있는 힘이 얼마나 센지 너희는 모를 거야. 난 얼마든지 막대기를 물고 버틸 수 있어."

거위들이 대답했다.

"그렇지만 넌 입을 잠시도 다물고 있지 못하잖아."

거북이가 화를 내며 대답했다.

"너희들은 내가 말하지 않고 조용히 있을 수 없다고 생각하는 모양인데 나는 할 수 있어. 언제 말하고 언제 조용히 해야 하는지 나도 알 수 있단말야. 제발 나 좀 너희들과 함께 갈 수 있도록 도와줘."

거위들은 마지못해 허락했다.

"좋아. 그렇지만 우리가 나는 동안 네가 말하면 너는 죽는 거야."

거위들은 튼튼한 나무를 구해 와서 막대기 끝을 물고 날기 시작했다. 거북이는 막대기 가운데를 단단히 물고 함께 날기 시작했다. 그 광경을 보게 된 사람들은 신기한 장면에 호기심을 가지고 몰려나와 소리쳤다.

"저기 좀 봐. 거위들이 막대기로 거북이를 옮기고 있어! 정말 똑똑하다. 어떻게 저런 방법으로 거북이를 옮길 생각을 다 했지?"

다른 사람들은 거위를 칭찬했다.

"거위야, 어떻게 그렇게 멋진 생각을 했니?"

"너희들은 머리가 참 비상하구나."

사람들이 소리치는 것을 듣고 거북이는 매우 화가 났다. 그리고 생각했다. '이것은 내가 생각해 낸 방법인데, 거위가 칭찬을 듣고 있잖아? 사람들은 나를 칭찬해야 하는데…….' 이렇게 생각하자 거북이 마음속에서는 분노가 치밀어 올랐다. 그리고 버럭 소리를 질렀다.

"이건 내가 생각해 낸 거라고!"

나이가 들면서 자신의 고집들이 슬슬 나타나기 시작한다. 그중 많은 현상 중의 하나가 남의 이야기를 뺏어서 자기 이야기를 하는 것이다. 누군가 병에 대한 이야기를 꺼내면 말을 가로채 곧바로 "내가 몇 년 전에 대장 내시경을 했잖아…" 하며 말을 가로채 자기 이야기를 시작한다.

상대방들이 묵묵히 들어주다가 적당한 기회에 타이밍을 잡아 다시 화제를 원상태로 돌려놓으면 "아, 내 말 좀 들어봐 내 조카도 3년 전에 그 증세로 입원했는데……." 얼마를 참지 못하고 또 참견을 하여 결국 자기 이야기로 다시 끌고 간다.

대화는 공 던지기 놀이와 같다. 서로 던져주고 받고 다시 던져주고 받고 해야 한다. 받은 볼을 상대방에게 던지지 않고 혼자 오래 가지고 놀다 던져준다면 다들 싫어한다. 서로 상대의 얘기를 들어주면서 자기의 이야기를 적당히 해야지 누구 하나가 일방적으로 말을 많이 하면 대화는 재미가 없어진다.

이렇게 자신의 이야기를 일방적으로 하는 사람들은 대체로 과시욕이 강한 사람들이다. 그리고 그들은 상대방들이 자신의 이야기를 끝까지 경청해 주기를 원한다.

상대의 감정은 고려하지 않고 끝까지 들어주는 친구는 좋은 친구, 중간에 자기처럼 말을 채고 나오는 친구는 나쁜 친구처럼 인식한다.

나이가 들수록 대화 방법에 더 신경을 써야 한다. 가장 대화를 잘하는 방법은 웃는 얼굴로 상대방 입을 바라봐 주는 것이다. 그러면 말하는 사람이 호감을 갖게 된다. 그리고 가끔 당신의 말을 잘 듣고 있다는 의미로 미소 띤 얼굴로 맞장구를 한 번씩 쳐 주라.

당신은 얼마 안 있어 금세 대화의 고수가 될 것이다.

16

골리수

도선국사는 신라 말기에 태어난 승려로 음양 풍수설의 대가로 알려져 있다. 그가 역사적으로 유명해진 계기는 고려 왕건이 태어나기 2년 전 송악에서 그의 탄생을 예언하였기 때문이다. 이 때문에 고려왕들은 도선국사를 극진히 존경하게 되었다.

도선국사는 경칩 무렵 제법 추운 어느 봄날 수행을 하고 있었다. 밤새 뼛속까지 파고드는 추위를 견뎌내고 포근한 낮을 맞이했다. 그래서 그런지 뼈마디가 아파 주저앉아 있을 때 그는 나무에서 수액이 흘러 바위에 고인 물을 발견했다. 그 물을 마신 후 그는 다시 정신을 차리고 몸과 마음의 평안을 얻어 수행을 계속했다.

도선국사는 수행 중 그 수액을 여러 번 마셨으며 마침내 그 수액이 뼈를 이롭게 한다고 생각하여 골리수(骨利水)라고 이름을 붙이게 되었고 그 수액을 내는 나무들을 골리수(骨利樹)라 부르게 되었다. 이 수액이 오늘날 많은 이들이 마시는 고로쇠 수액이다.

2009년 3월 6일 자 뉴욕타임스 인터넷 판에 이 고로쇠에 대한 기사가 실렸다.

한국인들은 온돌방에 둘러앉아 맥주 캔 50개 정도 분량의 고로쇠 수액을 하룻밤 사이에 모두 마신다는 내용의 기사였다.

"한국 사람들은 온돌방에서 수건을 두르고 찜질하며 수액을 마시면 몸속 독기가 빠진다고 믿으며 수액을 마신다. 세계적으로 북유럽, 중국 북부, 러시아 등 다른 북방지역에서도 고로쇠 수액을 마시는 풍습이 있지만 한국인처럼 밤을 새우며 대량으로 마시는 곳은 없다"라고 소개하였다.

여하튼 우리나라 사람들이 고로쇠 수액을 마셔온 역사는 천년이 넘었으며 지리산 자락의 하동이나 구례 지방에서는 고로쇠 수액과 관련된 약수 축제가 열린다. 가을 풍년을 기원하는 제례에서 고로쇠 수액을 신에게 바치고 의식이 끝나면 주민들이 모여 밤새 수액을 마시고 남은 수액으로 밥을 지어먹는 풍습이 대대로 내려오고 있다.

고로쇠 수액은 아무 때나 채취하는 것이 아니라 이른 봄, 밤에는 영하 온도 낮에는 영상 온도 일 때 채취가 가능하며 최적 조건은 밤낮의 기온 차이가 15℃ 정도 날 때가 적기라고 한다. 바람이 심하거나 비가 오면 수액의 흐름이 느려져 채취할 수 없다고 한다.

나무의 수액은 광합성으로 생산된 포도당을 잎에서 자체적으로 소비하고 나머지는 수피 쪽 체관을 통해 목질부와 과실로 보내 탄수화물 상태로 저장한다. 이듬해 봄이 와서 잎과 꽃을 피우려면 저장된 탄수화물을 당으로 바꾸어 체관을 통해 몸 곳곳에 공급하는데 이때 우리가 채취하여 마시는 수액이 고로쇠이다. 고로쇠 수액은 흡수력이 뛰어난 생리활성수이다. 약 97%가 물이며 나머지 3%는 각종 당류, 각종 미네랄 형태로 전환되어 인체에 흡수하기 좋다는 것이다. 따라서 수액을 마시면 생수를 마실 때보다 물과 미네랄의 흡수가 빨라 생리 활성이 촉진되고 포만감을 덜 느끼며 배설도 빨라진다.

그런데 고로쇠 수액은 열처리를 하게 되면 수액 속 물 분자 크기가 커져서 흡수력이 떨어지기 때문에 끓여서 먹거나 끓여서 보관하면 안 된다. 고로쇠 수액의 미네랄 중 주성분은 칼슘과 칼륨이다. 단풍나무의 칼슘은 52% 자작나무는 40% 대나무는 74%이며 나머지 30% 전후는 칼륨이고 나트륨 성분은 극히 적어 5% 이내이다.

우리나라는 짜게 먹는 음식문화 때문에 골다공증, 고혈압, 당뇨 등 만성 질환이 사회적 문제가 되고 있다. 짠 음식으로 나트륨을 과다 섭취할 경우 나트륨이 뼈의 주성분인 칼슘을 끌고 나가 골다공증에 걸리기 쉽다. 또 나트륨의 과다 섭취로 인한 피해를 줄이기 위해서는 활성 미네랄 칼슘과 칼륨이 풍부한 이 고로쇠 수액을 마시는 게 큰 도움이 된다.

따라서 고로쇠 수액을 마시는 것은 짠 음식으로 인한 만성 질환을 예방하는 새로운 식이 치유법으로 개발이 가능하다. 열처리를 하지 않고 캔 같은 용기로 장기 보존할 수 있으면 고로쇠 수액은 양질의 칼슘과 칼륨을 제공하는 천연 기능성 음료로 경제성을 확보할 수 있을 것이다.

이미 캐나다는 당단풍 수액에서 메이플 시럽을 생산하여 세계에 1억 달러 이상을 수출하고 있으며 중국의 헤이룽장성과 일본의 홋카이도

에서는 자작나무 수액 음료를 사업화하고 있다

뼈를 이롭게 하고 만성질환으로 고혈압, 당뇨를 예방하는데 고로쇠가 좋다고 소문났지만 매일매일 웃으면 더 좋은 예방 효과가 있다. 웃으면 혈관 동맥이 넓어지며 막힌 곳이 뚫리고 혈당 상승을 40% 정도 줄여준다.

한철 잠깐 나오는 고로쇠액에 너무 집착하지 말고 평소 웃는 습관을 기르는 것이 더 효율적이고 더 지속성이 있고 더 많은 유익이 있을 것이다.

17

셀프 자존감

스마트폰과 SNS의 발달은 실시간 자신의 근황과 또 정보들을 공유하고 전달하는데 유익한 점이 많다. 과거에는 알지 못했거나 알았더라도 소원해졌을 사람들과도 실시간 연결되고 교류하게 되었고 지구 반대편에 있는 사람들과도 친구가 된다.

그런데 친구들의 페이스북, 트위터, 카카오스토리, 블로그 등을 들여다보면 무척이나 부러운 면이 많다.

멋진 레스토랑에서 맛있는 음식, 유럽, 북구라파, 캐나다, 남미 휴양지에서의 휴가, 따라 하고 싶은 취미생활, 대중들에게 인기 있는 리더의 모습……. 등등, 어쩌면 모두들 그리 잘 살고 있는지 보는 것만으로도 기가 죽는다. 모두 모두 행복한 삶을 살고 성공한 삶을 살고 있는데 나만 힘든 것 같아 우울감도 느낄 정도이다.

부러움의 단계를 지나 자신의 삶이 한없이 위축되고 초라해 보이고 열등감까지 들게 한다.

이런 비교를 오래 하다 보면 정말로 우울증에 걸릴 것이다.

SNS의 유익함에 반비례하는 면이 틀림없이 있음을 간과해서는 안 될 것이다. 과연 그들의 삶이 보이는 것처럼 행복과 기쁨으로 충만해 있을까? 물론 아니다.

그들 중엔 가면으로 살아가는 이들도 있고, 자신의 가장 행복한 모습이나 성공한 모습만을 다른 이들에게 보이길 원해서 SNS를 이용하는 이들도 많다고 본다. 그래서 보여지는 그들의 모습만 보고 부러워할 필요가 없다고 생각한다.

스마트폰과 SNS의 발달이 편리성은 있지만 우리의 정신건강에는 오히려 좋지 않은 영향을 끼치는 것 같다.

역사적으로도 1차 산업혁명이 영국에서 일어났을 때 정신 질환자가 대폭 늘어났고, 알코올 중독환자들도 급격히 늘어났던 역사적 경험도 있다.

IT 산업이 빠르게 발전했고 우리는 타인과 매우 가까워졌지만 마음의 거리는 더욱 멀어진 세상에 살고 있을지도 모른다.

몇 년 전 SNS에서 항의와 불평의 글을 받은 적이 있다. 자신은 꼬박꼬박 답글을 달아주는데 왜 당신은 좋아요 느낌 표시만 하느냐는 항의였다.

300여 명의 친구가 있어 답글을 다 달면 하루 종일 매달려야 한다 했더니 자신은 400명이 넘는 친구들한테도 꼬박꼬박 다 답글을 다니 나보고도 그리하라는 것이다.

어이가 없어 나중에 결국 SNS를 쉬기로 했지만 마음의 거리는 더욱 더 멀어진 세상에 살고 있는 것이 아닌가 생각된다.

친구라고 생각해 다가갔는데 면박이나 무시를 당하기도 하고, 힘들게 마음을 열었는데 큰 상처를 입기도 하고, 말 한마디 했다가 모욕을 당하기도 한다.

SNS로 가까워진 것 같지만 오히려 누구에게 속을 함부로 터놓을 수도 없고, 속마음을 드러낼 수 없어 눈치를 보기도 하고, 누구도 자신의 고민을 진심으로 들어주지 않음을 느끼기 때문에 함께 있으면서도 지독한 외로움은 더 커져간다. 우리는 사통팔달로 전 세계가 연결되어 있을지라도 모두 외딴섬에서 혼자 살아가는 고립의 시대에 살고 있지는 않나 이런 착각에 빠지게 된다.

그래서 아마도 SNS는 많은 이들의 자존감을 떨어뜨리고 끊임없이 비교하며 열등감을 조장해 간다. 내 환경을 원망하게 하고 나만 성격이 이상해지는 좌절감, 실망감에 젖어들기도 한다. 그렇다고 SNS를 끊고 살자니 세상의 모든 연결망에서 자신만 소외되어 고립무원의 삶을 살게 될 것 같아 용기를 낼 수도 없다.

그러면서도 정보의 홍수 속에서 자신의 정체성을 매 순간 비교 당하고 살아가는 것도 싫어진다. 내가 하는 생각, 살아가는 과정, 살며 내려지는 판단, 그로 인한 결과들이 모두 비교의 대상이 되어 삶이 싫어지는 것이다.

이런 시대에 어떻게 해야 과연 잘 살아갈 수 있을까?

비교되는 열등감에서 벗어나 자존감을 회복할 수 있을까?

어떻게 하면 SNS에서 상처받는 이들에게 공감하며 그들의 삶을 위로해 주고 격려해 줄 수 있을까? 참으로 어렵고 쉽지 않은 문제이다.

대개 SNS에서 행복한 모습들은 자신들이 갈망하는 것의 극히 일부에 지나지 않는다는 것을 명확히 알 필요가 있다.

필자는 웃음으로 셀프 자존감을 지켜갈 것을 추천한다. 셀프 자존감은 자신의 가치와 능력과 안전을 스스로 보존하는 것이다. 열심히 웃다 보면 자신이 얼마나 가치가 있고 소중한 사람인가 하는 것을 깨닫게 된다. 열심히 웃다 보면 이젠 나도 할 수 있을 것 같은 마음이 솟아나게 된다. 그리고 안정감을 느낄 수 있다. 웃음이 주는 묘한 심리적 변화가 생겨나는 것이다. 그래서 SNS에서 비치는 행복한 모습들과 성공한 모습들을 부러워하지 않게 된다.

웃음은 셀프 자존감을 회복 향상시키고 튼튼해지게 한다. 이것은 이론이 아니라 실제 경험한 이들이 대부분 증언하고 있다. 그래서 SNS 시대 외딴섬으로 추방당하는 것이 아니라 좀 더 진실한 친구로 다른 이들에게 다가설 수 있게 한다.

웃음은 셀프 자존감을 회복, 성장시키고 튼튼하게 한다. 그래서 오늘도 SNS에서 잘 나가는 친구들에게 웃음을 보낸다. 웃음으로 격려의 메시지를 보낼 수 있다.

"참 잘했어요!, 멋져요!, 최고예요!, 그렇게 늘 행복하세요!"

18

보스턴 마라톤의 이변

세계 4대 마라톤 대회는 보스턴 마라톤, 런던 마라톤, 로테르담 마라톤, 뉴욕 마라톤이다. 이중 보스턴마라톤 대회는 1897년 시작하여 1918년과 1949년 두 번을 빼고는 매년 사월 셋째 월요일에 열려 왔다.

120년이 넘는 역사를 자랑하는 대회이며 1947년 우리나라 서윤복이 2시간 25분 39초의 신기록으로 1위를 했고, 1950년엔 함기용, 송길윤, 최윤칠이 1, 2, 3위를 휩쓸었고, 2001년에는 이봉주가 2시간 9분 43초로 우승하여 우리 한국인들에겐 뜻 깊은 마라톤 대회이다.

2013년 117회 대회 때에는 결승점 부근에서 폭탄 테러가 일어나 3명이 사망하고 180여 명이 부상을 입는 불상사가 일어나기도 했다.

1967년 제71회 보스턴 마라톤 대회에 하나의 작은 사건이 발생했다. 이 당시까지 마라톤 대회는 남성만 출전할 수 있었다. 그런데 여성이 출전한 것이다.

그녀는 "K.V. 스위처"라는 성별을 구별할 수 없는 이름으로 참가 신청을 했고, 자신을 지도했던 코치들의 보호를 받으며 대회에 나섰다.

당시까지 여성을 마라톤에 출전시키지 않았던 이유는 황당했다. 다리가 굵어지고 자궁이 떨어질 수도 있다는 이유였다. 그러나 스위처는 여성성을 마음껏 드러내고 여성 출전금지 이유가 말도 되지 않는다는 것을 보여 주기 위해 당당히 출전했다. 대회 도중 여성이 뛰고 있다는 사실을 전해 들은 조직 위원회는 중간에 심판에게 연락해 레이스를 벌이고 있는 스위처에게 달려들었고, 등에 있는 번호표를 찢었고, 목덜미를 낚아채 밀어내려 했다. "번호표를 내놓고 당장 레이스에서 꺼져버려!"라고 욕설도 서슴지 않았다. 그럼에도 스위처는 굴복치 않고 4시간 20분 만에 결승선을 통과했다. 그러나 대회 조직위원회는 이 기록을 인정하지 않고 실격 처리했다.

스위처의 용기와 희생은 그 후 여성의 달릴 자유에 많은 이들의 공감을 일으켰다. 261번 등번호표를 찢는 사진과 여러 명의 관계자들이 달려들어 방해하고 이를 피하며 열심히 달려가는 스위처를 찍은 사진들은 큰 화제를 일으켰다. 마침내 1971년 뉴욕 마라톤 대회에서는 세계 최초로 여성의 참가를 허용하는 성과를 이루게 된 것이다. 다음해 1972년엔 보스턴 마라톤 대회에서도 "금녀의 문"을 열어젖히고 여성 참가를 허용했으며 그 후 1984년 제23회 로스앤젤레스 올림픽에서 여자 마라톤이 올림픽 정식 종목으로 채택하기에 이르렀다.

스위처는 그 후 1970년부터 8년간 꾸준히 보스턴 마라톤 대회에 참가하여 2시간 51분 37초라는 대단히 우수한 기록을 달성했다.

스위처는 "운동신경은 뛰어나지 않았지만 더 나은 모습을 보여주기 위해 여성 최초의 마라톤 선수로 자긍심을 갖고 피나게 노력했다"라고 말했다.

그녀의 도전은 다큐멘터리 영화와 책으로도 소개되었고, 2011년에는 미국 여성 명예의 전당에도 헌액되는 영광을 안았다.

2017년, 그녀가 드디어 50년 만에 70세의 나이로 제121회 보스턴 마라톤 대회에 다시 참가했다. 50년 전에 달았던 261번을 그대로 달고 42,195km의 마라톤 풀코스를 4시간 44분 31초로 완주한 후 "흥분을 감출 길이 없다"라고 말했다. 50년 전 20세의 꽃다운 나이에 온갖 방해를 받으며 홀로 뛰었던 그녀가 자신의 뜻을 함께 하고픈 125명의 이웃들과 함께한 레이스였다. 완주 후 그녀는 이렇게 말했다.

"50년 전 일어났던 일은 내 인생과 다른 사람들의 삶을 바꾸었어요, 앞으로 다가올 50년에 더 좋은 일이 많이 일어날 것으로 믿어요."

50년 전 그녀의 출전을 막았던 보스턴 마라톤 조직위원회는 121회 대회가 끝난 후 그녀의 위대한 레이스를 기념하기 위해 261번 그녀의 번호를 영구 결번 처리하기로 결정하였다.

한 명의 용기 있는 행동이 세상의 편견을 깨고 새로운 전통을 만들어낸 것이다.

웃음은 우리에게 종종 많은 용기를 필요로 한다. 그리고 그 웃음이 세상의 편견을 깨고 새로운 전통을 만들어 가기도 한다. 이미 웃음으로 많은 질병을 치유하고 상처와 열등감을 회복하여 세상의 편견을 깬 사례는 너무도 많다.

많은 직장과 사회 속에서 웃음으로 새로운 역사가 만들어진 곳도 많다.

사우스웨스트항공, 월마트, 디즈니랜드,,,, 등등의 수많은 기업이 웃음으로 새로운 전통을 이루어 나가고 있다. 대기업들도 속속 Fun 경영을 도입하고 있다.

스위처의 용기만큼 웃음도 용기가 필요하다.

우리가 속한 사회, 직장, 커뮤니티, 친구관계 속에서 웃는 용기를 발휘해 보자.

체험담

월요일이면 기다려지는 하하웃음행복센터. 일주일 동안 쌓였던 피로와 스트레스도 풀고 엔도르핀도 충전하러 가는 기쁨, 아무도 모를 것이다. 책 3권을 읽으며 많은 걸 배우고 느꼈다.

생활이 재미있든 없든 계속 웃겠다. 웃으면 행복해질 수 있다. 웃음의 습관이 자리 잡으면 내 인생의 새 운명이 찾아올 것이다. 그렇게 되어가고 있다.

1. 나에게 준 선물 웃음

임ㅇ혜(여, 58세)

수년 전 친구 A로부터 교사이던 분이 웃음치료 교육을 받고 행복해 한다는 이야기를 들은 적이 있었다. 그때는 웃음치료에 대한 관심이 없었고 치열한 삶의 한 가운데 있었기에 별 생각 없이 흘려들었다.

그런데 작년에 친구 B의 반강제적 권유로 요양보호사 자격시험을 치르고 발표를 기다리던 중 요양보호사 교육을 하셨던 김영미 강사님이 웃음치료 교육에 대해 말씀하신 것이 떠올라 생활정보지에서 광고를 보고 하하웃음행복센터를 방문하게 되었다.

처음 눈에 띈 것은 연분홍 조순정 사무총장님, 옷, 모자, 부츠며 외양부터 평범치 않아 보였다. 네 번의 교육을 통해 느낀 것은 연분홍 강사님의 외적인 아우라도 웃음치료 강사에게는 플러스 요인이 될 수 있다는 것이었다. 그리고 오혜열 원장님, 아프실 때 고통에서 벗어나기 위해 인위적 웃음을 웃을 때의 모습보다 지금이 훨씬 젊어 보이고 멋지다는 것이다. 웃음의 효과를 직접적으로 보여주는 사례이다.

나는 18년 전 젊은 나이에 유방암 투병을 한 적이 있다. 육식을 좋아하긴 했지만 모유수유도 하였기에 가장 큰 발병 원인은 명치끝이 송곳으로 콕콕 찌르는 듯 아팠던 스트레스가 아닐까 짐작한다.

그 후 삶의 질은 몹시 떨어졌지만 가족들과 같이 살아갈 수 있는 것만으로도 감사하며, 어렵고 힘들 일이 일어나면 될 수 있으면 긍정적으로 생각하려고 했고, 내 입으로 들어가는 거에 신경을 많이 쓰고 살았지만 산다는 것은 그렇게 녹녹치는 않았다.

가끔 나는 어떤 얼굴을 한 할머니가 될 것인가를 생각한다. "잘 될 거야. 다 지나가겠지 죽을 뻔도 했는데 뭐"라고 투병생활을 잘 이겨냈다고 생각했었는데 지금 생각해보니 긍정과 희망은 꽤 있었는데 긍정과 희망으로 들어가는 key인 웃음은 많이 부족하지 않았나 싶다. 그 당시의 웃음은 뱃속이 울리고 이마에 땀이 돋는 웃음이 아니라 "아니면 어쩌라구? 할 수 없지 뭐"하는 체념에 가까운 웃음이 아니었을까? 그때 웃음치료의 효과를 알았더라면 투병생활이 좀 더 쉬웠을 것 같다는 생각을 해본다. 지금은 결혼 전 청춘 이전 시절을 빼고는 내 생에 가장 건강하고 평안한 시간이다.

그래도 살다보면 나름 머리가 지끈거리는 크고 작은 일이 일어나 가슴 답답하게 만들곤 하는데 "스트레스는 어떤 대상에 대하여 너무 심각하게 생각할 때, 또 문제의 심각성을 부풀려 생각할 때 생기는 것이다"라는 문장을 읽고 정말 끙끙거리며 나를 괴롭히는 바보가 되는 걸까? 그런데 그 바보가 웃음치료 교육 2시간을 받고 나면 머리가 맑아지고 가슴이 탁 트이는 경험을 하고 있다. 좋은 호르몬을 분비하는 유전자가 on하는 순간을 느끼고 있는 것이다.

웃는다는 것이 우리 세대에게는 참 어려운 일인데 인생 후반기를 다시 생각해야 하는 나에게 "웃음"이라는 보따리가 떨어졌으니 이것을 어떻게 펼쳐야 할 것인가는 나에게 준 선물이 아닐까?

2. 웃고 또 웃고 살겠다

남ㅇ숙(여, 58세)

나는 평소에 웃은 것이 건강에 좋다는 이야기를 많이 들었다. 그러나 웃음치료센터를 몰라 못가고 있었다. 어느 날 생활정보지를 보던 중 하하행복웃음센터라는 문구가 눈에 들어와서 이곳을 찾게 되었다. 이곳에 찾아와서 강의와 웃음, 노래를 통해 스트레스가 많이 풀리고 즐거웠다.

오혜열 원장님 저서『웃음에 희망을 걸다』[치유]편의 내용들이 엄청난 충격으로 다가왔다. 뱃속에서부터 솟아 나오는 그 호탕한 웃음이 당뇨병, 심장병, 뇌출혈, 심혈관 등 치유가 된다는 것이 신기하고 놀라웠다. 책을 읽으면서 많은 것을 알게 되어 감사했다.

크게 웃은 웃음의 정보가 뇌 내의 신경핵에 미쳐 쾌락호르몬(도파민)이 분비되어 체액 속에서 백혈구를 직접 자극하여 활성화 시킨다는 내용을 읽고 충격을 받았다. 웃음이 혈액 순환에 탁월한 효과가 있다는 말…….

나는 당뇨병으로 9년 간 아침, 저녁으로 약을 복용하고 있다. 그래도 혈당 관리가 어려웠는데 혈당 강하제보다 탁월하게 혈당을 내려주는 웃음치료법이 있어서 너무 행복하고 좋다. 진짜 웃음과 가짜 웃음을 뇌는 인식하지 못한다는 사실이 너무 신기했다.

이제 나는 웃음이 생활 속에서 습관이 되도록 힘차게 웃을 것이다. 나의 생활 가운데 미소 지으며 늘 웃지만 '하하하' 소리 내어 큰 소리로 크게 활짝 웃는 웃음은 그리 쉽지는 않았다. 웃으면 동맥혈관이 넓어진다는 희소식! 내 남편도 뇌출혈로 많은 고생을 했는데 웃음치료가 놀라운 효과가 있다는 글을 읽고 기뻤다. 우리 집 온 식구들은 희망을 가지고 웃고 또 웃는다. 웃기 시작한 지 2주가 되었는데 남편이 폐활량이 많이 좋아져서 호흡이 편해졌다고 한다. 나도 폐활량이 좋아져서 교회에서 찬양을 큰 소리로 편안하게 부를 수 있게 되었다.

웃음이 최고의 명약이란 글을 읽고 자신감과 희망이 넘친다. 감사와 기쁨과 소망 가운데…. 웃음은 정말로 인류가 발견한 신이 주신 부작용 없는 최고의 명약인 것 같다. 나와 우리 가족 모두가 기적의 주인공이 되리라 믿는다.

나는 요양보호사 일을 하려고 자격증을 취득했지만 그다지 자신은 없었다. 일선에 뛰어들기 전에 하하웃음센터를 접하게 되어서 너무 행복하다. 웃음이 이렇게 귀하고 값진 것인지 사람들이 얼마나 알고 있을까? 스트레스 받지 않고 내 몸에서 머물지 않고 내보내는 방법. 어르신들도 행복하고 건강해질 수 있도록 케어할 수 있는 용기에 자신감이 생겨서 너무 감사하다.

웃음은 머리부터 말초신경까지 전달되어 건강하게 살 수 있다는 점.

앞으로 나의 삶 가운데 사랑하고 기뻐하고 감사하면서 웃고 또 웃고 웃으면서 살 것이다. 오혜열 원장님을 만나게 하신 하나님께 감사와 영광을 돌립니다. 쾌락 호르몬, 웃음 바이러스를 널리 널리 알리겠다.

온 국민이 행복해지고 건강해질 때까지.

장래 일류 웃음치료사 남o숙 하하하하하~~~

3. 탈북의 상처를 웃음으로 치유하다

이ㅇ서(여, 57세)

웃음치료가 있는지 조차 모르고 살아오다가 여기 남한에 와서 생소하게 들어보고 접하고 치료를 받은 북한이탈 주민의 한 사람이다.

항상 세상에 짓눌리고 생활에 쫓기고 미래도 없는 억울한 제도에서 웃음은 나에게 사치였고 가슴속에는 늘 슬픔과 분노, 눈물뿐이었다.

웃음치료를 하게 된 첫 번째 이유는 이곳에 정착해서도 이미 있던 우울증 증세가 나아지지 않고 과거의 슬픈 생각이 떠오르며 저절로 눈물이 나며 행복해지질 않아서였다.

두 번째는 요양보호사 실습을 나갔을 때 요양원에서 웃음치료사를 초빙하여 노인들에게 웃음치료를 하는 모습을 보고 나도 자격을 갖추고 이 일을 할 때 도움이 되겠다 싶어서였다.

그래서 하하웃음센터에 와서 웃음치료 강의를 듣게 되었는데 맨 처음 나에게는 매우 낯설고 어색했다. 멍하니 정신없이 웃는 사람들을 쳐다보았고 웃음이 나오지도 않았다. 그래서 이렇게 해보았다.

1. 작정을 하고 억지로 따라하며 입만 벌렸다.

2. 나만의 공간에서 소리를 조금 냈고 그래도 다른 사람들과의 교제에는 어색했다.

3. 네 번째 강의를 참여하게 되면서 조금씩 인위적으로 크게 웃고 수업의 흐름을 그럭저럭 따라갔다.

이렇게 웃고 싶지 않아도 억지로 웃으니 그 순간만큼 잡념이 없어지고 수업을 마치고 집에 오면 웃음의 여운이 한동안 지속되어 마음이 한결 가벼워지고 안정되어 가는 느낌이 들었다.

또한 분노와 원망으로 가득 차 있던 마음이 언젠가는 다 용서하고 마음을 비우고 사랑해야겠다는 마음으로 바뀌었다.

웃음치료에 참여하는 차수가 늘어갈수록 이제부터 해야 할 목표를 세우고 실천해 나가야겠다는 결의와 그 후에 있을 삶의 모습을 그려 보면서 생활의 활력소를 갖게 되었다.

그렇게 세운 계획이 웃음치료를 다니는 동안 하나하나 이루어졌다. 컴퓨터 자격증을 취득했고 원했던 대학에 입학하여 미래에 대한 희망을 가지고 열심히 공부하는 대학생이 되었다. 이것을 통해 웃음은 사람에게 생기를 주고 일에 활력을 넣어 주며 피곤한 이에게 휴식이 되며 실망한 자에게 소망이 되고, 우는 자에게는 위로가 되고 인간의 모든 독을 제거하는 해독제라는 것을 실감하고 체험했다. 웃음은 만병통치약이다. 웃음을 통해 범사에 감사하는 마음을 가지게 되었다.

4. 행복한 사람

지ㅇ실(여, 54세)

제일시장에서 21년째, 아동복 가게를 운영하고 있다. 가슴 수술 2번, 자궁절제술 등 의사 선생님도 놀랄 만큼 많이 몸속에 퍼져있는 독들, 5년 전 자궁절제술을 하고 찾아 온 우울증은 세상 살기 싫어졌고 남편도 보기 싫은 웬수 같았다.

일만하고 산 내 자신이 밉고 싫었던 시절, 남편이 같이 치료해보자고 못 먹게 했던 한 달치 약을 죽는다고 한 번에 먹기도 하여 남편을 괴롭혔고, 20년을 모시고 살았던 시부모님과 분리 세대가 된 후 사라졌다고 생각한 우울증이 다시 슬슬 되살아나 슬퍼지고 허무해져 나 자신이 바보 같다고 느꼈다. 그때 친구의 권유로 하하웃음센터를 방문하게 되었다.

TV에서 볼 때는 '저런 웃음이 나올까?', '아니, 오버하는 거야?' 라고 생각한 부정적인 것들이 강의를 듣고 웃고 하면서 모두 사라지고 크게 웃고 있는 나를 보면서 놀라움을 금치 못했다.

아무리 바빠도 월요일은 나를 위해서 살아야지 하는 욕심을 부린 것이 지금 생각해보면 정말 잘했다는 생각이 든다. 그 이유는 내 생활이 달라졌기 때문이다. 2월 22일 처음 방문해서 웃고, 2번째 방문해서 웃고, 용기를 얻어 내가 싫어하는 운동 요가를 접수해 지금 한 달째 다니고 있으며 내가 싫어하는 책도 읽고… 이 모든 놀라운 일들은 하하웃음센터를 방문해서 변화한 것들로 이 상황이 그저 신기할 따름이다.

내 자신을 위해서 여유와 웃음을 잃지 말아야겠다는 생각만으로도 행복하고 온 가족이 아무 걱정 없이 살고 있다는 것도 행복하고 가게가 잘 운영되게 이끌어 주는 우리 직원들이 있어서 행복하고, 오혜열 원장님 책 3권을 읽겠다고 생각하는 것도 행복하고, 다음 워크숍 때 웃음치료자격증, 율동, 레크리에이션 자격증 취득할 수 있다는 생각만으로도 행복하다.

책 3권 마무리하고 나면 영어 공부를 해서 외국에 나갈 생각하는 것도, 새벽 1시 35분 잠 못 자고 독후감 쓰고 있는 내 자신도 내일 출근해서 열심히 일해야겠다고 생각하는 것도 모두 행복하고, 나의 삶의 행복과 웃음 목표가 생긴 것도 행복하다.

이 모든 즐거움과 행복은 오혜열 원장님 덕분에 느낄 수 있다는 것, 그것 역시 행복하다.

5. 조울증을 웃음으로 이겨내다

윤ㅇ자(여, 49세)

요양보호사 공부를 하는 동안 강사 선생님께서 웃음치료사에 대해서 잠깐 말씀한 적이 있었다. 나는 요양보호사 시험을 보고 나서 잠깐 요양원에서 일을 했다. 여러 선생님하고 어르신들을 케어하며 직장에 다니게 되었고 그 과정에서 다른 선생님들이 너무 텃세를 부렸고 일을 잘 모르는 상태에서 정말 많은 경험을 했다. 나도 사회생활을 많이 해봤지만 요양원에서 일을 할 때가 좋은 것도 있지만, 동료를 왕따 시키고 그러는 게 나에게는 스트레스였다. 그래서 그랬는지 갑자기 조울증과 우울증이 한꺼번에 찾아 왔다.

직장을 그만두고 나니 웃음치료를 하면 어떨까 생각하던 차에 버스를 타고 지나가는데 웃음치료사 간판을 보게 되었고 그래서 학원에 등록을 하게 되었다.

맨 처음에는 깜짝 놀랐다. 많은 분들이 웃음치료를 받고 건강을 찾았다는 소리에 웃음이 삶에 어떤 의미일까 생각해봤다.

나 자신을 위하고 상대방에게도 배려할 수 있는 생각과 항상 감사하는 마음으로 생활해야겠다고 다짐했다. 매주 월요일 웃음치료를 받으면서 조울증과 우울증이 점점 내 곁에서 멀어진다는 생각이 들었다.

워크숍에서도 너무 재미있었고 세상에는 여러 사람들이 있고 개개인마다 한 가지씩 고민이 있다고 한다. 나 자신을 내려놓고 나를 힘들게 했던 조울증과 우울증이 점차 좋아지게 되었다.

내가 스트레스 받은 그 시간들이 이제는 웃음치료를 하게 해준 고마운 계기가 되었다. 자신감도 많이 가지게 되고 집에서도 웃음을 잃지 않고 열심히 살아가는 원동력이 되었다. 월요일이 기다려지고 학원에서 만난 어르신들도 늘 반갑게 맞아 주시고….

원장님께서도 늘 웃는 모습이 좋았다. 강의도 잘하시고 힘을 주시는 분들께 감사드린다. 지금은 웃음치료를 받고 있는 나 자신이 좋다. 지금 이대로 모습의 내 자신을 사랑한다. 약은 지금도 먹고 있지만 내 자신이 웃음을 접하다보니 약의 양도 줄었고 이제는 자신감도 많이 생겼다.

웃음치료를 받은 덕분에 내 인생에 많은 도움주신 원장님, 사무총장님, 실장님, 총무님 감사드리고, 웃음치료를 오래도록 배우고 싶다.

나를 웃음 전도사로 거듭나게 해주셔서 감사합니다.

6.『웃음에 희망을 걸다』 책을 읽고

전ㅇ자(여, 51세)

7월 18일 황ㅇ숙 강사님 소개로 하하웃음행복센터를 방문하였다. 먼저 강의실 문을 여는 순간 자리를 꽉 메운 강의 현장에 눈이 휘둥그레졌다. 지금까지 웃음에 대해 구체적으로 접한 경험이 없어서 꾸준히 배워보기로 다짐을 했다.

오혜열 원장님의 에너지 넘치는 강의를 듣고 집으로 오자마자 '웃음에 희망을 걸다' 책을 단숨에 읽었다. 희망, 존재, 행복, 웃음, 치유 5부로 나누어진 내용 가운데서 특히 '치유'에 관심이 집중됐다.

2004년부터 현재 당뇨를 앓고 있었고 몇 년 전 고혈압도 동반되었다. 매일매일 당뇨, 고혈압 약을 복용하지만 웃음이 면역력을 증진시킨다는 것도 알게 되었다.

웃음이 혈당을 줄이는 이유는 정확히 밝혀지지 않았지만 웃음이 배의 근육을 많이 움직이게 하기 때문에 에너지 소비를 증가시킨다고 한다. 또한 모든 질병의 근원인 스트레스에 의한 신체 변화에 웃음이 최고의 명약으로 스트레스를 진정시키고 우리 몸의 안정을 취하는 명약임을 알았다.

다시 한 번 강조하지만 웃음은 인류가 발견한 부작용 없는 최고의 명약이다. 웃음약을 부지런히 복용해서 건강한 삶을 지켜 나가려 한다.

7. 불안감과 통증을 웃음으로 이겨내다

김ㅇ임(여, 58세)

나는 원래 성격이 말하기도 싫어하고 잘 웃지도 않는 편인데 몇 년 전에 사랑하는 딸이 유방암 판정을 받은 후에 심리적 충격과 고통 속에 살아 왔다. 항암치료를 도우며 몸과 마음이 지치고 웃음이 사라진 지 오래 되었다.

이즈음 친구를 통하여 우연히 웃음치료에 대한 이야기를 듣고 이곳 센터를 찾게 되었다. 처음 여기에 왔을 때 누구나 자연스럽게 박장대소를 하는 모습이 무척 어색하고 낯설었다. 한 번, 두 번 다니며 웃음의 의미와 효과를 알고 의식적으로 웃었고 반복하는 과정을 통하여 이제는 점차 웃음에 익숙해지고 수업에 잘 적응하게 되었다.

웃음치료는 차츰 많은 변화를 가져다주었다. 걸으면 아프던 무릎관절의 통증이 조금씩 완화되고 긴장되었던 온몸 근육의 피로가 풀렸다. 불안감이 해소되고 스트레스도 많이 줄어들었다. 대인관계도 좋아지고 항상 긍정적인 사고를 하게 되고 내 삶이 즐겁고 신나게 되었다.

나는 날마다 거울을 보며 "나는 매일 모든 면에서 점점 좋아지고 있다", "오늘은 내 인생 최고의 날이다"라고 말하며 하루를 시작한다.

웃음치료를 배운데 그치지 않고 노인들을 대상으로 웃음치료 자원봉사 활동을 하려고 한다. 그래서 나 자신만을 위한 생활이 아니라 함께 어울려 살며 서로 사랑하고 행복을 주는 가치 있는 일에 기여하려고 한다. 이것이 웃음을 배우며 깨달은 것이고, 나의 행복 찾기이다.

8. 긍정의 사람으로

서○석(남, 70세)

인생을 살면서 생각의 차이가 만드는 결과를 새삼 느꼈다. 같은 사물을 바라보는 시선이 사람마다 다르다는 것이다. 긍정적으로 보든지 아니면 부정적으로 본다는 사실이다. 앞으로 인생 살면서 이왕이면 긍정적인 생각을 갖기로 했다. 긍정적으로 생각하니 희망이 생기고 꿈을 가질 수 있고 무엇이든 도전할 용기도 갖게 되었다.

웃음이 만들어준 기적, 웃음으로 성공한 전원주 씨 이야기는 나에게 깊은 감명을 주었다. 웃음이 나에게도 인생의 새로운 문을 열어 줄 것이기 때문이다. 웃음은 슬픔과 절망에서 기쁨과 희망으로 내 인생을 나가게 할 것이다. 웃음을 생활화하겠다.

조금은 늦은 나이지만 그랜마 모세처럼 70세 할머니가 새로운 인생에 도전하여 나이브 아트의 1인자가 된 것처럼 열심히 배워 웃음 전도사에 도전하겠다.

나이보다 열정이 부족하겠지요. 그러나 "나는 할 수 있다"는 자기 암시를 통해 웃음으로 긍정적인 생각으로 하겠다. 웃음은 자신감을 갖게 하고 험난한 인생을 헤쳐 나갈 힘과 능력을 줄 것이다.

삶은 내가 만드는 것이다. 웃음이 정신적, 육체적 건강과 행복에 좋다. 웃음을 매일 삶 속에서 실천하겠다. 생활이 재미있든 없든 계속 웃겠다. 웃으면 행복해질 수 있다. 웃음의 습관이 사리 잡으면 내 인생의 새 운명이 찾아올 것이다. 그렇게 되어가고 있다.

9. 일단 웃다보니

이ㅇ숙(여, 62세)

지금까지 내 삶은 온통 시기, 질투, 교만으로 가득했다. 그러니 매일 머리가 아프고 몸과 마음은 무겁고 어두웠었다. 그러면서도 나의 깊은 내면에서는 환하게 웃는 모습의 나를 갈망했었죠.

마을버스를 타고 내릴 때 내 가슴을 설레게 하는 글귀의 플랜카드가 나를 사로잡았다. 웃음은 부작용 없는 만병통치약이다. 하하웃음행복센터 프랜카드였다. 벼르고 별러서 찾아 왔고 그곳에서 생동감 넘치는 강사님들의 재담과 율동, 웃음이 나를 붙잡았다. 원장님의 열정어린 강의, 의학용어도 많이 알게 되었다. 웃으면 nk, t세포가 활성화 되어 암세포를, 병을 물리친다니 너무 신기하며 자격증반도 참여하게 되었다.

친정어머니가 88세인데 치매가 와서 우리를 당황, 황당하게 하는 행동을 많이 하신다. 당신 친정 부모님이 앓으시는데 가봐야 한다고 밤새 짐을 싸면서 우는 모습을 볼 땐 어떻게 해야 할지 몰라 따지고 설득시키려 하면서 많이 부딪쳤었는데 하하센터에서 교육을 받으면서 유연해졌다.

같이 고민하고 맞장구쳐 드리자, 아기들처럼 다른 쪽으로 생각을 바꿔서 위기를 넘긴다. 일단 웃자를 생각하면서 실천을 하죠. 신체접촉을 하면서 웃겨 드리니 어린아이처럼 온몸으로 웃으시고 그 순간 심각했던 순간들이 자연스레 바뀌더군요.

요즈음은 엄마, 나의 모습에서 편안함과 기쁨을 느낄 수 있다. 엄마의 어떤 돌발 상황에서도 대처 할 수 있어 두렵지 않다.

특히 요즘 미소근육을 거의 매일 300번씩 단련하여 걱정근심, 시기질투, 비교 등이 거의 사라져 잠도 잘 자고 자존감도 생겨서 나를 사랑하고 이웃도 사랑할 수 있는 꿈과 희망이 있어서 행복하다.

감사합니다.

10. 파킨슨병이 좋아졌다

강ㅇ순(여, 69세)

내가 이 자리에 나온 것은 웃음치료를 시작하고 파킨슨병이 많이 좋아져 여러분께 자랑하려고 나온 것이다.

서울대학병원에서 상태가 안 좋다며 약을 하나 반 처방해 주었다. 그러나 지금은 웃음치료를 시작하고 2년 째 약을 한 알씩만 먹고 있다. 처음에는 중심도 잡지 못하고 다리도 떨고, 손은 무당 방울 떨 듯 떨었지만 지금은 어지럼증, 요실금이 모두 치유되고 한쪽 손만 가끔 떤다. 아들이 친구 꼬임에 빠져 다단계로 망해 절망적으로 웃음 없이 살았지만 지금은 웃음치료 강의실에서 웃을 수 있어 행복하다. 이 자리를 마련해주신 원장님께 감사드린다.

큰 대학병원에서도 못 고친다는 불치의 파킨슨병 진행이 빨라짐을 약으로 천천히 진행하도록 할 수밖에 없다는 의사선생님 말이 절망적이었다. 듣지도 보지도 못한 파킨슨병이 '왜! 나에게' 이런 병을 주셔서 희망은 점점 잃어가고 점점 증세가 심해질 거라는 상상을 하면 미칠 것만 같았다.

그러던 어느 날 우연히 『웃음희망 행복나눔』 책을 접하게 되었고 우울증이나 암환자의 수기를 보면서 '아~ 나도 고칠 수 있겠구나' 하는 희망이 보였다. 『웃음희망 행복나눔』 책 속 내용을 상상하면서 아무도 없는 방에 목젖이 보이도록 크게 웃었다. 속이 후련했다. 그런데… 소심한 나에게는 학원 등록이 두려웠다. 원장님 덕분에 하하웃음센터에 등록하고 보니 회원님들 모습이 너무 밝고 아름다워 보였다. 맑은 물 물고기처럼…….

『15초 웃음의 기적』 책 마지막 줄거리에 웃음으로 파킨슨병 고쳤다는 수기를 보고 눈이 번쩍 뜨였다. 나도 고칠 수 있다는 희망으로 크게 웃어볼까 한다.

으 하하하하 호호호 흐흐흐.

원장님을 보고 있노라면 어떻게 그 많은 질병을 이겨내고 오뚝이처럼 우뚝 서서 우리를 치료할 수 있을까? 신기하다. 오혜열 원장님! 고맙고 감사합니다.

대학병원에서 약 반 알을 더 처방해주었지만 웃음치료를 시작하고부터 일 년 동안 먹지 않고 있다. 월요일이면 기다려지는 하하웃음행복센터. 일주일 동안 쌓였던 피로와 스트레스도 풀고 엔도르핀도 충전하러 가는 기쁨, 아무도 모를 것이다. 책 3권을 읽으며 많은 걸 배우고 느꼈다.

웃음교실 마련해주신 원장님! 고맙습니다. 파이팅!

11. 웃음으로 제2의 인생을

권ㅇ현(여, 62세)

작년 11월 중순으로 접어들 무렵 본의 아니게 넘어져서 양쪽 갈비뼈에 금이 가고 두두둑 소리가 날 뿐만 아니라 어긋나서 꼼짝도 못한 채 겨울을 보냈다. 낮에 가족이 다 나가고 혼자 있으려니 긴 시간 비활동인으로 있어야 했다. 사람이 이렇게 늙는구나, 아무도 만나기 싫고 이러다가 죽는구나 하며 몇 달을 보내고 우여곡절 끝에 하하웃음치료센터에 왔다.

원장님의 의학용어와 웃음강의, 그 외 박식한 강의에 탄복했다. 사무총장님의 암치료 경험담과 웃음과 율동 강사로 활동하시는 적극적이고 활기 넘치는 열정과 예의를 배우며 3개월이 다 되어가면서 나는 다시금 청년시절, 어린시절로 돌아간 것 같고 모든 회원님들과 격의 없고, 맘껏 웃고, 율동하고 원장님의 특별한 명강의를 들으면서 제2의 인생을 살맛나는 삶을 살게 된 것 같아 너무 기쁘고 감사하다.

앞으로 하하웃음센터가 무궁한 발전으로 더 많은 사람들이 살맛나는 삶을 살았으면 하고 바란다.

12. 웃음으로 찾은 멋진 인생

이○민(남, 70세)

하하웃음행복교실에 발을 들여 놓은 지 어느덧 만 3년이 되어간다. 그러나 그 동안에는 결강하는 날이 수강하는 날보다 훨씬 많아 제대로 웃음에 대해 배우지 못해 아쉬움이 많았는데 금년 2월부터는 월요일마다 시간을 낼 수 있었다. 그래서 좀 더 적극적으로 참석할 수 있어서 웃음에 대해 더 많은 것을 배우며 '웃음치료 전문가 과정' 에도 참여하여 자격증반에도 별도로 수강할 수 있어 나름대로 보람을 느낀다.

이제와 생각해봐도 하하웃음행복교실에 온 것은 백 번, 천 번 잘한 일이라고 자부한다. 여느 사람들과 마찬가지로 처음에는 주저하고 망설이며 포기할까도 생각을 했지만 무언가 성취해 보겠다는 일념으로 꾸준히 다니다보니 많은 성취감을 느끼는 것이 사실이다.

처음 수강 기념으로 원장님이 쓰신 『웃음에 희망을 걸다』라는 책을 받고 독후감을 써서 내고 두 번째 책 『웃음희망 행복나눔』을 받아 읽으니 웃음에 대한 확신이 생겼다.

오직 원장님의 사랑과 배려와 희생과 봉사의 정신으로 운영하시는 하하웃음행복교실이야 말로 우리 모든 수강생들의 자부심과 긍지가 아닌가 생각하며 처음의 부정적인 생각들을 지울 수 있었다.

대한민국에 단 하나밖에 없는 '하하웃음행복교실' 은 의정부의 자랑이며 가히 국보급 웃음센터라 해도 손색이 없다고 자부하며 늘 감사의 마음으로 수강하고 원장님에 대한 존경과 감사의 마음은 끝이 없다.

여기서 웃음에 대해 공부하고 웃음 방법을 익혀감으로써 웃음에 대한 효능을 직감적으로 느끼면서 실행하니 생활이 안정되고 활력이 넘치며 환경에 적응하는 능력이 월등히 좋아졌다. 늘 웃는다는 생각으로 생활을 하니 감사하는 마음, 사랑하는 마음, 배려하는 마음, 인내하는 마음, 일에 대한 즐거움 등이 습관처럼 따라 붙어서 그것이 내 주위 환경을 변화시키는 동기여부가 되었다. 많이 웃는 날은 웃은 만큼 기분이 좋고 몸이 가벼운 것을 느껴 만족할 수 있다.

그리고 어렵고 힘든 일들이 쉽게 극복되고 주위 사람들과의 친화력도 훨씬 좋아지고 소통이 원만하게 되고 친절과 나를 낮추는 행동이 아무렇지 않게 자연스럽게 되어감을 발견하고 나도 모르게 만족스러운 미소를 띠울 때도 있다.

웃음이라는 '부작용 없는 만병통치약' 을 진작 복용했다면 지난날 직장생활을 더 가치 있고 보람 있게 할 수 있었을 걸 하는 아쉬움이 남는다. 지금은 자격증반에서 더 많은 배움으로 웃음에 대한 노하우를 전수받고 있어 더욱 삶의 가치와 보람을 느낀다.

내가 웃음을 생활화하면서 제일 성취감을 느끼는 것은 40년 전에 취득한 영양사 면허증으로 새로운 직장생활을 시작해 영양사라는 직책으로 일을 하고 있다.

이는 웃음과 더불어 긍정적인 마음으로 인생을 바꿔가는 과정에서 생긴 일이라 더욱 보람을 느끼고 기적 같은 일에 감사할 따름이다.

이러한 결과를 바탕으로 항상 웃으면서 긍정적이고 희망적으로 생활해 보자고 다짐해 본다.

13. 웃음의 중요성을 깨닫고

김ㅇ준(여, 51세)

매주 월요일 오후 4~6시. 의정부 오혜숙 산부인과 병원 건물 4층에서 오혜열 원장님의 강의를 듣는다. 많은 의학적 전문지식을 가지고 웃음을 의학적, 전문적인 근거에 의해 이해하기 쉽게 설명해 주시는 강의에 놀라워 감탄한 적이 한두 번이 아니었다.

시니어 체조 전문 강사 혹은 실버 건강지도사를 목표로 제2의 인생, 인생 이모작을 위해 1년여 간 준비하고 여러 가지 이론적인 지식과 전문적인 스킬 등 강사로서의 역량 강화를 위해 나름 노력하고 있었으나 여전히 부족함을 느낄 때 지인의 권유로 하하웃음센터의 강의를 들으면서 어르신들과의 소통과 공감에 도움을 받았다.

하하웃음행복센터에 와서 좋았던 점은 첫째, 오혜열 원장님의 강의를 들으며 웃음에 대하여 왜 웃어야 하는지, 또 어떻게 웃어야 하는지 제대로 배울 수 있는 소중한 경험의 기회가 되었다.

둘째, 사무총장님의 배려로 실전 강의를 청강한 것은 내게 소중한 경험이었고, 제자들을 위해 현장의 분위기와 강의 경험을 나누는 사무총장님의 배려에 감사드린다.

셋째, 하하웃음행복센터를 위해서 원장님과 사무총장님, 총무님들이 개인의 이익을 위함이 아닌 지역사회에 함께 사는 주민들에게 봉사하고 재능을 기부하시는 스텝진들의 나누는 마음을 보며 감명을 받았다. 이 센터를 찾아오는 수많은 사람들이 각각 그 바라고 원하는 바가

다를 텐데, 이들을 반갑게 맞이하고 인생의 희노애락을 함께 나누고자 하는 이타적인 삶의 봉사자들을 보며 내 마음이 따뜻해지고 도전하고픈 계기가 되었다.

넷째, 많은 사람들 앞에 세워 주셔서 강사의 경험을 쌓게 해주신 배려에 특별히 감사드린다.

다섯째, 웃음이 내 건강한 삶에 얼마나 중요한지 깨달아서 내 자신이 먼저 자연스럽게 또 의지적으로 웃을 수 있게 된 것이다.

웃음의 효능에 대하여 알고 있음으로 웃음이 꼭 필요한 다른 사람들에게도 전할 수 있게 되어 매우 기쁘고 감사하게 생각한다.

내 개인의 삶이 이 센터에 오고 나서, 더욱 더 건강해지고 밝아지고 웃음으로 오늘과 미래를 긍정적으로 바라볼 수 있는 적극적이고 행복한 시각을 갖게 된 것에 대하여 오혜열 원장님을 비롯해 함께 해주신 모든 분들께 마음속 깊은 곳의 진심을 담아서 감사드린다.

14. 웃음으로 실명의 위기에서 회복되다

이ㅇ숙 (여, 59세)

내가 직장 생활하면서 갑자기 시력을 잃어가고 있을 때 길거리를 걸어가는데 하하센터(웃음)라는 곳이 있는 것을 보고 웃음으로 눈이 치료되길 바라는 마음으로 센터에 등록하였다. 의심을 해보기도 했다. 한두 번 다녀보고, 눈이 많이 불편했기에 계속 해야겠다는 생각이 들었다. 오다보니 많은 선생님들을 알게 되어 좋았고, 원장님과 사무총장님의 말씀을 귀담아 듣고 계속 나왔다.

눈의 피로는 있었지만 웃음을 통하여 내 자신이 변화된다는 생각을 가지고 나오니 자꾸만 웃음치료가 기다려졌다. 억지로라도 웃어 보기도 하고 실제로도 웃어 보기도 했다. 그 순간 엔도르핀이 생기기 시작하면서 마음의 평안이 왔고 시력이 회복되기 시작했다. 웃음은 모든 것을 긍정적으로 바꾸어 놓는다는 말이 내 마음을 사로잡는 느낌이 들었다. 하하센터를 통하여 우울증도 사라지고 마음의 화병도 없어졌다. 정말 웃음은 모든 것을 치유하는 만병통치약이라고 생각한다.

웃음을 통하여 겸손함을 배웠고 남을 사랑으로 배려해야 한다는 것도 배웠다. 웃음을 통하여 꽃들과도 대화할 수 있는 마음도 생겼다. 웃음은 이 세상 모든 것과 바꿀 수 없는 웃음보따리라고 생각한다.

여러분 진심으로 사랑합니다. 웃음을 통하여 마음의 문을 활짝 열어주세요. 원장님, 사무총장님 모든 강사님들께 감사드립니다.

사랑하고 감사합니다.

15. 갑상선암, 우울증을 웃음으로 이겨내고

강ㅇ순 (여, 60세)

2011년도에 갑상선암을 수술한 후 늘 등산을 했다. 우울증에 시달리며 혼자 산에 오르내리기를 반복하다가 유튜브에서 웃음치료를 검색하게 됐다. 여러 분들의 웃음 동영상을 많이 보았다. 그러다 혼자 웃는 연습을 했는데 쉽지 않았다. 우연히 따라 웃기를 검색하다가 원장님(하하)의 1분 따라웃기 동영상을 찾았다. 천보산을 오를 때 원장님의 웃음소리를 듣고 같이 웃으면서 산을 오를 때면 웃음이 주는 행복을 알게 되었다. 그래서 하하웃음센터에 등록을 하게 되었다.

첫 날 원장님께서 한 번 웃을 때마다 200만 원어치 엔도르핀이 나온다고 하셔서 200만 원 벌고, 400만 원 벌고, 600만 원 벌고…. 한없이 소리 내어 웃었다. 웃고 나니 스트레스, 잡념 모두 날아간 것 같고 치유가 되는 듯한 느낌이 느껴졌다. 원장님께 너무 감사드립니다. 또한 암에 대한 강의를 하실 때 하루에 5,000개씩 생겨나는 암세포를 NK세포가 사멸시킨다는 놀라운 사실을 알았을 때 이렇게 하하센터에서 웃을 수 있는 것이 얼마나 행복한 일인지 알게 되었다. 하나님께 감사하고, 원장님과 사무총장님께 감사드립니다.

웃음치료사가 되어서 더 많은 행복을 주고 감사하고, 사랑하고, 용서하며 웃으며 살아가겠다. 많이 웃어서 어떤 세균도 병균도 바이러스도 못 들어오게 크게 웃어야 한다는 걸 느꼈다. 많이 웃으며 봉사하는 마음으로 살겠다.

16. 나는 지금 행복을 선택한다

이ㅇ자(여, 60세)

오혜열 원장님의 『웃음에 희망을 걸다』 치유편을 읽고 나서 나에겐 많은 변화가 생겼다. 이 책을 읽기 전엔 원장님의 강의에도 불구하고, 과연 그럴까? 하는 의구심이 한편에 있었다. 하기는 내가 유방암 수술 후에 절박한 마음으로 하하행복센터를 찾았지만, 그 후로도 많은 웃음 연습과 원장님의 강의, 자격증 반에서의 워크숍, 선배님들의 체험 발표를 듣고 이해하면서도 반신반의했었다.

사실 바쁘다는 이유로 눈도 아프고, 허리도 아프고 하여 책을 펼쳐보지도 못했다. 하는 수 없이 독후감을 써야 하니 울며 겨자 먹기로 읽기 시작했다.

『웃음에 희망을 걸다』 치유편에 1) 진통에 효과 2) 당뇨병 치료 효과 3) 심장병, 아르레기 효과 4) 스트레스와 신체변화 5) 통증 치료제 6) 질병에 근원 7) 면역력 증가를 위한 웃음 8) 웃음과 면역세계 9) 웃음과 흉선학교 10) 미사일 부대 β임파구 등을 읽고 나서 마음에 많은 변화가 생겼다.

유방암 수술 후 많은 아픔과 고통이 있지는 않았으나 우울증과 불면증으로 힘이 들었었다. 그래도 웃음을 만나서 통증이 많이 완화되었고 잠도 잘 자고 이 모든 것들이 점점 호전되어 가고 있다고 생각한다.

에너지의학에서 케이시 굿맨이라는 여자는 유방암 진단을 받고 방사선 항암 수술을 거부하고 웃음을 수없이 웃었는데 3개월 만에 유방암이 완치되었다는 글을 읽었다. 세상에 이럴 수가!

또 노만 커즌스가 웃음으로 불치병인 강직성 척추염을 고친 사례를 자신에게 도입하여 웃고 또 웃어 암이 완치되었다는 글을 읽고 이런 좋은 예를 왜 진작 못 만났을까 하고 후회스러웠다.

나에게 유방암이 찾아온 데는 만병의 근원인 스트레스의 역할이 크다는 것을 웃음을 알고 나서 터득하게 되었다.

얼마나 스트레스를 받았던가? 건강의 적 스트레스. 인류 최고의 명약이 다름 아닌 웃음이라는 걸.

웃음은 혈액순환의 탁월한 효과가 있다는 걸 우. 하. 하. 하…

모르핀 200배의 효과, 고혈압과 합병증 예방제, 회춘제, 치매 예방제 이 모든 것들이 돈 안 들이고 그냥 웃으면 된다.

나는 웃음을 도입하며 내 나이 60세. 얼마나 더 살지 장담 못하지만 웃고 또 웃고 또 웃음을 전파하는 전도사가 되어서 주위에 많은 사람들과 보잘 것 없는 나이지만 웃음을 온 천지에 전하는 노년기를 맞고 싶다. 그렇다 사람이 노력해서 안 되는 일이 없다.

"인생은 해석, 행복은 선택, 나는 지금 여기서 행복을 선택한다."

노력은 나를 배신하지 않는다. 준비된 자에게 기회는 온다. "감탄, 감동, 감사" 웃음으로, 희망의 최후 무기로 나는 이제 웃음을 선택한다. 나의 육신은 웃음에 맡기고 그저 웃으면서 살아가련다.

『웃음에 희망을 걸다』 치유편을 읽고 나서 많은 것들을 깨우쳤다,

그리고 반성하였다. 이제 우. 하. 하. 하… 하면서 나는 지금 여기서 웃음 또 행복을 선택한다.

17. 갑상선암 완치 판정을 받다

김ㅇ순(여, 62세)

나의 삶을 돌이켜볼 때 결혼해서 17년 동안은 행복하게 살았다. 1993년도 남편의 회사 부도로 우리 가정은 송두리째 흔들렸다. 우리 가정에 이때부터 불행이 시작되었는데 나에게는 조그만 믿음이 있었기 때문에 하나님을 의지하며 하나님께 눈물로 기도하면서 살고 있었다. 그러던 중 남편이 1994년도에 하나님 앞으로 나오게 되었다. 남편을 구원시킴으로 감사하다는 마음으로 사춘기인 아들, 딸도 다 행복하게 믿음으로 하루하루를 잘 지내왔다. 지금 생각하니 감사뿐이다.

남편은 이제 장로가 되어서 봉사하는 모습을 볼 때 다른 부러움은 없다. 그러던 어느 날 나에게 갑상선암이 생겨 나를 힘들게 했다. 하하센터 플랜카드를 보면서 한 번 가보고 싶다는 마음은 있었지만 용기가 없어 문을 열고 들어오지 못했다. 그렇게 망설이던 중 동생을 통해 하하웃음센터를 오게 되었다. 웃음센터에 와서 원장님, 동료들과 연수원에 가서 많은 것을 보고, 여러 사람들과 소통하는 것도 배우고 나의 삶을 다시 생각하게 되었다.

25년 동안 직장에서 열심히 살면서 일에만 열중하여 왔는데 이제는 마음을 조금 내려놓고 원장님과 총장님, 총무님처럼 봉사하는 마음으로 살아야겠다고 다짐을 했다. 하하웃음행복센터 원장님 고맙습니다.

웃음으로 2017년 4월 완치판정을 받았다. 건강 주심을 감사합니다. 원장님. 나도 이제는 남을 위해 즐거운 웃음 선물을 주며, 봉사하는 마음으로 웃음을 주는 제2의 인생을 행복하게 살기를 다짐한다.

총장님을 따라서 실습을 갔는데 열정을 가지고 강의하는 모습을 볼 때 나도 저렇게 해야겠다는 마음의 다짐을 했다.